JN367054

My rising curve with

김앤북

KIM & BOOK

합격

실전 적용

문제 풀이

기초 학습

편입 도전

김앤북과 함께
나만의 합격 곡선을 그리다!

완벽한 기초, 전략적 학습, 확실한 실전
김앤북은 합격까지 책임집니다.

#편입 #자격증 #IT

www.**kimnbook**.co.kr

김앤북의 체계적인

합격 알고리즘

김영편입 영어

MVP Vocabulary 시리즈

MVP Vol.1

MVP Vol.1 워크북

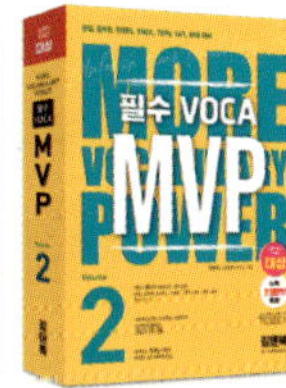

MVP Vol.2

MVP Vol.2 워크북

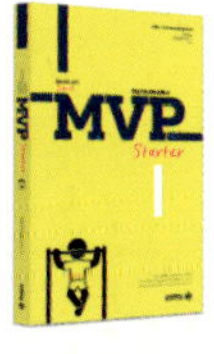

MVP Starter

기초 이론 단계

문법 이론

구문독해

기초 실력 완성 단계

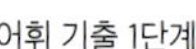
어휘 기출 1단계

문법 기출 1단계

독해 기출 1단계

논리 기출 1단계

문법 워크북 1단계

독해 워크북 1단계

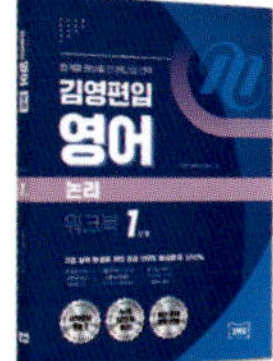

논리 워크북 1단계

심화 학습 단계

어휘 기출 2단계

문법 기출 2단계

독해 기출 2단계

논리 기출 2단계

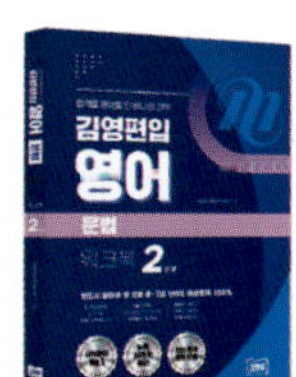

문법 워크북 2단계

독해 워크북 2단계

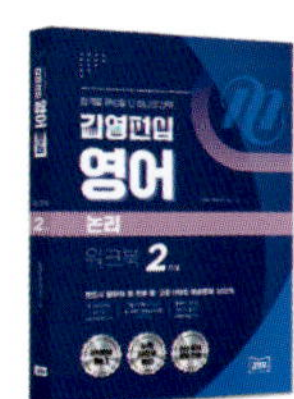

논리 워크북 2단계

2021 대한민국 우수브랜드 대상
2024, 2023, 2022 대한민국 브랜드 어워즈 대학편입교육 대상 (한경비즈니스)

실전 단계

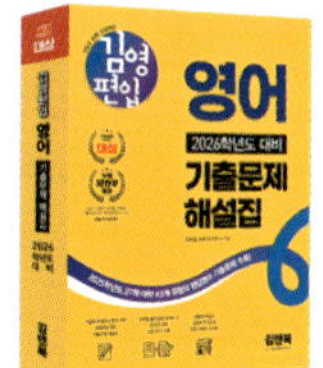
연도별 기출문제 해설집

TOP7 대학 기출문제 해설집

김영편입 수학

편입 수학 이론 & 문제 적용 단계

미분법

적분법

선형대수

다변수미적분

공학수학

편입 수학 필수 공식 한 권 정리

공식집

편입 수학 핵심 유형 정리 & 실전 연습 단계

미분법 워크북

적분법 워크북

선형대수 워크북

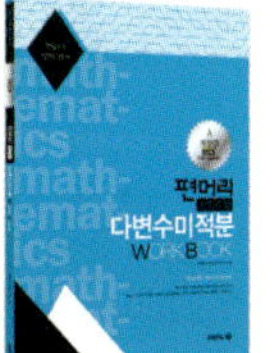
다변수미적분 워크북

공학수학 워크북

실전 단계

연도별 기출문제 해설집

TOP6 대학 기출문제 해설집

김앤북의 완벽한

단기 합격 로드맵

자격증 수험서

전기기능사 필기

지게차운전기능사 필기

위험물산업기사 필기

산업안전기사 필기

전기기사 필기 필수기출 / 전기기사 실기 봉투모의고사

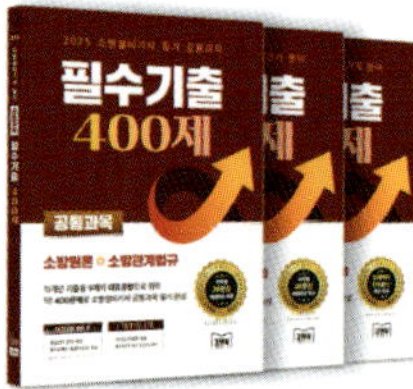
소방설비기사 필기 필수기출 시리즈

컴퓨터 IT 실용서

SQL

코딩테스트

파이썬

C언어

플러터

자바

코틀린

유니티

컴퓨터 IT 수험서

컴퓨터활용능력 1급실기

컴퓨터활용능력 2급실기

데이터분석준전문가 (ADsP)

GTQ 포토샵

GTQi 일러스트

리눅스마스터 2급

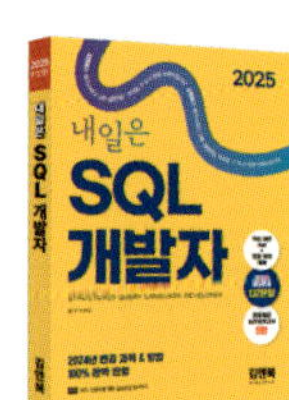
SQL 개발자 (SQLD)

2026학년도 대비

영어

경희대학교

기출문제 해설집

김영편입 컨텐츠평가연구소 지음

2021~2025학년도 5개년 경희대 기출문제 총정리

김앤북
KIM&BOOK

경희대 합격을 위한 완벽 가이드

편입영어 시험은 단순히 영어 실력을 평가하는 데 그치지 않고, 대학에서의 학업 수행에 필요한 실제적인 영어 활용 능력을 종합적으로 평가하는 고난도 시험입니다. 특히 상위권 대학일수록 지문이 길고 어휘 수준이 높으며, 출제 방식과 난이도면에서 뚜렷한 특징을 보이기 때문에, 단순한 영어 실력 외에도 전략적인 문제 해결 능력과 실전 감각을 함께 갖추는 것이 중요합니다.

『김영편입 영어 2026학년도 대비 경희대학교 기출문제 해설집』은 이러한 수험 환경을 고려하여, 2021학년도부터 2025학년도까지 최근 5개년의 경희대 기출문제를 중심으로 출제 경향과 문제 유형의 변화를 체계적으로 분석한 교재입니다. 수험생이 변화하는 시험 흐름에 능동적으로 대응하고, 효율적인 학습 전략을 세울 수 있도록 기획하였습니다.

해설은 단순한 정답 제시에 그치지 않고, 지문 해석, 문장 구조와 맥락 분석, 선택지 분석을 통해 정답과 오답의 논리를 명확히 비교하고, 기출 어휘와 핵심 표현 정리를 통해 어휘력 강화도 함께 도모하였습니다.

『김영편입 영어 2026학년도 대비 경희대학교 기출문제 해설집』은 수험생이 자신의 약점을 점검하고, 유형별 공략법을 세우며, 실전 시험에 대한 자신감을 높일 수 있도록 설계된 실전 맞춤형 해설서입니다. 경희대학교 편입을 준비하는 수험생이라면 반드시 숙독해야 할 필독서로, 실질적인 성과로 이어지는 학습 효과를 경험하실 수 있을 것입니다.

김영편입 컨텐츠평가연구소

추천 학습법

1 기출문제집에 수록된 모든 유형의 문제를 풀어보자!

5개년 기출문제는 실제 시험의 출제경향과 난이도를 파악할 수 있는 중요한 참고 자료입니다. 기출문제는 연도별 난이도의 편차와 유형의 차이가 존재하므로, 연도별 유형과 난이도의 변화를 분석하여 학습 방향과 목표를 설정하는 것이 중요합니다.

2 실제 시험과 동일한 환경에서 풀어보자!

편입시험은 제한된 시간 내 많은 문항을 해결해야 하므로 시간 관리가 중요합니다. 특히 배점이 다른 대학의 경우, 고배점 문항을 우선적으로 공략하는 전략이 필요합니다. 아울러 실제 시험 환경에 익숙해지는 것도 고득점의 핵심이므로, 기출문제를 통해 실전 감각을 길러두셔야 합니다.

3 해설과 함께 철저히 복습하자!

본 해설집은 지문 해석뿐만 아니라 문제 해석, 분석, 핵심 어휘, 오답 설명까지 상세히 수록하여 학습자가 스스로 이해하고 학습할 수 있도록 구성하였습니다.

어휘 표제어는 물론 선택지 어휘까지 정리하여 사전 없이도 효과적인 학습이 가능하도록 하였습니다.

문법 문항별 출제 포인트와 관련 문법 사항을 정리해 문제 이해도를 높였습니다.

논리완성 글의 흐름 속에서 빈칸에 해당 어휘가 적절한 이유를 분석하고, 선택지에 제시된 어휘들도 함께 정리하여 학습 효과를 높였습니다.

독해 지문과 선택지에 대한 상세한 해석은 물론 오답에 대한 설명까지 함께 제시하여, 독해력 향상과 문제 해결 능력을 동시에 높일 수 있도록 구성하였습니다.

CONTENTS

문제편

해설편

K I M Y O U N G

영어 2026 경희대학교 기출문제 해설집

문제편

2025학년도

▶ 인문 · 체육계열 / ▶ 40문항 · 90분

출제경향 및 난이도 분석

경희대 인문 · 체육계열 편입영어 시험은 학부 과정에서 전공 서적을 영어로 이해할 수 있는 능력을 측정하는 수준에서 문제가 출제됐다. 영역별 차등 배점이 적용됐으며, 특히 독해 영역의 배점과 문항 수의 비중이 높아, 제한시간 90분을 감안했을 때 독해문제를 차분히 풀어 오답률을 낮추는 것이 관건이었다. 지난해에는 '인문 · 체육계열'과 '한의학과 인문' 시험이 각각 별도로 출제됐으나, 올해는 '한의학과 인문(50문항 · 90분)' 시험 중 40문항이 '인문 · 체육계열' 시험과 공통으로 출제되었다.

2021~2025학년도 경희대 영역별 문항 수 비교

구분	어휘	문법	논리완성	독해	합계
2021학년도	5	–	5	30	40
2022학년도	7	–	5	28	40
2023학년도	7	–	5	28	40
2024학년도	5	–	9	26	40
2025학년도	8	–	5	27	40

2025 경희대 영역별 분석

어휘

구분	2021	2022	2023	2024	2025
문항 수(동의어)	5/40(12.5%)	7/40(17.5%)	7/40(17.5%)	5/40(12.5%)	8/40(20%)

제시어와 의미가 가장 가까운 것을 고르는 동의어 유형 8문항이 출제됐다. 출제 어휘는 obviate(=eliminate), acquiesce(=assent), predilection(=partiality), brooding(=pensive), foreboding(=apprehension), impervious(=immune), dole out(=grant), inexhaustible(=indefatigable)이었다. 제시어와 보기가 모두 기출어휘에서 출제되어, 기출어휘를 충실히 공부한 수험생들은 대부분 정답을 고르는 데 어려움이 없었을 것이다.

논리완성

구분	2021	2022	2023	2024	2025
문항 수	5/40(12.5%)	5/40(12.5%)	5/40(12.5%)	9/40(22.5%)	5/40(12.5%)

one-blank 유형 3문항, two-blank 유형 2문항이 출제됐다. one-blank 유형에서는 로맨스 장르가 감정을 불러일으킨다는 내용에서 conjure(상기시키다)를 고르는 문제, 강의가 주제에서 이탈했다는 내용을 통해 digression(주제에서 벗어남)을 고르는 문제, 설치 과정이 복잡하고 여러 기관의 승인을 받아야 한다는 내용에서 cumbersome(번거로운)을 고르는 문제가 각각 출제되었으며, two-blank 유형에서는 미스터리를 풀려는 시도에서 theorize(이론화하다)를 고르고 성과 없이 끝나버렸다는 내용에서 perplexed(당황케 했다)를 고르는 문제, 객관적인 물증과 대조되는 주관적인 증거로서 confession(자백)을 고르고 자백에 대한 부연 설명으로 용의자의 admission(시인)을 고르는 문제가 각각 출제됐다.

독해

구분	2021	2022	2023	2024	2025
지문 수	14	16	16	12	12
문항 수	30/40(75%)	28/40(70%)	28/40(70%)	26/40(65%)	27/40(67.5%)

독해는 총 27문항이 출제되어 전체 문항 수 대비 가장 높은 비중을 차지했다. 지문의 내용을 살펴보면, 플라스틱 재활용의 현실적 어려움, 인류가 놓쳐왔던 열에너지, 인터넷 접속을 가능하게 하는 해저 케이블, 소비를 유도하는 계획된 노후화, 순수함을 상품화하는 디즈니, 프랑스 혁명의 배경, 유럽 경제와 이민자들의 관계, 선택을 유도하는 행동경제학, 지성인의 비판적 사고, AI 코딩 도우미가 바꿀 소프트웨어의 미래, 차이를 포용하는 현대 민주주의 등 다양하게 출제됐다. 『TIME』, 『The Economist』, 『Sapiens: A Brief History of Humankind』, 『Brave New World Revisited』, 『The Mouse that Roared: Disney and the End of Innocence』 등의 대중매체와 전문서적의 수준 높은 글에서 지문이 발췌됐다.

2026 경희대 **대비 학습전략**

경희대는 문항 수 대비 제한시간이 넉넉한 편이므로, 속도보다는 정확도에 중점을 두고 문제를 풀어 오답률을 줄이는 전략적 시간 안배가 필요하다. 어휘의 경우 기출어휘를 기본으로 하되, 다의어는 반드시 예문을 통한 문맥별 학습이 요구된다. 논리완성의 경우 평소에 연결사 전후로 글의 흐름이 어떻게 바뀌는지 파악하는 훈련을 해야 한다. 독해의 경우 시험에서 가장 높은 비중을 차지하므로, 유사 난도의 기출문제를 반복적으로 풀면서 문제풀이 스킬을 향상시켜야 한다.

KYUNG HEE UNIVERSITY

2025학년도 인문·체육계열

▶ 40문항·90분

01~08 Choose the answer closest in meaning to the underlined word or phrase.

01 Thanks to the generous contribution made by the outgoing CEO, the need for year-end fundraising has been <u>obviated</u>. [1.7점]

① compromised ② eliminated ③ exasperated
④ supplanted ⑤ accelerated

02 Contrary to expectations that the upcoming year's budget would be rejected, the various political factions <u>acquiesced</u> and passed the budget in one vote. [1.7점]

① delineated ② prolonged ③ recuperated
④ assented ⑤ emerged

03 The author disclosed in an interview that she has a <u>predilection</u> for poetry even though her published works in recent years have leaned toward biographical fiction. [1.7점]

① aversion ② disdain ③ partiality
④ contempt ⑤ supposition

04 There have been hundreds of thousands of videos on TikTok about Jane Austen and her work — many of them about her <u>brooding</u> romantic hero, Mr. Darcy. [1.7점]

① attractive ② pensive ③ untroubled
④ respectable ⑤ buoyant

05 Airports are not scary. They are purposely bland, simple to navigate, reassuringly similar. What's scary is the uncertainty embedded in any journey, a vague <u>foreboding</u> that informed the theory of a flat earth, which merely assumed the horizon was exactly what it appears to be: a precipice. [1.7점]

① apprehension ② desiccation ③ aspiration
④ devotion ⑤ contradiction

06 Most of the water at the bottom of the North Pacific Ocean has not been exposed to sunlight in at least 800 years and some of it has been down there for two millennia. Accordingly, oceanographers have assumed the temperature of the bottom layer is stable, <u>impervious</u> to atmospheric warming. [1.7점]

① sensitive ② accessible ③ susceptible
④ immune ⑤ responsive

07 In Britain a surge in demand from foreign students has created a huge boom in postgraduate education. Universities there now <u>dole out</u> four postgraduate qualifications for every five undergraduate ones. [1.7점]

① hoard ② conceal ③ withhold
④ relinquish ⑤ grant

08 Quincy Jones, one of the most important drivers of 20th century pop culture, died on Nov. 3 at 91. A music producer, composer, and executive, Jones served as the connective tissue between many eras and styles of music. With his golden ear, <u>inexhaustible</u> work ethic, and devotion to both music history and new technologies, he defined the center of American pop music for decades. [1.7점]

① indefatigable ② measurable ③ depletable
④ unifying ⑤ constrained

09~11 Choose the best answer for the blank.

09 Romance is, above all, an emotional composition. It's a magic trick that turns words on a page into pleasure chemicals in the brain. The tropes and traditions of the genre represent hundreds of years of practice not simply mimicking the sensation and aesthetics of longing and release but actually ________ them in the reader. For the spell to work, you need the readers' total trust. [1.7점]

① repelling ② smothering ③ conjuring
④ thwarting ⑤ obstructing

10 The students did not mind it when the professor wandered from the subject. His ________ were often more interesting and memorable than the topic of the day. [1.7점]

① incantations ② peripheries ③ digressions
④ altercations ⑤ modifications

11 A big increase in residential solar and energy storage would help local utilities better manage growing demand and spikes in use, but the process of getting new systems permitted remains ________. Most utilities don't incentivize it or make it easy to install new systems and the need to get approval from numerous entities, including power companies and local governments, doesn't help. [2점]

① hopeful ② exemplary ③ improvident
④ cumbersome ⑤ utilitarian

(12~13) Choose the best answer for the blanks.

12 Who is Bitcoin's founder, Satoshi Nakamoto? The question has Ⓐ________ and excited cryptocurrency fans ever since Bitcoin was created by someone with that username in 2009. Fans have endlessly Ⓑ________, debated, and hunted for clues across the web while investigative journalists have tried to unwind the mystery with no success. The answer matters because Satoshi's ideas are imbued with near religious significance — and because whoever it is owns about $60 billion worth of Bitcoin, which would make them roughly the 25th richest person alive. [2점]

① muted — rescinded
② dismayed — confirmed
③ assured — diverted
④ confused — worshiped
⑤ perplexed — theorized

13 In some respects, Japan is a lenient place. It has a low crime rate and locks up far fewer citizens than other rich countries. Minor offenders who admit guilt and apologise are often freed with a stern warning. But when prosecutors decide to go after someone, they have extraordinary powers. Unlike in other rich countries, they rely heavily on Ⓐ________, rather than physical evidence: nine out of ten cases in Japan still hinge on the suspect's Ⓑ________ of guilt. [2점]

① confessions — admission
② witnesses — retaliation
③ investigation — rehabilitation
④ proof — denial
⑤ arrests — judgment

14~15 Read the passage and answer the questions.

In 2020, to manage its own pollution problem, Fiji implemented a ban on single-use plastics. Water bottles were notably Ⓐ________, mainly because access to clean drinking water is limited outside the main cities. But also because banning bottles would be impractical for a country that exports them. Under pressure for sustainability issues, Fiji Water, the island's largest exporter, has started a bottle-buyback program. However, only 23% of Fiji Water bottles are returned on Fiji. It's an Ⓑ________ rate, but still better than the global plastic-recycling average. Fiji Water's voluntary program is a precursor to a countrywide bottle-deposit scheme under parliamentary review. Kinks are still being worked out. Five Fiji cents might be enough incentive for residents to return bottles if they live near collection centers, but probably not enough for Ⓒ________ to bring their plastics to a centralized location.

14 Which of the following is most appropriate for the blanks Ⓐ and Ⓑ? [2점]

① recognized — admirable
② exempted — abysmal
③ excluded — artificial
④ included — acceptable
⑤ traded — exclusive

15 Which of the following is most appropriate for the blank Ⓒ________? [3점]

① Fiji Water employees
② overseas importers
③ government officials
④ water bottle producers
⑤ remote island communities

16~17 Read the passage and answer the questions.

Throughout these long millennia, day in and day out, people stood face to face with the most important invention in the history of energy production — and failed to notice it. It stared them in the eye every time a housewife or servant put up a kettle to boil water for tea or put a pot full of potatoes on the stove. The minute the water boiled, the lid of the kettle or the pot jumped. Heat was being converted into movement. But jumping pot lids were an annoyance, especially if you forgot the pot on the stove and the water boiled over. Nobody saw their real potential.

A partial breakthrough in converting heat into movement followed the invention of gunpowder in ninth-century China. At first, the idea of using gunpowder to propel projectiles was so Ⓐ__________ that for centuries gunpowder was used primarily to produce fire bombs. But eventually — perhaps after some bomb expert ground gunpowder in a mortar only to have the pestle shoot out with force — guns made their appearance. About 600 years passed between the invention of gunpowder and the development of effective artillery.

16 Choose the best word for Ⓐ__________. [2점]

① spontaneous
② expedient
③ propitious
④ counterintuitive
⑤ incontrovertible

17 According to the passage, what did people fail to do for a long time? [3.3점]

① Record the history of energy
② Contain heat energy in cooking
③ Cultivate experts in fire bombs
④ Invent gunpowder for warfare
⑤ Convert one type of energy to another

18~19 Read the passage and answer the questions.

It was the opening days of 2022, in the aftermath of a huge volcanic eruption, when Tonga went dark. The underwater eruption severed internet connectivity, causing a communication blackout at just the moment that a crisis was unfolding.

When the undersea cable that provides the country's internet was restored weeks later, the scale of the disruption was clear. The lack of connectivity had hampered recovery efforts, while at the same time devastating businesses and local finances, many of which depend on remittances from abroad.

The disaster exposed the extreme vulnerabilities of the infrastructure that underpins the workings of the internet. "Contemporary life is really inseparable from an operational internet," says Nicole Starosielski, a professor at the University of California, Berkeley. In that way, it's very much like drinking water — a utility that underpins our very existence. Very few people understand what it takes for it to travel from Ⓐ________. Modern consumers have come to imagine the internet as something unseen in the atmosphere — an invisible "cloud" just above our heads, raining data down upon us. "Because our devices aren't tethered to any cables, many of us believe the whole thing is wireless," says Starosielski, but the reality is far more extraordinary.

18 **Which phrase best completes Ⓐ________?** [3점]

① takeoff to landing
② the epicenter to the eruption
③ crisis to recovery
④ a distant reservoir to our kitchen taps
⑤ invisible cloud to atmosphere

19 **Which of the following is the main topic of the passage?** [3.3점]

① Underwater volcanic eruptions
② Permanence of human existence
③ Hidden cables that power the internet
④ Threat to the source of drinking water
⑤ Consumer misuse of wireless devices

20~21 Read the passage and answer the questions.

A strategy used by manufacturers to deliberately design or produce products with a limited useful life is called planned Ⓐ________. Examples include smartphones that are no longer supported with software updates after a few years, printers that use chips to limit the number of prints, and fashion trends that change rapidly, making previous styles seem outdated. Planned Ⓐ________ is considered bad for several reasons: it leads to increased environmental waste as products are discarded more frequently; it forces consumers to spend money on new products more often; and it can contribute to Ⓑ________, undermining efforts towards sustainability. Additionally, it can limit consumer choice by making it difficult or expensive to repair products, pushing consumers towards a cycle of constant consumption.

20 Which word best completes Ⓐ________? [2점]

① efficacy
② obsolescence
③ publicity
④ summation
⑤ volatility

21 Which phrase is most appropriate for Ⓑ________? [3점]

① frugal consumption practices
② comparative advantages
③ a culture of disposability
④ a desire for exclusivity
⑤ improved socioeconomic status

22~23 **Read the passage and answer the questions.**

The Walt Disney Company's attachment to the appeal of innocence provides a rationale for Disney to both reaffirm its commitment to children's pleasure and to Ⓐ__________ any critical assessments of the role Disney plays as a benevolent corporate power in sentimentalizing childhood innocence as it simultaneously Ⓑ__________ it. Stripped of the historical and social constructions that give it meaning, innocence in the Disney universe becomes an atemporal, ahistorical, apolitical, and atheoretical space where children share a common bond free of the problems and conflicts of adult society. Disney both markets this ideal and presents itself as a corporate parent who safeguards this protective space for children by magically supplying the fantasies that nourish it and keep it alive.

22 **Choose the best answer for the blanks.** [3점]

① sanction — customizes
② downplay — commodifies
③ embellish — dignifies
④ overstate — humanizes
⑤ accentuate — marketizes

23 **What is NOT true according to the passage?** [3.3점]

① The Walt Disney Company attaches itself to the appeal of innocence.
② Disney uses its corporate power to provide pleasure to children.
③ Disney's portrayal of innocence is rooted in historical and social contexts.
④ Childhood innocence serves as a crucial mechanism for Disney's commercialization.
⑤ Disney promotes an ideal protective space for children to play out their imaginative fantasies.

24~25 Read the passage and answer the questions.

The most immediate cause of the French Revolution, which began in the summer of 1789, was the government's financial crisis. [A] Because some of <u>the wealthiest elements</u> in the country were exempt from taxation, the state could not balance its budget. An important element in the French public debt was the expense incurred by helping the Americans in their revolt against England. [B] For years the enlightened advisers of the French king had endeavored to abolish the tax privileges of the clergy and the nobility, but these two orders had solidly resisted the efforts. [C] The king could proclaim the necessary laws, but the courts, completely controlled by the nobility, would never enforce them. [D] The result was an aristocratic revolt: the army officers and the king's officials in Paris and in the provinces refused to serve, and the whole state was brought to a halt. [E] Unable to persevere in the attempt to reform, Louis XVI acceded to noble demand that, for the first time since 1614, a National Assembly be called to settle the nation's problems.

24 **Choose the best place to insert the following sentence.** [3점]

> Finally, in 1788, the royal government simply abolished the old court system and created a new one.

① [A] ② [B] ③ [C]
④ [D] ⑤ [E]

25 **Choose what the underlined "<u>the wealthiest elements</u>" refers to in the passage above.** [3점]

① the whole state
② the royal government
③ the National Assembly
④ the enlightened advisers
⑤ the clergy and the nobility

26~27 Read the passage and answer the questions.

As COVID-19 ravaged the world, a generation that had yet to experience a cataclysm of precisely this scale turned to art for insight into how we might survive it. Contemporary speculative fiction about lethal pathogens surged in popularity. Readers also turned to tales of pestilence past. But no dusty tome got a bigger boost than Giovanni Boccaccio's early-Renaissance classic *The Decameron*. Set amid the Black Death that decimated Europe in the mid-14th century, Boccaccio's masterpiece follows 10 young nobles fleeing an outbreak in Florence that would ultimately reduce the city's population by half. To pass the time in their rural idyll, they tell the stories that make up the bulk of the book — one apiece for 10 days, hence the title. The consensus interpretation of *The Decameron* is that it illustrates the power of storytelling to buoy us through history's horrors.

Kathleen Jordan, the creator of Netflix's *The Decameron*, came away from her pandemic-era reading of Boccaccio with a different understanding. What if, her black comedy proposes, the book's true timeless message is that whether they're Florentine aristocrats in 1348 or Manhattan financiers in 2020, the privileged will always blithely abandon their less fortunate neighbors when the plague comes to town? Jordan has stripped *The Decameron* of its stories, choosing instead to riff on the frame narrative. Somehow, her irreverence pays off. While successful on its own terms, the series also raises the question of which derivative works even deserve to be called adaptations.

26 Choose the best title for the passage. [3점]

① The Insensitivity of the Privileged
② The Rise and Fall of *The Decameron*
③ Human Endurance during Catastrophic Times
④ The Contemporary Revival of *The Decameron*
⑤ The Dangers of Adapting Classic Literature

27 Which of the following CANNOT be inferred from the passage? [3.3점]

① Giovanni Boccaccio wrote *The Decameron* during the Renaissance period.
② Boccaccio's *The Decameron* features Florentine aristocrats of the Black Death era.
③ Boccaccio's *The Decameron* gained renewed popularity during the COVID-19 pandemic.
④ Kathleen Jordan's version of *The Decameron* is a black comedy.
⑤ Kathleen Jordan's adaptation was faithful to Boccaccio's *The Decameron*.

28~29 Read the passage and answer the questions.

America was born a nation of immigrants. Modern Europe, much less so. Its history — at least over the past few hundred years — is one of countries built on comparatively Ⓐ________ national cultures. The creation of the European Union has been a marvel of benevolent globalization in the sense that it brought together 28 of those nations into an economic and political alliance. While the European debt crisis has challenged the future of that union, it hasn't yet doomed it. Now, with the great migration, Europe faces a bigger crisis still — and it's one with profound implications for its culture and its economy.

The challenges of Germany's decision to take in hundreds of thousands of immigrants are enormous. But the benefits could be too. Economic growth is essentially productivity combined with workers — when numbers for both are rising steadily, countries prosper. Europe, which has been struggling to achieve even a percentage point of economic growth per year, is not doing well on either front. The continent has some of the lowest birthrates in the world. In Germany, the economic engine of Europe, the population is predicted to shrink from 81.3 million today to 70.8 million by 2060. If unchecked, that trend would Ⓑ________ the country's welfare state and future economic growth. Other nations, like France and Spain, are in similar quandaries. Given that women in rich countries tend to have fewer children, the only way to achieve better demographics is immigration.

28 Which of the following best fits into Ⓐ and Ⓑ? [2점]

① homogeneous — devastate
② primitive — evaporate
③ bureaucratic — ameliorate
④ heterogeneous — postulate
⑤ revolutionary — cultivate

29 Which of the following is the most appropriate theme for the passage? [3.3점]

① Europe's low birthrates are disastrous.
② Migrants are detrimental to Germany's growth.
③ Migrants could be the key to a stronger economy for Europe.
④ The European debt crisis is destroying the European Union.
⑤ The European Union was created to achieve the goal of globalization.

30~32 Read the passage and answer the questions.

Behavioural economics is a well-established strand of research in which psychological insights are used to question human's ability to make "sound" decisions. Humans tend to make bad decisions, so the argument goes, because we do not like to exert ourselves, and we are thus inclined to choose the path of least resistance, often leading to less than Ⓐ________ decision-making. This basic tendency is believed to manifest itself in decision moments to choose the easiest, or most popular option, and a tendency to rely on Ⓑ________ impressions and emotions, rather than on Ⓒ________ evaluations.

Behavioural economics was showcased once more in Richard Thaler and Cass Sunstein's 2008 book *Nudge: Improving Decisions about Health, Wealth, and Happiness.* What distinguished this book from earlier work in the field was that the authors went a step further, arguing that government can, and ought to take the lead in protecting citizens from their own pernicious Ⓓ________. More specifically, Thaler and Sunstein argued for "soft paternalism," a new governance approach in which subtle changes in choice architecture are used to "nudge" citizens towards better choices, but without restricting choice.

30 Which order of words best fills the blanks Ⓐ________ ~ Ⓒ________? [3점]

① opportune — subjective — irrational
② ambiguous — objective — subjective
③ beneficial — immediate — optional
④ optimal — superficial — rational
⑤ capable — indifferent — succinct

31 Which word is most suitable for the blank Ⓓ________? [2점]

① propensities
② casualties
③ injuries
④ obligations
⑤ qualms

32 Which of the following can be inferred about the premise of behavioural economics? [3.3점]

① Decision-making is a basic human right.
② Behavioural economics is an emerging science.
③ Humans tend to choose the most challenging options.
④ Humans are prone to make erroneous decisions.
⑤ Governments need to take a forceful approach to influence sound decision-making.

33~35 Read the passage and answer the questions.

Unlike the masses, intellectuals have a taste for rationality and an interest in facts. Their critical habit of mind makes them resistant to the kind of propaganda that works so well on the majority. They regard over-simplification as the original sin of the mind and have no use for the slogans, the unqualified assertions, and sweeping generalizations which are the propagandist's stock in trade. Philosophy teaches us to feel uncertain about the things that seem to us self-evident. Propaganda, Ⓐ________, teaches us to accept as self-evident matters about which it would be reasonable to suspend our judgment or to feel doubt. The aim of the demagogue is to create social coherence under his own leadership. The demagogic propagandist must therefore be consistently dogmatic. All his statements are made without qualification. There are no grays in his picture of the world; everything is either diabolically black or celestially white. In Hitler's words, the propagandist should adopt "a systematically one-sided attitude towards every problem that has to be dealt with." Ⓑ________.

33 Which best fits in the blank Ⓐ________? [2점]

① likewise
② nevertheless
③ surprisingly
④ as a consequence
⑤ on the other hand

34 Which sentence best fits in the blank Ⓑ________? [3.3점]

① He must pay close attention to what opponents are saying.
② He must be careful to acknowledge human beings as individuals freely associating with other individuals.
③ He must consider alternative solutions to problems of the masses.
④ He must learn to fill in the gray areas to appeal to the masses by qualifying his statements.
⑤ He must never admit that he might be wrong or that people with a different point of view might be even partially right.

35 Which of these is NOT suggested in the passage? [3.3점]

① Intellectuals are not easily influenced by propaganda.
② Intellectuals follow the teachings of philosophy.
③ Philosophy teaches people to question the seemingly obvious.
④ Propagandists teach the masses to suspend judgment.
⑤ Propaganda relies on generalizations and absolute assertions.

36~37 Read the passage and answer the questions.

Just before Christmas in 2023, the small team at Cognition was struggling to set up a particularly complex data server for the San Francisco-based AI startup's fledgling coding assistant, Devin.

[A] As the AI sprung into action, it befuddled its creators. "It ran the most witchcraft, black-magic-looking commands," cofounder, Walden Yan, 21, recalls.

[B] They'd spent hours poring over installation documents and trying different commands but just couldn't get it to work. Tired and frustrated, they decided to see how Devin would handle it.

[C] Devin had deleted a faulty system file the team had overlooked, they realized. "That was the moment it really hit me how much software engineering is going to change," Yan says.

[D] For a time, it seemed Devin wouldn't do any better than they had. Then a server terminal light that had been red for hours turned green. The data server was up and running.

36 Put the sentences above into a logical order. [3.3점]

① [A] — [C] — [D] — [B]
② [B] — [A] — [C] — [D]
③ [B] — [A] — [D] — [C]
④ [B] — [D] — [C] — [A]
⑤ [C] — [B] — [D] — [A]

37 Which is true of 'Devin' according to the passage? [3점]

① It failed to start the data server.
② It took the grunt work out of coding.
③ It interfered with human coding processes.
④ It retained faulty system files in data servers.
⑤ It shifted the AI industry towards cost-cutting.

38~40 Read the passage and answer the questions.

Much of the contemporary literature on democracy and difference operates with notions of a more active and vigorous democracy that depends crucially on public debate. Rejecting both the false harmony that Ⓐ <u>stamps out</u> difference, and the equally false essentialism that defines people through some single, authentic identity, many theorists look to a democracy which ________ citizen participation, and requires us to engage and contest with one another. In a recent essay on feminism and democracy, Susan Mendus suggests that difference is the rationale for democracy and that "whereas traditional democratic theory tend to construe difference as an obstacle to the attainment of a truly democratic state, feminist theory should alert us to the possibility that difference is rather what necessitates the pursuit of democracy." In his work on multiculturalism, Charles Taylor also calls for a politics of democratic empowerment as the way of dealing with demand for equal recognition without thereby entrenching people in fragmented identities.

38 Choose the answer closest in meaning for Ⓐ <u>stamps out</u>. [2점]

① insinuates ② obliterates ③ embraces
④ exposes ⑤ inculcates

39 Choose the best word for the blank. [3점]

① maximizes ② precedes ③ impedes
④ deters ⑤ diminishes

40 What is true according to the passage above? [3.3점]

① Charles Taylor advocates for a politics of democratic empowerment that entrenches people in singular, fixed identities.
② Contemporary literature on democracy and difference supports a passive democracy that avoids public debate.
③ Embracing difference in democracy enhances participation and empowers diverse identities.
④ Democracy thrives by eliminating differences.
⑤ Asserting uniformity above difference is key to empowering diverse identities in democracy.

KYUNG HEE UNIVERSITY

2025학년도 한의학과(인문)

50문항·90분

인문·체육계열 중복 문제 제외

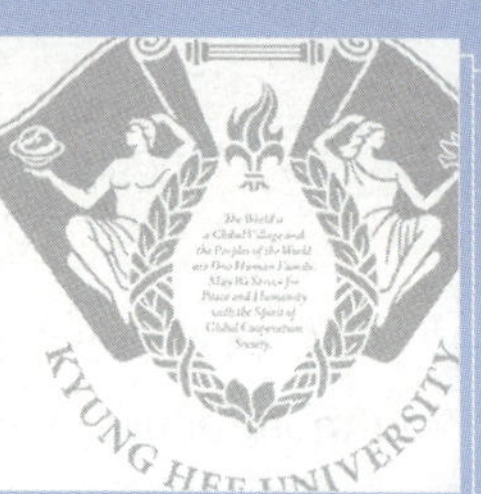

07 Choose the answer closest in meaning to the underlined word or phrase.

07 Contemporary water treatment methods allow governments to treat water infested with potentially harmful bacteria and make it drinkable. While these methods make tap water entirely safe to drink, it is not practical to treat all of the world's surface water in this fashion. Thus, people who use untreated water for recreational purposes are at risk of <u>ingesting</u> harmful bacteria. [1점]

① consuming ② maintaining ③ generating
④ producing ⑤ inspecting

11 Choose the best answer for the blank.

11 The liver is an internal human organ that is capable of natural regeneration of lost tissue. Even if the liver is impaired by excessive drinking or hepatitis, it can be easily restored after a short period of ________ or if the hepatitis is completely cured. [1.3점]

① vitality ② mourning ③ continuity
④ abstinence ⑤ retention

16~17 Read the passage and answer the questions.

While previous generations may have seen dictionaries as Ⓐ_________ and defenders of "correct" language — that is no longer the case. Most major dictionaries are now focusing on describing the language people use while consciously leaving any possible stuffy scholarly objections at the door.

Back in 2007, the *Oxford English Dictionary* removed words describing nature such as acorn, dandelion, mistletoe, pasture, and willow from their junior edition aimed at school children. They replaced them with terms such as "blog," "broadband," "chatroom," "cut-and-paste," and "MP3 player," causing an uproar among parents. While some parents petitioned the dictionary to reinstate the outdoor words, other parents couldn't see a reason for the fuss. They argued that the less bulky the book was, Ⓑ_________ the kids would be to carry it around with them.

16 **Which word is best for Ⓐ_________?** [1.3점]

① opponents
② skeptics
③ custodians
④ forebears
⑤ philanthropists

17 **Which phrase is best for Ⓑ_________?** [2점]

① the less possibly
② the more likely
③ more or less
④ the least likely
⑤ less so

32~33 Read the passage and answer the questions.

There are two basic concepts that you need to understand if you wish to be able to engineer biological systems: how information flows in biological systems and how this information flow is controlled. With an understanding of these concepts one can, in principle, apply engineering principles to the design and building of new biological systems: what we call synthetic biology.

Biology is, of course, highly complex and there are important differences that distinguish it from other engineering disciplines. Firstly, biology is not programmed on a printed circuit board, so interactions cannot be programmed by their physical position; rather interactions are based on interactions between molecules that occur in the complex milieu of the cell. Secondly, biology is subject to natural selection, so that modifications which are deleterious to the cell will be selected against and competed out of the population. These evolutionary pressures are not applicable when building an aircraft, and so new definitions of robustness are relevant to biology. Other concepts such as complexity and emergent behavior may be familiar to engineers, but one must be aware of how they can arise in biology and what their effects may be.

32 Choose the answer that is closest in meaning to the underlined word, "deleterious." [2점]

① beneficial ② deliberate ③ damaging
④ flexible ⑤ spontaneous

33 According to the passage, which is true about biology? [2.7점]

① It cannot be engineered into new systems.
② It is programmed on a printed circuit board.
③ It is contingent upon evolutionary pressures.
④ It is dissociated from complex and emergent behavior.
⑤ It is indistinguishable from other engineering disciplines.

42~44 Read the passage and answer the questions.

The Polynesian Islands are one of three major subregions that compose a large group of islands called Oceania in the central and southern Pacific Ocean. Unlike the dark-skinned people of short stature in the other subregions, the people of Polynesia are lighter-skinned and taller. [A] Although scientists today believe that Polynesia was colonized by cultures from South Asia, Europeans journeying through the Pacific in the late 1800s and early 1900s <u>articulated</u> a theory that the Egyptians had populated Polynesia. [B] They believed the Egyptians settled the islands because they were the only civilization existing at the time Oceania was believed to have been populated. [C] Researchers in the late 1970s pointed to the use of a layer of color applied to the eyes of some statues in Polynesia as evidence. [D] In addition, Polynesia's birdman ceremony has as its parallel the traditional ritual quest for the egg of Egypt's sun god, Ra. [E] However, vessel drift computer simulations based on ocean currents in the Pacific have proved that it was impossible for the Egyptians to have arrived at Polynesia even accidentally, and so Ⓐ__________.

42 **Choose the most appropriate place to insert the following sentence.** [3점]

> Egyptians utilized the same technique in their sculptures to make them appear lifelike.

① [A] ② [B] ③ [C]
④ [D] ⑤ [E]

43 **Choose the answer closest in meaning to the underlined word, "<u>articulated</u>."** [2점]

① refuted ② reneged ③ proposed
④ distorted ⑤ misrepresented

44 **Which is most suitable for Ⓐ__________?** [2점]

① they couldn't have developed traditional rituals
② they couldn't have populated the islands
③ they could have been the first to discover the islands
④ they could have been colonized by regions of South Asia
⑤ they could have reached the European continent

45~47 Read the passage and answer the questions.

Just before Christmas in 2023, the small team at Cognition was struggling to set up a particularly complex data server for the San Francisco-based AI startup's fledgling coding assistant, Devin.

[A] As the AI sprung into action, it <u>befuddled</u> its creators. "It ran the most witchcraft, black-magic-looking commands," cofounder, Walden Yan, 21, recalls.

[B] They'd spent hours poring over installation documents and trying different commands but just couldn't get it to work. Tired and frustrated, they decided to see how Devin would handle it.

[C] Devin had deleted a faulty system file the team had overlooked, they realized. "That was the moment it really hit me how much software engineering is going to change," Yan says.

[D] For a time, it seemed Devin wouldn't do any better than they had. Then a server terminal light that had been red for hours turned green. The data server was up and running.

45 Put the sentences above into a logical order. [3점]

① [A] — [C] — [D] — [B]
② [B] — [A] — [C] — [D]
③ [B] — [A] — [D] — [C]
④ [B] — [D] — [C] — [A]
⑤ [C] — [B] — [D] — [A]

46 Choose the answer closest in meaning to the underlined word, "<u>befuddled</u>." [1.3점]

① exonerated
② vindicated
③ composed
④ undermined
⑤ flustered

47 Which is true of 'Devin' according to the passage? [3점]

① It failed to start the data server.
② It took the grunt work out of coding.
③ It interfered with human coding processes.
④ It retained faulty system files in data servers.
⑤ It shifted the AI industry towards cost-cutting.

48~50 Read the passage and answer the questions.

Much of the contemporary literature on democracy and difference operates with notions of a more active and vigorous democracy that depends crucially on public debate. Rejecting both the false harmony that stamps out difference, and the equally false essentialism that defines people through some single, authentic identity, many theorists look to a democracy which Ⓐ_________ citizen participation, and requires us to engage and contest with one another. In a recent essay on feminism and democracy, Susan Mendus suggests that difference is the rationale for democracy and that "whereas traditional democratic theory tend to construe difference as an obstacle to the attainment of a truly democratic state, feminist theory should alert us to the possibility that difference is rather what Ⓑ_________ the pursuit of democracy." In his work on multiculturalism, Charles Taylor also calls for a politics of democratic empowerment as the way of dealing with demand for equal recognition without thereby entrenching people in fragmented identities.

48 Choose the answer closest in meaning for stamps out. [2점]

① insinuates ② obliterates ③ embraces
④ exposes ⑤ inculcates

49 Which of the following best fits into Ⓐ and Ⓑ? [2.7점]

① maximizes — necessitates
② precedes — dissuades
③ impedes — bolsters
④ deters — entails
⑤ diminishes — dictates

50 What is true according to the passage above? [3점]

① Charles Taylor advocates for a politics of democratic empowerment that entrenches people in singular, fixed identities.
② Contemporary literature on democracy and difference supports a passive democracy that avoids public debate.
③ Embracing difference in democracy enhances participation and empowers diverse identities.
④ Democracy thrives by eliminating differences.
⑤ Asserting uniformity above difference is key to empowering diverse identities in democracy.

"도망친 곳에 낙원은 없습니다."

지○재
경희대학교 행정학과
편입구분: 일반편입

어휘 학습법

어휘는 반복과 누적 학습이 핵심이라고 생각했습니다. 매일 퀴즐렛 앱을 활용해 이동 중에 복습했고, 아침에는 굿노트 어플에 외워야 할 단어를 직접 쓰고, 테이프 가림막을 이용해 계속해서 암기했습니다. 특히 주중에는 오전 수업 이후 자습실에서 단어에 집중했고, 주말에는 교수님께서 "단어만 챙기라"는 말씀에 따라 하루 종일 단어 학습에 집중했습니다.

문법 학습법

문법은 교수님께서 가르쳐주시는 내용을 중심으로 충실히 따라갔습니다. 문제를 푼 후에는 해설을 통해 해당 문법 포인트가 무엇인지 꼼꼼히 분석하며 정리했습니다. 틀린 문제는 오답노트에 따로 기록하고, 해설반으로 이해가 어려울 경우에는 문법 이론서를 참고하여 정확하게 이해하고 넘어가려 노력했습니다.

논리 학습법

논리는 문제의 구조를 파악하고 이분법적 사고를 적용하는 연습을 꾸준히 했습니다. 특히 두 번째 문장에서 출제 의도를 가르는 핵심 포인트를 찾으려 노력했고, 논리적으로 완벽히 이해되지 않는 경우에는 어휘력에 기반하여 정답을 추론하는 전략도 사용했습니다. 기출문제를 푼 뒤에는 교수님의 해설 강의를 들으며 제 생각과 어떤 차이가 있었는지 비교하고, 어떤 부분에서 논리적 사고를 놓쳤는지 되짚어 보았습니다.

독해 학습법

독해는 시간 관리보다는 정확한 이해와 글의 흐름 파악에 초점을 맞췄습니다. 경희대학교처럼 독해 지문이 많은 학교의 경우, 정병권 교수님께서 강조하신 '3분의 2 독해 전략'을 적용하려 노력했습니다. 기출문제를 풀면서 해당 학교의 문제 순서와 유형, 선호하는 정답의 특징 등을 분석했고, 지문 속 핵심 문장을 빠르게 파악하는 훈련을 반복했습니다.

경희대학교

- 2024학년도 인문 · 체육계열
- 40문항 · 90분

어휘

밑줄 친 어휘와 의미가 가장 가까운 것을 고르는 동의어 유형 5문제가 출제됐다. 출제된 어휘에는 proclivity (=predisposition), flounder(=falter), setback(=obstacle), munificence(=magnanimity), pique(=provoke)가 있었다. 기출어휘를 충실히 공부한 수험생들의 경우 제시어와 보기만으로도 정답을 고르는 데 어려움이 없었을 것이다.

문법

one-blank 유형으로 논리완성 9문제가 출제됐다. 문화는 다양한 관행으로 구성된다는 내용을 통해 문화는 '단일한(monolithic)' 것이 아니라는 것을 고르는 문제, 'attribute A to B(A를 B의 탓으로 돌리다)'의 구문을 묻는 문제, 기술의 비대칭이 인종적·계급적 분열을 '악화시킨다(exacerbate)'는 것을 고르는 문제, 문명이 번성하고 쇠퇴하기 위해서는 문명이 '출현해야(emerge)' 한다는 것을 고르는 문제, 비만이 환자들을 고통으로 '괴롭힌다(afflict)'는 것을 고르는 문제, 인간의 이해력은 편견을 벗어날 수 없다는 내용을 통해 일단 선택한 이론의 권위는 '침해되지 않는(inviolate)'다는 것을 고르는 문제, 부의 지역적 집중이 심화된다는 내용을 통해 성공한 사람들이 자녀를 위해 자원을 '축적하고(hoard)' 있다는 것을 고르는 문제, 사람들이 심해에 고대부터 생명체가 있다고 믿고 있다는 내용을 통해 심해의 '불변성(unchangingness)'을 고르는 문제 등이 출제됐다. 문장의 구조가 복잡하지 않고 논리관계가 명확해 어렵지 않게 정답을 고를 수 있었다.

독해

독해는 총 26문항이 출제되어 전체 문항 수 대비 출제 비중이 가장 높았다. 출제된 유형을 살펴보면 글의 제목, 내용일치, 내용추론, 빈칸완성, 동의어, 문맥상 적절하지 않은 단어 고르기, 문장삽입, 문장배열, 글의 어조, 지시대상 등 편입시험에 자주 출제되는 유형이 골고루 출제됐다. 특히 글의 제목, 내용일치, 내용추론, 문장삽입 등 전체 내용을 파악해야만 풀 수 있는 문제의 출제 비중이 높아 많은 시간이 요구됐다. 지문의 내용을 살펴보면 희망의 중요성과 이점, 수면이 선언적 기억에 미치는 영향, 인종 차별이 유아의 뇌 발달에 미치는 효과, 최고의 향신료 혼합인 소금과 후추, 마다가스카르의 기아와 기후 변화, 시몬 드 보부아르(Simone de Beauvoir)의 『제 2의 성』에서 일부 발췌된 여성의 신화에 대한 내용, 새로운 서적 판매 방식인 BookTok, 식품 다양성의 감소, 미국인의 삶의 팽창적 성격, 장르 영화에서 핍진성(그럴듯함)과 리얼리즘(사실주의), 세균 이론(germ theory) 등 다양한 분야의 전문 서적과 대중매체에서 출제됐다.

KYUNG HEE UNIVERSITY

2024학년도 인문·체육계열

▶ 40문항·90분

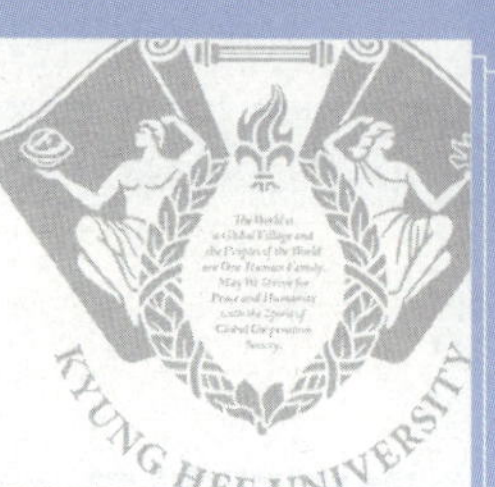

01~05 Choose the answer that is closest in meaning to the underlined word in the sentences below.

01 This suggests human blood in particular was chosen for another, presumably ritual, reason. Being picked as the donor of this blood may well have been an honour, though that is impossible to tell. But given many pre-Columbian peoples' <u>proclivity</u> for human sacrifice, rather than mere bloodletting, it might not have been an honour that was highly sought after. [1.7점]

① appreciation ② conventions ③ phobia
④ concerns ⑤ predisposition

02 In recent years, efforts to enact gun-safety measures have <u>floundered</u> in Maine. An expert in gun laws believes that Maine has been slow to enact gun control in part because residents tend to see the state as safe. [1.7점]

① uncovered ② augmented ③ emerged
④ faltered ⑤ sprouted

03 Despite the recent <u>setbacks</u> on the battlefield, the general does not intend to give up fighting or to sue for any kind of peace. On the contrary, his belief in the country's ultimate victory over the enemy has hardened into a form that worries some of his advisers. [1.7점]

① oppositions ② sacrifices ③ obstacles
④ collisions ⑤ advances

04 A lifelong bachelor, who saw out his days on an estate outside Oslo, his greatest attachment was to his work. When he died, aged 80, he gave thousands of items and his personal papers to his hometown. It is at last doing justice to his <u>munificence</u> and his genius. [1.7점]

① magnanimity ② commitment ③ connoisseurship
④ ingenuity ⑤ extravagance

05 Shane Campbell-Staton, a biologist at Princeton University, studies how animals adapt to human creations like cities and pollution. His interest was <u>piqued</u> by a film about the tuskless female elephants of Gorongosa National Park, in Mozambique. [1.7점]

① conceived ② provoked ③ represented
④ disseminated ⑤ upheld

06~14 Choose the most appropriate word to fill in the blanks.

06 Culture is not ________; it comprises a variety of cultural practices that people engage in across a range of social configurations they participate in. [1.7점]

① ethnocentric ② consistent ③ esoteric
④ monolithic ⑤ inherited

07 Psychologists have developed a theory of how people explain, make excuses about, and justify their behaviors. It postulates that people are motivated to ________ their own or other people's behavior to either internal or external causes, depending on the circumstances of an event. [1.7점]

① tout ② attribute ③ account
④ appraise ⑤ recount

08 Although some claim that technology is racially neutral, others argue that the use of technology in the United States has ________ the racial and class divisions by allowing those with resources to benefit from technology and those who are poor to be denied access. [1.7점]

① alleviated ② prevented ③ exacerbated
④ confounded ⑤ nullified

09 In Mesoamerica, which roughly corresponds to the location of modern-day Central America and southern Mexico, the first significant society ________ around 1,200 B.C. and flourished for centuries before eventually declining a little more than half a millennium later. [1.7점]

① ended ② released ③ transferred
④ broke ⑤ emerged

10 Obesity is a common, serious, and costly chronic disease, ________ more than 40% of U.S. adults and almost 20% of children. [1.7점]

① substantiating ② attracting ③ nettling
④ afflicting ⑤ taunting

11 What makes him ________ is being considered changeable, frivolous, effeminate, cowardly, and irresolute; from these qualities a prince must guard himself as if from a reef, and he must strive to make everyone recognize in his actions greatness, spirit, dignity, and strength; and concerning the private affairs of his subjects, he must insist that his decision be irrevocable. [2점]

① allured ② collaborative ③ despised
④ maudlin ⑤ optimistic

12 The human understanding when it has once adopted an opinion draws all things else to support and agree with it. And though there be a greater number and weight of instances to be found on the other side, yet these it either neglects and despises, or else by some distinction sets aside and rejects; in order that by this great and pernicious predetermination the authority of its former conclusions may remain ________. [2점]

① inviolate ② vilified ③ indefinite
④ cryptic ⑤ assessed

13 In a democracy, conservatism relies on equality of opportunity. The race of life, in which only some get prizes, is seen as illegitimate unless everybody gets a fair start. But in the past four decades the starting line has become more uneven, as the successful have ________ resources for their children, and wealth had become more regionally concentrated. [2점]

① depleted ② publicized ③ hoarded
④ marred ⑤ overseen

14 The mysteriousness, the eeriness, the ancient ________ of the great depths have led many people to suppose that some very old forms of life — some "living fossils" — may be lurking undiscovered in the deep ocean. Some such hope may have been in the minds of the *Challenger* scientists. The forms they brought up in their nets were weird enough, and most of them had never before been seen by man. But basically they were modern types. There was nothing like the trilobites of Cambrian time or the sea scorpions of the Silurian, nothing reminiscent of the great marine reptiles that invaded the sea in the Mesozoic. [3점]

① ephemerality ② unchangingness ③ homogeneity
④ variety ⑤ manifoldness

15~17 Read the following passage and answer the questions.

> There's a sense, once a whisper, that's growing louder every day. Glaciers are melting, children are being slaughtered, hatred runs <u>rampant</u>. Sometimes it feels like the world's approaching a nadir. Or like you are.
>
> The antidote to any despair might be hope, experts say. [A] It's one of the most powerful human mindsets, and possible to achieve even when it feels out of reach. [B] Being hopeful doesn't mean engaging in wishful thinking or blind optimism. [C] Rather, it's the belief or the expectation that the future can be better, and that more importantly, we have the capacity to pursue that future. The opposite of hope, therefore, is not pessimism, but rather apathy, with its loss of motivation. [D] While wishing is passive, hope is about taking action to get one step closer to what you wish for.
>
> Being hopeful is associated with an array of benefits. Research suggests that people with more hope throughout their lives have fewer chronic health problems; are less likely to be depressed or anxious; have stronger social support; and tend to live longer. [E]

15 **The underlined word, "rampant," is closest in meaning to ________.** [2점]

① prevalent ② restrained ③ punctilious
④ continuous ⑤ tenacious

16 **Choose the <u>most</u> appropriate place to insert the following sentence.** [3점]

> People who are high in hope do not remain passive but always work toward at least one goal that's intrinsically meaningful.

① [A] ② [B] ③ [C]
④ [D] ⑤ [E]

17 **Which of the following is NOT true according to the passage?** [3점]

① A hopeful person is not characterized as being indifferent to life.
② Hope entails doing something to work toward the desired outcome.
③ During times of adversity, we can turn to hope to overcome despair.
④ The adversities around us sometimes make us feel that we are at a low point.
⑤ Having apathetic feelings is likely to result in rapid deterioration of one's health condition.

18~19 Read the following passage and answer the questions.

Some researchers contend that sleep plays no role in the consolidation of declarative memory (i.e., memory involving factual information). These researchers note that people with impairments in rapid eye movement (REM) sleep continue to lead normal lives, and they argue that if sleep were crucial for memory, then these individuals would have apparent memory deficits. Yet the same researchers acknowledge that the cognitive capacities of these individuals have never been systematically examined, nor have they been the subject of studies of tasks on which performance reportedly depends on sleep. Ⓐ_________ such studies were done, they could only clarify our understanding of the role of REM sleep, not sleep in general.

These researchers also claim that improvements of memory overnight can be explained by the mere passage of time, rather than Ⓑ_________ sleep. But recent studies of memory performance after sleep, including one demonstrating that sleep stabilizes declarative memories from future interference caused by mental activity during wakefulness, make this claim unsustainable. Certainly there are memory consolidation processes that occur across periods of wakefulness, some of which neither depend on nor are enhanced by sleep. But when sleep is compared with wakefulness, and performance is better after sleep, then some benefit of sleep for memory must be acknowledged.

18 Which of the following best fits into Ⓐ and Ⓑ? [3점]

① If — modulated by
② Since — confounded by
③ While — explained by
④ Even if — attributed to
⑤ Even though — deprived by

19 Which of the following is NOT true according to the passage? [3점]

① People with impairments to REM sleep continue to lead normal lives.
② Cognitive abilities of individuals with impairments to REM sleep must be examined systematically to confirm the effect of sleep on declarative memory.
③ Improvements of memory that occur overnight might be explained merely by the passage of time.
④ Some research findings demonstrate the role of sleep in stabilizing declarative memory.
⑤ There is sufficient evidence to conclude that sleep plays no role in the consolidation of declarative memory.

20~21 Read the following passage and answer the questions.

Racial discrimination and bias are painful realities and increasingly recognized as detrimental to the health of adults and children. These stressful experiences may also appear to be Ⓐ________ from mother to child during pregnancy, altering the strength of infants' brain circuits. A recent study demonstrated that infants of mothers who experience discrimination generally had weaker connections between their amygdala and prefrontal cortex. The amygdala is an area of the brain associated with emotional processing that is altered in many mood disorders. It also appears to be involved in ethnic and racial processing, such as differentiating faces. The findings of the study suggest that the connectivity changes that researchers found may reduce infants' ability to regulate their emotions and Ⓑ________ risk for mental health disorders.

20 Which of the following best fits into Ⓐ and Ⓑ? [2점]

① mandated — remove
② bestowed — offset
③ inherited — decrease
④ transmitted — increase
⑤ adopted — facilitate

21 Which of the following CANNOT be inferred from the passage? [3점]

① How we treat and interact with people matters, especially during pregnancy.
② The experience of discrimination during pregnancy can have profound ramifications on offspring.
③ Greater cultural inclusivity is necessary for increasing the birth rate.
④ The same region of the brain deals with both emotional and racial processing.
⑤ The amygdala is sensitive to prenatal stress.

22~23 Read the following passage and answer the questions.

Our diets are filled with iconic duos. Peanut butter and jelly. Eggs and bacon. Cookies and milk. But there's one duo that takes the cake: salt and pepper. Nearly every savory recipe calls for salt and pepper, from pasta to salad dressing, to soups and tacos. It is sometimes considered the bare minimum seasoning blend for every dish.

There has always been chatter about salt's impact on our bodies, particularly for issues like high blood pressure. But what about its counterpart, pepper? Is black pepper good for you, or should excess amounts be avoided, like with salt? While black pepper contains compounds like antioxidants which have a wide range of health benefits, there is still insufficient data that suggests black pepper is an effective treatment for any ailments or that it helps prevent the development of illness or disease.

However, black pepper may help in the prevention or treatment of disease if you use it as a substitute for other spices. Excess sodium Ⓐ__________ can lead to a condition called hypertension or high blood pressure. Those with high blood pressure are advised to limit their sodium consumption to prevent cardiovascular complications like heart attack and stroke. This can be difficult, because food with less salt might not taste as good. This is where spices like black pepper can make a huge difference because they can bring flavor without the health consequences. Black pepper can turn an Ⓑ__________ bland dish into something with a very mild kick.

22 Which of the following is the most appropriate title for the passage? [2점]

① Try Black Pepper as a Substitute
② The Best Seasoning Blend: Salt and Pepper
③ Black Pepper Contains Antioxidants
④ Black Pepper Prevents Illness
⑤ The Strong Flavor of Black Pepper

23 Which of the following best fits into Ⓐ and Ⓑ? [3.3점]

① digestion — oddly
② intake — otherwise
③ extraction — awfully
④ nibbling — original
⑤ indulgence — overly

24 **Put the following story into a logical order.** [3점]

Ⓐ Consequently, the 1950s saw a growing number of women engaged in farm labor, even though rhetoric in the popular media called for the return of women to domestic life.
Ⓑ But in agriculture, unlike other industries where women were viewed as temporary workers, women's employment did not end with the war in agriculture.
Ⓒ Instead, the expansion of agriculture and a steady decrease in the number of male farmworkers combined to cause the industry to hire more women in the postwar years.
Ⓓ Most scholarship on women's employment in the United States recognizes that the Second World War dramatically changed the role of women in the workforce.
Ⓔ These studies also acknowledge that few women remained in manufacturing jobs once men returned from the war.

① Ⓔ-Ⓓ-Ⓑ-Ⓒ-Ⓐ
② Ⓔ-Ⓓ-Ⓒ-Ⓑ-Ⓐ
③ Ⓓ-Ⓔ-Ⓑ-Ⓒ-Ⓐ
④ Ⓓ-Ⓑ-Ⓒ-Ⓐ-Ⓔ
⑤ Ⓓ-Ⓔ-Ⓒ-Ⓑ-Ⓐ

25~27 Read the following passage and answer the questions.

The people of southern Madagascar are in peril. More than 1.1 million of them are going hungry, according to the U.N. That means more than 500,000 children under the age of five are at risk of being acutely malnourished. Many families are eking out their meager diets with cactus.

This calamity has several causes, and the U.N. emphasizes climate change. Man-made climate change has certainly affected the world's fourth-largest island. Southern Madagascar has long suffered from erratic rains. Droughts are common, and famines were recorded in 1903, 1910, 1916, 1921, and 1943 among other years. Yet of late the rains have become even less regular; today's drought is the worst in 40 years. The harvest of cassava, a staple, is expected to be 60-90% less than in normal years. The price of rice is soaring.

In addition, Covid-19 has made people poorer. Madagascar's economy shrank by 4.2% last year, despite a fast-growing population. The island has all but shut itself off from the outside world, causing its main source of hard currency, tourism, to collapse. The well-heeled foreigners who used to trek through its rainforests in search of lemurs stayed at home. The 1.5 million people who depend on them lost their livelihoods.

Donors should pitch in to prevent people from starving. Children, especially, need enough nutrients if they are to avoid growing up with stunted bodies and minds. At the same time, the current disaster should be a wake-up call for Madagascar's government. If successive regimes had not mismanaged the economy so badly for so long, the Malagasy would be prosperous enough to cope better with shocks.

25 The underlined word, "well-heeled," is closest in meaning to ________. [3점]

① extroverted ② adventurous ③ affluent
④ energetic ⑤ well-cultured

26 Which word best describes the tone of the underlined sentence? [2점]

① dejected ② critical ③ sympathetic
④ bewildered ⑤ sarcastic

27 Which of the following CANNOT be inferred from the passage? [3점]

① Cactus has been the preferred staple food in southern Madagascar for a long time.
② Irregular rain is not an unexpected event in southern Madagascar.
③ Malnourishment is likely to yield critical health consequences.
④ The tourism industry must get back on its feet in order for Madagascar's economy to revive.
⑤ The poverty of Madagascar is in part due to its recent economic crisis.

28~29 Read the following passage and answer the questions.

The myth of woman plays a considerable part in literature; but what is its importance in daily life? To what extent does it affect the customs and conduct of individuals? In replying to this question it will be necessary to state precisely the relations this myth bears to reality.

There are different kinds of myths. This one, the myth of woman, sublimating a Ⓐ mutable aspect of the human condition — namely, the "division" of humanity into two classes of individuals — is a Ⓑ static myth. It projects into the realm of Platonic ideas a reality that is directly experienced or is conceptualized on the basis of experience; in place of fact, value, significance, knowledge, Ⓒ empirical law, it substitutes a transcendental Idea, timeless, unchangeable, necessary. This idea is Ⓓ indisputable because it is beyond the given: it is endowed with absolute truth. Thus, as against the dispersed, Ⓔ contingent, and multiple existences of actual women, mythical thought opposes the Eternal Feminine, unique and changeless. If the definition provided for this concept is contradicted by the behavior of flesh-and-blood women, it is the latter who are wrong: we are told not that Femininity is a false entity, but that __________. The contrary facts of experience are impotent against the myth.

28 Out of the underlined Ⓐ~Ⓔ, which is not likely to fit into the context? [3.3점]

① Ⓐ ② Ⓑ ③ Ⓒ
④ Ⓓ ⑤ Ⓔ

29 Choose the most appropriately inferred phrase to fill in the blank. [3.3점]

① some women are not intellectual
② the women concerned are not feminine
③ women are fellow human beings
④ women are multiple existences
⑤ women are generally not belligerent

30~31 Read the following passage and answer the questions.

A young woman holds up a book and smiles. “This is day one of me reading ‘The Song of Achilles’,” she says. The video jumps forward. “And this,” she moans, her face stained with tears, “is me finishing it.” Another clip, entitled “Books that will make you SOB,” offers written notes on how assorted stories got readers to cry, such as “I can’t think about it without bawling” and “ended up crying sm [so much]. I had to change my shirt.” [A] This is BookTok, as the literary wing of the app TikTok is known. Imagine the emotional pitch of a Victorian melodrama, add music, and you have the general idea. [B]

BookTok is passionate. It is also profitable — at least for publishers. Bloomsbury, a publishing house based in Britain, recently reported record sales and a 220

rise in profits, which Nigel Newton, its boss, put down partly to the “absolute phenomenon” of BookTok. On Amazon, BookTok is so influential that it has leapt into the titles of books themselves. The novel “It Ends With Us,” for instance, is now listed as “It Ends With Us: TikTok made me buy it!” [C] Evidently TikTok did a good job: the romance is riding high in the top 100 in both Britain and America.

The medium is not quite as gushy as it might seem. Much of the overdone emotion is ironic, and some of the videos are very funny — particularly those with the hashtag #writtenbymen, which poke fun at the male gaze. [D] Nonetheless, many would make mainstream book reviewers tut. [E] Until fairly recently, their perspective was marginalized in both fiction and criticism. White men dominated both — even though most novel-readers are female.

30 Which of the following is the most appropriate title for the passage? [2점]

① BookTok is popularizing the romance genre.
② A new form of literary criticism is boosting sales of books.
③ Young women are reviving the appetite for reading fiction.
④ Young women’s sentimentalism is a recent syndrome.
⑤ BookTok is changing the traditional way of bookselling.

31 Choose the most appropriate place to insert the following sentence. [3.3점]

> But why should the young women who are BookTok's stars care about what old-fashioned literary types think of them?

① [A] ② [B] ③ [C]
④ [D] ⑤ [E]

32~33 Read the following passage and answer the questions.

The French eat foie gras, the Icelandic devour *hakarl*(fermented fish with an aroma of urine), Americans give thanks by baking tinned pumpkin in a pie. The range of human foods is not just a source of epicurean joy but a reflection of ecological and anthropological variety — the consequence of tens of thousands of years of parallel yet independent cultural evolution.

And yet, as choice has proliferated in other ways, diets have been squeezed and standardized. Even Parisians eventually let Starbucks onto their boulevards. Dan Saladino, a food journalist at the BBC, reminds readers of what stands to be lost. In "Eating to Extinction" he travels far and wide to find "the world's rarest foods." These include the murnong, "a radish-like root with a crisp bite and the taste of sweet coconut"; for millennia it was a primary food for Australia's Aboriginals, before almost vanishing.

Evident is Ⓐ_________ over the past century. Inside the stomach of a man who died 2,500 years ago, and whose body was preserved when it sank into a Danish peat bog, researchers found the remains of his last meal: "a porridge made with barley, flax and the seeds of 40 different plants." In east Africa, the Hadza, one of the last remaining hunter-gatherer tribes, "eat from a potential wild menu that consists of more than 800 plant and animal species." By contrast, most humans now get 75% of their calorie intake from just eight foods.

Even within each of those food groups there is Ⓑ_________. Decades of selective breeding and the pressures of global food markets mean that farms everywhere grow the same varieties of cereals and raise the same breeds of livestock.

32 Which of the following best fits into Ⓐ? [3.3점]

① the rapid decline in the diversity of human foods
② the anthropological evidence of human food variety
③ increasing of human appetites by rarest foods
④ globalization of local foods to retain human legacy
⑤ necessity to ameliorate chosen foods

33 Which of the following best fits into Ⓑ? [3.3점]

① hybridization ② differentiation ③ homogenization
④ degeneration ⑤ mutation

34~35 Read the following passage and answer the questions.

From the conditions of frontier life came intellectual traits of profound importance. The works of travelers along each frontier from colonial days onward describe certain common traits, and these traits have, while softening down, still persisted as survivals in the place of their origin, even when a higher social organization succeeded. The result is that to the frontier the American intellect owes its striking characteristics. That coarseness and strength combined with acuteness and inquisitiveness; that practical, inventive turn of mind, __________; that masterful grasp of material things, lacking in the artistic but powerful to effect great ends; that restless, nervous energy; that dominant individualism, working for good and for evil, and withal that buoyancy and exuberance which comes with freedom — these are traits of the frontier, or traits called out elsewhere because of the existence of the frontier. Since the days when the fleet of Columbus sailed into the waters of the New World, America has been another name for opportunity, and the people of the United States have taken their tone from the Ⓐ incessant expansion which has not only been open but has even been forced upon them. He would be a Ⓑ prudent prophet who should assert that the expansive character of American life has now entirely Ⓒ ceased. Ⓓ Movement has been its Ⓔ dominant fact and, unless this training has no effect upon a people, the American energy will continually demand a wider field for its exercise.

34 Choose the most appropriately inferred phrase to fill in the blank. [3.3점]

① aspiring for sedentary occupations
② indulgent in austere life
③ jealous of communal spirit
④ faithful to traditionalism
⑤ quick to find expedients

35 Out of the underlined Ⓐ~Ⓔ, which is NOT likely to fit into the context? [3.3점]

① Ⓐ ② Ⓑ ③ Ⓒ
④ Ⓓ ⑤ Ⓔ

36~37 Read the following passage and answer the questions.

Steve Neale, in his article on genre, makes two useful distinctions which are helpful in understanding the work of the referent in genre films. [A] First he distinguishes between verisimilitude and realism. These terms refer in significantly different ways to the work of the referent. [B] Realism is today the more familiar term through which we judge whether a fiction constructs a world we recognize as like our own; but, as we have seen, realism is a highly problematic category. [C] Steve Neale, therefore, revives a concept from literary history, to underline the fact that, in fiction, 'reality' is always constructed. [D] Neale then distinguishes between cultural verisimilitude and generic verisimilitude. In order to be recognized as a film belonging to a particular genre — a western, a musical, a horror film — it must comply with the rules of that genre: in other words, genre conventions produce a second order verisimilitude — what ought to happen in a western or soap opera — by which the credibility or truth of the fictional world we associate with a particular genre is guaranteed. [E] Whereas generic verisimilitude allows for considerable play with fantasy inside the bounds of generic credibility (e.g. singing about your problems in the musical; the power of garlic in gothic horror movies), cultural verisimilitude refers us to the norms, mores, and common sense of the social world outside the fiction.

36 Which of the following is NOT true of generic verisimilitude? [3.3점]

① It gives credibility to fantasy within generic bounds.
② It secures the truth of the fictional world in a particular genre.
③ It must follow the rules of a genre.
④ It is a kind of second-order verisimilitude.
⑤ It makes us judge whether a fiction constructs a life-like world.

37 Choose the most appropriate place to insert the following sentence. [3.3점]

Verisimilitude, he argues, refers not to what may or may not actually be the case but rather to what the dominant culture believes to be the case, to what is generally accepted as credible, suitable, proper.

① [A] ② [B] ③ [C]
④ [D] ⑤ [E]

38~40 Read the following passage and answer the questions.

Antonie Van Leeuwenhoek, a 17th-century Dutch businessman and scientist, was inordinately proud of his clean teeth. Every morning he scrubbed them with salt before rinsing his mouth with water. After eating, he carefully cleaned his teeth with a toothpick. Few people of his age, he remarked in a letter in 1683, had such clean and white teeth. Yet when he looked closely, he found "there remains or grows between some of the molars and teeth a little white matter" — now called dental plaque.

As an expert microscopist who had observed tiny organisms in water a few years earlier, van Leeuwenhoek wondered whether Ⓐ they might also be present in this white matter. A microscope showed that it did indeed contain "many very Ⓑ small living animals, which moved very prettily".

Few people suspected that such Ⓒ micro-organisms might cause diseases. At the time, doctors followed the doctrine of Hippocrates, believing diseases were caused by an imbalance of the "humours" within the body (blood, phlegm, yellow bile and black bile). Epidemic diseases, meanwhile, were attributed to Ⓓ miasma, the "bad air" given off by swamps or decomposing matter. Suggestions that disease might be transmitted by Ⓔ tiny living things were rejected by doctors.

The notion that tiny organisms caused diseases, now known as germ theory, was only embraced in the second half of the 19th century. The key obstacle was not intellectual but cultural. Doctors were conservative and regarded new, experiment-based findings as a challenge to their professional identity. While astronomers rushed to adopt telescopes, which transformed their understanding of the universe, doctors ________ to win them from makers of large language models with whom they have no relationship. to the new worlds revealed by the microscope.

38 **Out of the underlined Ⓐ~Ⓔ, which one refers to a different thing?** [2점]

① Ⓐ ② Ⓑ ③ Ⓒ
④ Ⓓ ⑤ Ⓔ

39 **Which is the best phrase to fill in the blank?** [2점]

① turned a blind eye
② resorted
③ turned their attention
④ put their place down
⑤ made way

40 **Which of the following CANNOT be inferred from the passage?** [3점]

① No awareness of germs was made until the advent of the microscope.
② Diseases were once attributed to bodily fluids.
③ The earlier initiation of germ theory was deterred by miasmic theory.
④ Identifications of germs dated back much earlier than medical cautions against them.
⑤ Pioneers of germ theory would be the doctors who were well-acquainted with microscopy.

KYUNG HEE UNIVERSITY

2024학년도 한의학과(인문)

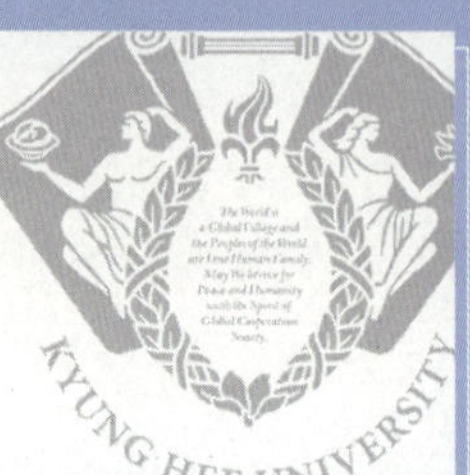

▶ 50문항·90분

01~10 Choose the answer closest in meaning to the underlined word or phrase.

01 Joan was born to a well-off family whose fortune was squandered by her dissolute father. [1점]

① conserved ② wasted ③ amassed
④ secured ⑤ renounced

02 In today's hi-tech culture, one may imagine that human memories, once properly stored, could be retrieved from the mind as faithfully as computer files are downloaded from a disk. [1점]

① recovered ② relinquished ③ reimbursed
④ reverberated ⑤ reiterated

03 In an effort to motivate their employees and to create a more conducive work environment, a growing number of organizations are introducing new workplace designs. [1점]

① facile ② mandatory ③ inimical
④ helpful ⑤ obnoxious

04 Plutonium is radioactive. The pure metal first delivered to the laboratory displayed varying densities, and the molten state was so reactive that it corroded almost every container it contacted. [1점]

① ignited ② vaporized ③ eroded
④ exacerbated ⑤ consolidated

05 Ecotourism is a new model of tourism to <u>alleviate</u> the impact of ordinary tourism on the ecosystem. [1점]

① assuage ② aggravate ③ provoke
④ spur ⑤ probe

06 He ordered two coffees from one of the circling waiters, and for a while we watched the people on the beach from our shady seclusion, their bare bodies <u>smudged</u> by the haze of heat, so that they looked somehow primordial, lying or moving slowly, half naked, along the shore. [1점]

① plastered ② cleared ③ smeared
④ mutated ⑤ cloned

07 A society, almost necessarily, begins every success story with the chapter that most advantages itself, and in America, these <u>precipitating</u> chapters are almost always rendered as the singular action of exceptional individuals. "It only takes one person to make a change," you are often told. This is a myth. [1점]

① repulsive ② propitious ③ provoking
④ obtrusive ⑤ ominous

08 In October 2021, *Forbes* anointed Bankman-Fried the richest 20-something in the world. But last November, fears mounted on social media that Bankman-Fried's empire has a lot less money than it <u>let on</u>. When panicked customers withdrew billions of dollars in deposits from FTX, it turned out that Bankman-Fried did not have the funds to pay them back. [1점]

① revenued ② refunded ③ retributed
④ restored ⑤ revealed

09 State-of-the-art medical robotic technologies feature high-resolution 3D magnification systems and instruments that can <u>maneuver</u> with far greater precision than the human wrist and fingers. [1점]

① contrive ② drill ③ outperform
④ manage ⑤ stratify

10 The founders of the American meritocracy believe they were destroying a <u>nascent</u> class system and building a fluid, mobile society. In retrospect, this was vainglorious — you can't undermine social rank by setting up an elaborate process of ranking. [1점]

① burgeoning ② full-blown ③ retreating
④ subliminal ⑤ withering

11~15 Choose the best answer for the blank.

11 Despite the customs officers' abiding efforts, large amounts of drugs are ________ into the country annually. [1.3점]

① indicted ② ordained ③ thrived
④ yielded ⑤ smuggled

12 A genetically engineered dietary supplement permanently disabled more than 5,000 Americans with a fatal blood disorder before it was ________ by the Food and Drug Administration. [1.3점]

① recalled ② plundered ③ confounded
④ taunted ⑤ coordinated

13 Happiness and misery play a role in evolution only to the extent that they encourage or discourage survival and reproduction. Perhaps it's not surprising, then, that evolution has moulded us to be neither too miserable nor too happy. It enables us to enjoy a momentary rush of pleasant sensations, but these never last for ever. Sooner or later they ________ and give place to unpleasant sensations. [1.3점]

① substitute ② subside ③ suspect
④ subsist ⑤ subsidize

14 For now, this is what we know of matter: A handful of types of elementary particles, which vibrate and fluctuate constantly between existence and non-existence and swarm in space even when it seems that there is nothing there, combine together to ________ like letters of a cosmic alphabet to tell the immense history of galaxies, of the innumerable stars, of sunlight, of mountains, woods and fields of grain, of the smiling faces of the young at parties, and of the night sky studded with stars. [1.3점]

① infinity ② indifference ③ insolence
④ inception ⑤ indefiniteness

15 If Manhattan is an island defined by its street grid, Barbados is an island where plantations function in much the same way. In Bridgetown, a plaque identifying the spot where a slave cage once sat hangs on the exterior of a bank. Sugar-mill smokestacks and windmills ________ the countryside. The past is present almost everywhere, acknowledged or not. [1.3점]

① emphasize ② interrupt ③ punctuate
④ immobilize ⑤ accentuate

16~17 Choose the best answer for the blank.

16 **The notion of the wounded healer, which dates back to antiquity, is in common currency. It means that the therapist's own ________ can paradoxically serve as a source of his healing capacities.** [2.7점]

① needs and desires
② fitness and well-being
③ composure and equanimity
④ impulse and preoccupation
⑤ suffering and vulnerability

17 **When we ________ against a disease, we are injecting a weakened strain of the disease into the body, which is then stimulated to develop antibodies for the disease.** [2.7점]

① censor ② inoculate ③ afflict
④ grapple ⑤ disseminate

18~19 Choose the best answer for the blanks.

18 **The amount of human intelligence, Elon Musk noted, was Ⓐ________, because people were not having enough children. Meanwhile, the amount of computer intelligence was going up Ⓑ________, like Moore's Law on steroids.** [2.7점]

① taking off — unprecedentedly
② putting off — outrageously
③ leveling off — exponentially
④ turning off — disproportionately
⑤ rounding off — alarmingly

19 When confronting stagflationary shocks, a central bank must Ⓐ________ its policy stance even as the economy heads toward a recession. The situation today is thus fundamentally different from the global financial crisis or the early months of the pandemic, when central banks could Ⓑ________ monetary policy aggressively in response to falling aggregate demand and deflationary pressure. The space for fiscal expansion will also be more limited this time, public debts becoming unsustainable.

[1.3점]

① tighten — aggravate
② ease — tighten
③ tighten — differentiate
④ ease — loosen
⑤ tighten — ease

20~21 Read the passage and answer the questions.

Whether by accident or unconscious design, 2023 has been the year of the movie wife. In Bradley Cooper's *Maestro*, Sofia Coppola's *Priscilla*, even Christopher Nolan's *Oppenheimer* and Michael Mann's *Ferrari* — those last two made by male directors who aren't exactly known for exploring the experiences of women — the movie wife has come barging in from the sidelines in all her glory. She may not be the main character, but she's ________ about taking up space in the frame.

20 Choose the best answer for the blank. [1.3점]

① reserved ② resultant ③ repulsive
④ regressive ⑤ resolute

21 Choose the best title for the passage. [2.7점]

① Roles of Women in Popular Movies
② Rights of Actresses as Movie Wives
③ The Rise of Movie Wives This Year
④ The Year of Awakening Male Directors
⑤ Portrayal of Wives in Box Office Movies

22~23 Read the passage and answer the questions.

As lay-offs roiled the tech industry in the late 2022, Blind — an online forum for verified but ________ professionals — became the de facto channel for communication amid the tumult. At the time, more than 95% of Twitter employees were among Blind's 8 million users, whose numbers grew by 2 million last year. Those users, many of whom work in tech, discuss everything from visa issues and mental health to unethical practices, make it a vital platform for industry whistle-blowers. Blind monetizes by summarizing user sentiment and suggesting changes to criticized companies.

22 **Choose the best answer for the blank.** [1.3점]

① disgruntled ② anonymous ③ legitimate
④ scrupulous ⑤ distinguished

23 **How does Blind support itself?** [2.7점]

① by charging membership fees to subscribers
② by soliciting professional advisers and donors
③ by promoting its service to the public online
④ by seeking those who grudge over their jobs
⑤ by selling problems and solutions to companies

24~25 Read the passage and answer the questions.

When we feel genuinely overwhelmed and anxious because of stress, it's our body's way of telling us to recalibrate and rebalance. Nobody is truly limitless. When we heed our internal cues and acknowledge our fallibility, we emerge more focused and healthier overall — and also less stressed and anxious.

Anxiety can be a healthy, helpful emotion that is a constructive aspect of human life. It can foster emotional connection when we convey our vulnerable feelings to others. And in the form of stress, it can serve as an internal barometer to remain balanced and healthy. It's about time ________.

24 **Choose the answer closest in meaning to the underlined word, 'fallibility'.** [1.3점]

① disposition to err
② state of indeterminacy
③ propensity to perfection
④ proposition to difference
⑤ penchant for connectivity

25 **Choose the best answer for the blank.** [2.7점]

① we mind our own business
② we start putting it to good use
③ we endure bad feelings for good
④ we are completely free from anxiety
⑤ we figure out ways to dismiss anxiety

26~27 Read the passage and answer the questions.

Educators must be proficient in some special skill. But, in addition to this, there is a general outlook which it is their duty to put before those whom they are instructing. They should exemplify the value of intellect and of the search for knowledge. They should make it clear that what at any time passes for knowledge may, in fact, be erroneous. They should ________ an undogmatic temper, a temper of continual search and not of comfortable certainty. They should try to create an awareness of the world as a whole, and not only of what is near in space and time.

Through the recognition of the likelihood of error, they should make clear the importance of tolerance. They should remind the student that those whom posterity honors have very often been unpopular in their own day; and that, on this ground, social courage is a virtue of supreme importance. Above all, every educator who is engaged in an attempt to make the best of the students to whom he speaks must regard himself as the servant of truth and not of this or that political or sectarian interests.

26 **Choose the most appropriate answer for the blank.** [1.3점]

① inculcate ② preclude ③ eliminate
④ eradicate ⑤ mitigate

27 **Which is NOT true about educators?** [3점]

① They should eschew any sectarian interests.
② They should hold a macro-vision of the world.
③ They should vindicate the search for knowledge.
④ They should be convinced of the infallibility in knowledge.
⑤ They should present a general perspective to their students.

28~29 Read the passage and answer the questions.

Surveillance capitalism unilaterally claims human experience as free raw material for translation into behavioral data. Although some of these data are applied to product or service improvement, the rest are declared as a proprietary behavioral surplus, fed into advanced manufacturing processes known as "machine intelligence," and fabricated into prediction products that anticipate what you will do now, soon, and later. Finally, these prediction products are traded in a new kind of marketplace for behavioral predictions that I call "behavioral futures markets". Surveillance capitalists have grown immensely wealthy from these trading operations, for many companies are eager to lay bets on our future behavior.

28 Choose the answer closest in meaning to the underlined word, 'proprietary'. [1.3점]

① conjoint ② mutual ③ public
④ exclusive ⑤ communal

29 Which is NOT true about surveillance capitalism? [3점]

① It turns human experience into predictive data.
② It compels companies to be keen on prediction products.
③ It is predicated on consumers' behaviors for future marketing.
④ Its marketing relies on correct analyses of all existing data.
⑤ It produces wealthy individuals who sell surplus behavioral data.

30~31 Read the passage and answer the questions.

Acupuncture combined with deep learning and artificial intelligence rehabilitation robots is also the hotspot of future research. The existing clinical research on acupuncture revolves around acupuncture methods such as Electro-acupuncture and dry needling and focuses on the rehabilitation of stroke sequelae, mainly by manual manipulation and supplemented by tools. In case of another emergency like the pandemic in the future, combining material technology with engineering to explore the development of acupuncture robots of artificial intelligence may contribute to rehabilitating neurological and motor functions in patients with post-stroke sequelae. Currently, there are upper limb exoskeleton robots, including the design and development of remote rehabilitation robots. The acupuncture robots will be equipped with various sensors, such as mechanical and electrical sensors, to reduce the pain of needle injections. Furthermore, the design included a study protocol for acupoint positioning, mechanical stimulation, and detection of deqi, for which strategies have been developed.

*deqi: needle sensation or response, sequelae: after-effect

30 Choose the best title for the passage. [2.7점]

① Incorporation of Various Sensors & Protocols into Acupuncture Robots
② Post-Stroke Rehab Innovation in Acupuncture via AI & Material Tech
③ Review of Current Research on Acupuncture & Robots
④ Fastest Ways to Reduce Post-stroke Effects of Acupuncture
⑤ Clinical Focus on Stroke Rehabilitation in Acupuncture

31 Which of the following can be inferred from the passage? [3점]

① Acupuncture robots are in use for remote treatment.
② Acupuncture robots are versatile in treating all post-effects of treatment.
③ Using robots in acupuncture has not been fully accepted in general.
④ More research on AI rehab robots can help reduce patients' pain during and after acupuncture treatment.
⑤ Stroke rehabilitation through current acupuncture methods is done manually and ineffectively.

32~33 Read the passage and answer the questions.

For Mary Anne Hitt, policy and advocacy is at the core of the climate crisis. Her experience with the Sierra Club, Appalachian Voices, and now with Climate Imperative highlights that changing climate policy allows women to change the world. In her essay "Beyond Coal", she recounts her experience as director of Beyond Coal, a campaign by Sierra Club to eliminate fossil fuels, and promotes a full transition to renewable and sustainable energy. In her time on the campaign, over 300 coal plants were retired. As a woman from West Virginia, she understood that this was a difficult transition for governments and individuals to make because some families have built their lives on the coal industry.

Her argument in her essay and behind the Beyond Coal was that coal is, "simply ________ in the twenty-first century." Coal plants are almost always placed in low-income, minority communities where they do not have access to the health care they need in order to combat the effect of the coal emissions. The coal plants were uneconomic and unprofitable compared to renewable alternatives. By educating individuals and governments about the harmful effects of these plants and the economic, social, and long-term benefits they would see from retiring or transitioning the plants to renewable energy. Again, this example shows how a feminist climate leader made an extremely influential change in the climate movement, and how women can be an integral part of the movement.

32 Choose the best answer for the blank. [2.7점]

① defensible ② unremitting ③ unrelenting
④ untenable ⑤ indisputable

33 Which is NOT true about Mary Anne Hitt? [3점]

① She had a strong commitment to using policy and advocacy in addressing the climate crisis.
② She showcased the impact of strategic initiatives, which resulted in closing down coal plants.
③ She highlighted adverse effects of coal on marginalized communities' health and environment.
④ She modeled how women's engagement in climate policy can drive significant global change.
⑤ She demonstrated the superiority of feminist leadership in climate action in the future.

34~35 Read the passage and answer the questions.

The strong economic pressures to adopt the most efficient systems mean that humans are incentivized to cede more and more power to AI systems that cannot be controlled, putting us on a pathway toward being supplanted as the earth's dominant species. There are no easy solutions to our Ⓐ__________. A possible starting point would be to address the remarkable lack of regulation of the AI industry, which currently operates with little Ⓑ__________, much of the research taking place in the dark. The problem, however, is that competition within and between nations pushes against any common-sense safety measures. As the race toward powerful AI systems quickens, corporations and governments are increasingly incentivized to reach the finish line first. The future of humanity is closely intertwined with the progression of AI. It is thus a disturbing realization that natural selection may have more sway over it than we do. But as of now, we are still in command. It is time to take this threat seriously. Once we hand over control, we will not get it back.

34 What is the author's attitude toward AI? [2.7점]

① resigned ② apprehensive ③ celebratory
④ restive ⑤ maudlin

35 Choose the best answer for Ⓐ and Ⓑ, respectively. [2.7점]

① predicament — oversight
② feat — consideration
③ dilemma — autonomy
④ evasion — procedure
⑤ inertia — motivation

36~38 Read the passage and answer the questions.

The ethics of care, which has extended to moral inquiries in diverse spheres, private and public, including education, child care, health service, politics and global civility, was originally conceived as a feminist psychological theory. [A] Carol Gilligan first vindicated the care perspective as an alternative, but equally legitimate form of moral reasoning obscured by masculine liberal justice traditions. [B] Virginia Held argues that the ethics of care is a moral theory distinct from the established moral approaches such as Kantian ethics or utilitarianism. [C] Unlike the dominant moral theories, the ethics of care emphasizes care as a key moral value that forms the foundation of interpersonal relation and social institution. [D] The ethics of care considers the human condition fundamentally ________. [E] It presupposes the relational self as ontologically and epistemologically basic. It thus presents a critique of traditional liberalism, which espouses the concept of a rational, autonomous and self-sufficient individual.

36 Choose the best place to insert the following sentence. [2.7점]

> Subsequent theorists took a cue from and further developed the polemic.

① [A] ② [B] ③ [C]
④ [D] ⑤ [E]

37 Choose the best answer for the blank. [1.3점]

① exclusive ② egocentric ③ interdependent
④ antagonistic ⑤ instrumental

38 Which is NOT true about care ethics? [3점]

① It concerns a range of fields, private and public.
② It stemmed from a feminist moral theory.
③ It is opposed to traditional moral approaches.
④ It accentuates justice as a prime moral value.
⑤ It calls into question traditional liberalism.

39~41 Read the passage and answer the questions.

It is true that Lincoln did not seek immediate abolition: Neither was he a radical egalitarian. [A] He was, rather, a gradual emancipationist who wanted to compensate slave owners. [B] The antislavery Lincoln was born in, and came to lead, a nation in which anti-Black prejudice was a fact of life. [C] There was hardly a mighty current of sentiment in the land to emancipate the enslaved and extend citizenship to the newly freed in a Promised Land of radical and civil equality. [D] He did not waver from a morally informed insistence that slavery be put on a path to "ultimate extinction." [E] He maintained this position to his political detriment throughout the 1850s — he won no major office between a single term in the U.S. House and his election to the presidency in 1860. ________, he refused to retreat from his antislavery commitment during the crisis over secession in 1860~61 — a time when a purely political man might have done — and he stood by emancipation after 1862, declining to give in to pressure for a negotiated peace with the Confederacy in order to end a devastating war. He campaigned on an abolitionist constitutional amendment in 1864.

39 Choose the best place to insert the following sentence. [3점]

Yet to depict Lincoln as only a reluctant warrior against slavery fails to do him justice.

① [A] ② [B] ③ [C]
④ [D] ⑤ [E]

40 Choose the best answer for the blank. [2.7점]

① Vitally ② Marginally ③ Relatedly
④ Nominally ⑤ Abruptly

41 Which is NOT true about Lincoln? [3점]

① Lincoln initially did not advocate for immediate abolition but rather leaned toward a gradual emancipationist approach.
② Though not a radical abolitionist, Lincoln was against the expansion of slavery and insisted on its ultimate extinction.
③ Despite political setbacks due to his anti-slavery stance, he was able to hold major offices but refused to compromise for political gains.
④ Lincoln resisted pressure for a negotiated peace and fought for emancipation during his 1864 campaign.
⑤ Lincoln's stance on slavery evolved from his moral convictions and unwavering commitment to the gradual abolition.

42~44 Read the passage and answer the questions.

If you have lived in one house from birth to maturity, you will find the house Ⓐ__________ your psyche. The house where I spent most of my younger years was unusually beautiful. Not just aesthetically pleasing; much more than that. The architect's artistic standard was very high. Everything around us indoors, every surface and area, was nobly proportioned, handsome and generous in material and workmanship. A house, so Ⓑ__________ planned and intended to give pleasure, must have an influence on a person living in it, and most of all, on a child, because for a child the house is pretty much the world.

[A] Such daily experience will have the same power over the mind as music or poetry.

[B] If that world has been deliberately made beautiful, a familiarity with and expectation of beauty, on the human scale and in human terms, may develop in a child.

[C] To a child living in it, the experience of the presence of a house is permanent and inclusive.

[D] But the experience of music or poetry is brief and occasional.

42 Choose the best answer for Ⓐ. [2.7점]

① disillusioned with ② incompatible with ③ detached from
④ fraught with ⑤ entangled with

43 Choose the best answer for Ⓑ. [1.3점]

① temporarily ② carefully ③ hazardously
④ arbitrarily ⑤ indolently

44 Put the sentences above into a logical order. [3점]

① [A] — [C] — [D] — [B]
② [B] — [A] — [D] — [C]
③ [B] — [D] — [C] — [A]
④ [C] — [B] — [D] — [A]
⑤ [B] — [A] — [C] — [D]

(45~47) Read the passage and answer the questions.

In 1828, Nikolai Gogol set off for St. Petersburg, the capital of Czarist Russia. Failing at first to find employment there, he embezzled his mother's mortgage payment to finance a trip to Germany. Afterwards, he obtained a bureaucratic position, which he soon left. In 1836, he published a comic play satirizing the Russian bureaucracy, which caused such a scandal that he left Russia to live in Rome for six years. In Italy he wrote his most famous novel, *Dead Souls*. He also became increasingly religious with his piety turning morbid. Obsessed with his own sinfulness, he burnt his manuscripts and starved himself. Gogol is the ________ figure of modern Russian fiction, who proved immensely influential on later writers. Discarding the conventions of eighteenth-century literature, he presented a bleakly comic vision of everyday life. Critics often credit his stories for introducing the antihero in modern literature — a type of protagonist utterly lacking in heroic qualities like courage, strength or idealism.

45 Which is closest in meaning to the underlined word, 'embezzled'? [1.3점]

① repaid ② swapped ③ compensated
④ accumulated ⑤ misappropriated

46 Choose the best answer for the blank. [2.7점]

① seminal ② elusive ③ eccentric
④ repulsive ⑤ affected

47 Which is NOT true about Gogol? [3점]

① He lived in exile abroad.
② He became a religious fanatic.
③ He depicted ordinary people with their foibles.
④ He departed from eighteenth-century literature.
⑤ He made an enduring career with a bureaucratic job.

48~50 **Read the passage and answer the questions.**

In Poland, an unexpected surge of voters has <u>ousted</u> a populist coalition government in favor of a pro-E.U. party, which won the most parliamentary seats. Once in place, the new government will work on making the changes its leaders have promised, and the E.U. has called for. In particular, it will move to restore the political independence of the judiciary and media ________ E.U. rules. These reforms, in turn, will help Poland access as much as possible of the €35 billion that Poland can claim as the funds which the E.U. set aside for member states to help with pandemic recovery. The E.U. withheld that money from the previous government in response to its bid to bring judges and journalists under government control. For the past several years, a populist government in Warsaw has boosted its popularity by demonizing the union, its rules on democracy, and its social policy. It has turned state-media outlets into a tool of government propaganda and stacked the country's courts with political cronies.

48 Choose the best answer for the blank. [2.7점]

① at odds with ② on account of ③ in want of
④ in line with ⑤ in lieu of

49 Which is closest in meaning to the underlined word, '<u>ousted</u>'? [1.3점]

① ushered ② triggered ③ incited
④ enticed ⑤ expelled

50 Which is NOT true regarding Poland? [3점]

① The voters have brought about a political shift.
② The new government will go against the E.U. rules on democracy.
③ A source of division between Poland and the E.U. is now on its way out.
④ The previous populist government has exploited state media for self-serving aims.
⑤ The E.U. has strategically withheld the funds for Poland to pressure Poland's government for change.

" 스스로 앞날을 개척하는 어른으로 변했던 지난 1년 "

김○환
경희대학교 국제학과
편입구분: 일반편입

어휘 학습법

어휘는 편입시험에서 가장 중요한 과목이라고 생각합니다. 문법이나 논리, 독해는 오랜 시간 반복 학습하다 보면 자연스럽게 머릿속에 남는 부분이 많지만, 어휘는 반복하지 않으면 쉽게 잊히기 때문에 시험 전날, 아니 시험 직전까지도 단어장을 계속 확인하셔야 합니다. 저 역시 시험장에서 갑자기 기억나지 않았던 경험이 많았고, 그런 경험을 통해 단어는 시간이 지날수록 더 많이, 반복해서 외워야 한다는 것을 절감했습니다. 이미 아는 단어라고 생각되더라도 최소 두세 번은 반복해 보시는 것을 추천드립니다.

문법 학습법

문법은 공식이 있는 과목이기 때문에 비교적 빠르게 학습 진도를 나갈 수 있는 편입니다. 저는 5월과 6월을 활용해 학원 수업 외에도 따로 복습을 진행하며 문법 기초를 정리했고, 이해가 되지 않는 부분은 선생님께 자주 질문드리며 부족한 점을 채워 나갔습니다. 기초 문법은 여름 전에 마무리하는 것이 이후 논리와 독해 학습에도 큰 도움이 되었습니다. 긴 시간 끌지 않고 속도감 있게 핵심을 정리하는 것이 효과적이었습니다.

논리 학습법

논리는 문제를 많이 풀면 풀수록 유형에 익숙해지고, 문제를 바라보는 시야가 넓어지는 과목이라고 생각합니다. 문법처럼 정해진 공식이 있는 영역이 아니므로, 다양한 유형을 반복적으로 익히는 것이 중요합니다. 저는 7월 이후 본격적으로 논리 문제를 풀기 시작했고, 다양한 주제와 난이도의 문제를 폭넓게 접하는 데 집중했습니다. 논리 문제는 정확한 해석과 문장 간의 관계를 파악하는 능력이 핵심이므로, 단순히 정답을 찾기보다는 글의 흐름과 논리 구조를 이해하는 데 중점을 두었습니다.

독해 학습법

독해는 학원에서 제공하는 『해독제』와 유인물 등을 통해 다양한 지문을 읽고 분석하는 연습을 꾸준히 진행하였습니다. 여름까지는 독해 실력을 쌓는 데 집중하고, 가을부터는 대학별 기출문제를 풀면서 문제 유형과 스타일에 익숙해지도록 노력했습니다. 특히 시험에 가까워질수록 실제 시험 환경처럼 시간을 맞추고 집중해서 문제를 풀어보는 연습을 통해 실전 감각을 높였습니다. 정답과 해설이 충분히 이해되는 경우에는 오답 정리를 생략하고, 새로운 문제를 더 많이 풀어보는 데 시간을 활용했습니다.

경희대학교

- 2023학년도 인문 · 체육계열
- 40문항 · 90분

어휘

제시어와 의미상 가장 가까운 보기를 정답으로 고르는 동의어 문제가 7문제 출제되었다. loom(=emerge), unsolicited(=unasked), machinations(=schemes), repulsion(=disgust), reimburse(=pay back), brainchild (=idea), chagrin(=frustrate)이 출제됐다. 기출어휘를 충실히 공부한 수험생들의 경우, 제시어와 보기만으로도 정답을 고르는 것이 가능해 동의어 문제를 빠르게 푼 다음 다른 영역에 시간을 더 할애할 수 있었다.

논리완성

단문의 one-blank 유형으로 논리완성 5문제가 출제됐다. 같은 농작물만 경작하면 특정영양분이 고갈된다는 내용을 통해, 토양이 덜 '비옥해짐(fertile)'을 고르는 문제, 집단에서 하지 말아야 할 것으로 '눈에 띄는(standing out)' 행동을 고르는 문제, 영양실조와 질병만큼 열악한 상황에 해당하는 '착취(exploitation)'를 고르는 문제, 개가 아이를 공격했다는 내용을 통해 개가 공격한 이유에 해당하는 '도발(provocation)'을 고르는 문제, 이민자들이 수준 이하의 일을 한다는 내용을 통해, 이민자들이 '비천한(menial)' 일을 하고 있음을 고르는 문제가 출제됐다. 논리완성 문제는 대부분 문장의 구조가 복잡하지 않고 논리관계가 명확해 어렵지 않게 정답을 고를 수 있었다.

독해

독해는 전체 문항 중 28문항이 출제되어 전체 문항 수 대비 가장 출제 비중이 높았다. 출제된 내용을 살펴보면, 애완동물과 친밀한 관계를 형성하는 아이들에게 나타나는 공감능력, 지배와 종속이라는 관계를 정당화시켜주는 개념, 언어노출시간과 언어구사능력과의 관계, 식사 분위기를 불편하게 만드는 과도한 질문, 자기가 속한 집단의 이익을 우선시하는 패턴, 직접 경험할 수 없는 타인의 고통, 시간엄수에 관한 국가별 차이, 육식동물과 초식동물 간에 발생하는 지능의 진화, 산후우울증의 원인과 대처법, 분노가 신체에 미치는 영향, 야채를 포장하는 작업장에서 만난 사람들에 대한 평가, 온혈동물들이 효과적으로 체온을 유지하는 방법, 인생의 모든 단계에서 필요한 놀이의 가치 등이 다양한 분야의 전문 서적과 대중 매체에서 출제됐다.

KYUNG HEE UNIVERSITY

2023학년도 인문·체육계열

▶ 40문항·90분

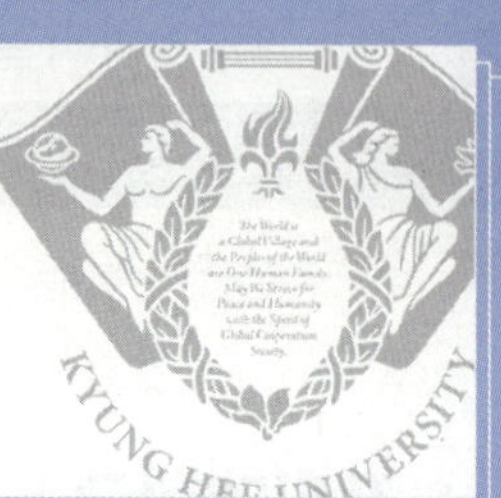

01~07 Choose the answer which is closest in meaning to the underlined word. [각 1.7점]

01 As the consequences of continued global warming <u>loom</u> in the distance, scientists have begun to consider the repercussions that glacial melting will have on peoples around the world.

① change ② increase ③ emerge
④ expand ⑤ threaten

02 The association promulgated guidelines that its members are required to follow. Our industry, as much as anyone with Internet access these days, is materially hurt by the proliferation of <u>unsolicited</u>, untargeted and nearly ubiquitous, truly junk e-mail.

① indiscriminate ② undeserved ③ irresponsible
④ unasked ⑤ sophisticated

03 While well-intentioned, a moratorium, regardless of the length of time, is not a satisfactory alternative to the Brownback bill. It raises the specter of prolonged discussion and political <u>machinations</u>, perhaps stalling research on nuclear transplantation indefinitely.

① schemes ② impacts ③ initiatives
④ turmoils ⑤ plans

04 Connie felt a sudden, strange leap of sympathy for him, a leap mingled with compassion, and tinged with repulsion, amounting almost to love. The outsider! The outsider!

① fascination ② disillusion ③ disgust
④ cynicism ⑤ presumption

05 Expense reports would show that the man who bought the drinks was reimbursed by the company for those purchases.

① admitted ② not redressed ③ not pleased
④ not assisted ⑤ paid back

06 Imagine what would happen if someone came up with a new product that had no notable benefits, was addictive, and could be considered the cause of death of 350,000 Americans each year. Would the Food and Drug Administration give his brainchild a seal of approval?

① sibling ② idea ③ gift
④ cognition ⑤ argument

07 Throughout my school years, whenever I wrote a paper of which I was particularly proud, I felt chagrined that my mother could never read it.

① unperturbed ② frustrated ③ undisturbed
④ disrespected ⑤ manipulated

08~12 Choose the most appropriate word to fill in the blanks.

08 Once farmers had established the best sequence of these rotations, they were able to cultivate the land all-year-round. Crop rotation was effective because it helped keep soils balanced and healthy. Farming the same type of crop depleted the soil of particular nutrients, leaving it less ________ for future cycles. [1.7점]

① contagious ② decomposed ③ fertile
④ stabilized ⑤ barren

09 Normative influence can be defined as behavior motivated by the desire to fit in with the group. Psychologists have conducted numerous experiments to show how this process works. In each, it was proven that most people go out of their way to avoid ________ or contradicting the others in the group. [1.7점]

① standing out
② worrying about
③ taking notice of
④ getting aware of
⑤ getting attracted to

10 Conservationists have historically been at odds with the people who inhabit wildernesses. During the last half of the 20th century, millions of indigenous people were ousted from their homelands to establish nature sanctuaries free of humans. Most succumbed to malnutrition, disease and ________. [1.7점]

① indulgence ② extravagance ③ exploitation
④ bigotry ⑤ profligacy

11 The parents complained to their neighbors because the dog attacked their child with no ________. [2점]

① provocation ② discernment ③ approval
④ ramification ⑤ destitution

12 Very often immigrants have to take ________ jobs to begin with, jobs which are below their level of education. [2점]

① congruous ② compliant ③ redemptive
④ menial ⑤ resumptive

13 Which pair is best for Ⓐ and Ⓑ? [2점]

> Another study showed that children who had a close relationship with a pet showed greater Ⓐ________ for others than petless kids did. Whatever it was that fostered this attitude is uncertain, however. Perhaps parents who buy pets have beliefs or personalities that Ⓑ________ it in their children.

① empathy — instill
② sympathy — reserve
③ pathos — strengthen
④ emphasis — stick to
⑤ feeling — exacerbate

14 Which verb is the most appropriate for Ⓐ to complete the argument of the passage?

[2점]

Mary Catherine Bateson gives the explanation of Gregory Bateson's notion of complementary schismogenesis: The situation he depicted is something like the practical joke that can be played using a dual-control electric blanket. If you reverse the controls, the first attempt by either person to make an adjustment will set off a cycle of worsening maladjustment — I am cold, I set the controls beside me higher, you get too hot and turn your control down, so I get colder, and so on. The attempt to correct actually Ⓐ_________ the error.

① sacrifices
② adjusts
③ alleviates
④ duplicates
⑤ increases

15 What is best fit for Ⓐ?

[2점]

Some conceptual frameworks are oppressive. An oppressive conceptual framework is one that explains, justifies, and maintains relationships of Ⓐ_________. When an oppressive conceptual framework is patriarchal, it explains, justifies, and maintains the subordination of woman by men.

① domination and equality
② freedom and equality
③ domination and subordination
④ governance and influence
⑤ condescension and domination

16~17 Read the passage and answer the questions.

In the past few years we've seen some tragic cases in which people adopted babies from orphanages in eastern Europe and found that, as they grew into childhood, they were handicapped in talking to their American mothers. That wasn't a result of being confused by hearing a new language. It happened because the orphanges were thinly staffed. People watching the babies gave them minimal care and had little or no time to talk to them. The babies were linguistically starved, and didn't have the verbal stimulation that leads to normal use of language. Hearing talk, lots of talk, in infancy and later is healthy activity for the human brain, and that seems to be true no matter how many languages are involved.

But the story gets even better. It seems that there are cognitive advantages in training oneself to keep two or more languages separate. A recent study found that brain regions important for speech were better developed in bilingual speakers than they were in monolinguals, especially when two languages were learned early in life.

16 Why did the orphans adopted from Europe grow to have difficulties speaking in English to their American mothers? [3점]

① They were mentally handicapped from birth.
② Their first languages interfered with their acquiring English properly.
③ They were scarcely exposed to languages in the orphanages.
④ They had a hearing problem so that they couldn't hear English a lot.
⑤ Their American mothers did not share enough time with them.

17 Which claim is different from what the passage says? [3점]

① Bilinguals can develop better cognitive abilities than monolinguals.
② The more exposed a child is to a language, the more fluently they can speak.
③ Linguistically starved situations are the ones where babies cannot have enough time to hear languages.
④ Monolingual children acquire language faster and more easily than bilingual children.
⑤ Hearing lots of talk from birth is a prerequisite to language acquisition

(18~19) Read the passage and answer the questions.

Quite probably, no one appreciates the power and magic of the written word more than a writer and a teacher. Since I am both, my inability to write with any power and magic to my mother is one of the most enduring frustrations of my life. My mother is the only person to whom I write in Chinese. She was born and reared in China, and it is only because of her that her four American-born children know any Chinese at all. Although we can converse in her language, our fluency is elementary. She always hoped to return to China; consequently, she never made the effort to learn English. So I practiced writing Chinese characters and often wrote letters to her in Chinese, though poor, to express not only my love, but also my understanding her deep emotions. [A]

[B] I am ever frustrated by the language barrier between us, ever yearning to phrase my thoughts to her with grace as well as precision. [C] Unfortunately though, eloquence in writing is a gift I can never give her. [D] But even though she can never read firsthand what I write in English, she knows the paramount meaning I want to communicate — the feelings I have for her, which have come across not through polished Chinese writings, but more definitely through the time-consuming and painstaking effort I have put into those writings. [E]

18 **Choose the most appropriate place for the following sentence.** [3점]

I should take heart then in knowing that I have succeeded in communicating to her through the written word, however imperfectly.

① [A] ② [B] ③ [C]
④ [D] ⑤ [E]

19 **Which statement is <u>different</u> from what is said in the passage?** [3.3점]

① The author is a teacher and writer.
② The author and her four siblings know some Chinese thanks to their mother.
③ The language barrier between the author and her mother is one of the most enduring frustrations in her life.
④ The author has made incessant efforts to write letters in Chinese to express her feelings for her mother.
⑤ The mother never gave up going back to China.

20 Which statement can be implied from the passage given? [3.3점]

> Lucy's family tend to ask questions to show interest, but many people are more like Richard's family. For example, Lucy's sister Carol had dinner with a young man she had recently met. He seemed rather reticent, but Carol did her best to keep the conversation going and show interest in him. At the end of the evening the young man said, "It was nice having dinner with the FBI."

① Richard's family enjoy listening to others' talk.
② Carol succeeded in getting to know the young man.
③ Carol works for the FBI.
④ The young man felt happy after the dinner with Carol.
⑤ Carol reacted to his reticence with more questions.

21 Choose the best sentence for Ⓐ which can conclude the passage. [3점]

> The racist violates the principle of equality by giving greater weight to the interests of members of his own race when there is a clash between their interests and the interests of those of another race. The sexist violates the principle of equality by favoring the interests of his own sex. Similarly, the speciesist allows the interests of his own species to override the greater interests of members of other species. Ⓐ__________.

① The pattern is identical in each case
② Most human beings are speciesists
③ The speciesist violates the principle of equality
④ Speciesism is different from racism and sexism
⑤ Racism, sexism, and speciesism have a common goal

22 Which statement is different from what the passage claims? [3점]

Do animals other than humans feel pain? How do we know? How do we know if anyone, human or nonhuman, feels pain? We know that we ourselves can feel pain. We know this from the direct experiences of pain we have when, for instance, somebody presses a lighted cigarette against the back of our hand. But we cannot directly experience anyone else's pain, whether that 'anyone' is our best friend or a stray dog. Pain is a state of consciousness, a mental event, and as such it can never be observed. Behavior like writhing, screaming, or drawing one's hand away from the lighted cigarette is not pain itself; nor are the recordings a neurologist might make of activity within the brain observations of pain itself. Pain is something that we feel, and we can only infer that others are feeling it from various external indications.

① Pain is a personal mental event.
② We do not know directly that others feel pain.
③ Pain accompanies some external behaviors.
④ Pain and painful behaviors are treated as identical.
⑤ Various external indications of pain function as a sign of pain.

23 Which statement cannot be inferred from the passage? [3.3점]

How late is 'late'? This varies greatly. In Britain and America one may be 5 minutes late to a business appointment, but not 15 and certainly not 30 minutes late, which is perfectly normal in Arab countries. On the other hand, in Britain it is correct to be 5-15 minutes late for an invitation to dinner. An Italian arrives 2 hours late, and an Ethiopian after, and a Javanese not at all — he had accepted only to prevent his host from losing face.

① Different cultures have different standards of punctuality.
② Tardiness can vary depending on the situations.
③ Javanese accept all dinner invitations to save their hosts' face.
④ Javanese are allowed to not come to dinner.
⑤ At least 2 hour tardiness is allowed to Italians and Ethiopians.

24~25 Read the passage and answer the questions.

The evolution of intelligence among early large mammals of the grasslands was due in great measure to the interaction between two ecologically synchronized groups of these animals, the hunting carnivores and the herbivores that they hunted. The interaction resulting from the differences between predator and prey led to a general improvement in brain functions; however, certain components of intelligence were improved far more than others.

The kind of intelligence favored by the interplay of increasingly smarter catchers and increasingly keener escapers is defined by attention — that aspect of mind carrying consciousness forward from one moment to the next. It ranges from a passive, free-floating awareness to a highly focused, active fixation. The range through these states is mediated by the arousal system. From the more relaxed to the more vigorous levels, sensitivity to novelty is increased. The organism is more awake, more vigilant; this increased vigilance results in the apprehension of ever more subtle signals as the organism becomes more sensitive to its surroundings. Arousal is at first general, with a flooding of impulses in the brain stem; then gradually the activation is channeled. Thus begins concentration, the holding of consistent images. Consciousness links past attention to the present and permits the integration of details with perceived ends and purposes.

The elements of intelligence and consciousness come together marvelously to produce different styles in predator and prey. Herbivores and carnivores develop different kinds of attention related to escaping or chasing. Although in both kinds of animal, arousal stimulates the production of adrenaline and norepinephrine by the adrenal glands, the effect in herbivores is primarily fear, whereas in carnivores the effect is primarily aggressive.

24 According to the passage, what directs the improved brain function in mammals? [3.3점]

① impulse ② grassland ③ attention
④ consciousness ⑤ novelty

25 Which is not true of the passage? [3.3점]

① Increased vigilance gives rise to more sensitivity to the surroundings.
② Improved intelligence is the outcome of the interplay of predators and preys.
③ In being aroused, herbivores and carnivores activate particular hormones.
④ Herbivores and carnivores develop different styles of attention.
⑤ Holding of consistent images decreases sensitivity to novelty.

26~27 **Read the following and answer the questions.**

Not surprisingly, psychological factors help determine vulnerability. Mothers who didn't want to get pregnant experience greater risk for milder forms of postpartum illness than those who wanted their babies. The birth of a premature infant or difficult labor also enhances risk, as does a mother's feeling that she is not getting adequate emotional and material support.

Edward H. Hagen, an anthropologist at the University of California at Santa Barbara, offers a sociobiological theory of postpartum depression. He argues that diminished maternal investment in the offspring could be adaptive under Ⓐ________. Writes Hagen, "Because human infants require enormous amounts of investment, ancestral mothers needed to carefully assess both the availability of support from the father and family members and infant viability before committing to several years of nursing and childcare."

What distinguishes the baby blues from something more malignant? Families should be on the lookout for distress that doesn't disappear after a week or so, as well as symptoms that interfere with caretaking, such as sluggishness, sadness, hopelessness, and a sense of doom.

We should, however, resist the modern tendency to label all emotional discomfort — shyness in adults, for example — as sicknesses requiring medication. Postpartum doldrums are natural, whether their underlying causes be hormonal or psychological. For most mothers, most of the time, the best remedies are helpful mates, supportive families and friends, and time.

26 **Which of the following does not reflect the author's position?** [3점]

① Postpartum blues is natural because of longer care of human infants.
② The baby blues requires emotional support by family for mothers.
③ Some of mothers are more susceptible to postpartum doldrums.
④ The baby blues is a kind of mental sickness requiring medication.
⑤ The prolonged period of depression is a prominent sign for postpartum illness.

27 **Choose the most appropriately inferred phrase to fill in the blank Ⓐ.** [3.3점]

① conditions of insufficient intimacy and resources
② prospective reduction of infant viability
③ the lack of adequate medication
④ discernment of a severe case of postpartum illness
⑤ natural conditions of childbearing

(28~30) Read the passage and answer the questions.

Everywhere we turn, advertisements tell us what it means to be a desirable man or woman. For a man, the message is manifold: he must be powerful, rich, confident, and Ⓐ athletic. For a woman, the messages all share a common theme: She must be "beautiful." [A] But advertising has joined forces with sexism to make images of the beauty ideal more pervasive, and more Ⓑ attainable, than ever before. [B]

In her 1991 book *The Beauty Myth*, Naomi Wolf compares the contemporary ideal of beauty to the Iron Maiden, a medieval torture device that enclosed its victims in a spike-lined box painted with a woman's image. Like the Iron Maiden, the beauty ideal enforces conformity to a single, rigid shape. And both cause suffering — even death — in their victims.

[C] The Ⓒ flawlessness of the Iron Maiden is, in fact, an illusion created by makeup artists, photographers, and photo re-touchers. Each image is painstakingly worked over: Teeth and eyeballs are bleached white; blemishes, wrinkles, and stray hairs are air-brushed away. [D] In some cases, a picture is actually an Ⓓ amalgam of body parts of several different models — a mouth from this one, arms from that one, and legs from a third. [E] By inviting women to compare their Ⓔ improved reality with the Iron Maiden's air-brushed perfection, advertising erodes Ⓕ__________, then offers to sell it back — for a price.

28 Which is the best place to put the following into? [3.3점]

> Advertising, of course, did not invent the notion that women should be valued as ornaments; women have always been measured against cultural ideals of beauty.

① [A]　② [B]　③ [C]
④ [D]　⑤ [E]

29 Out of the underlined Ⓐ~Ⓔ, which is not likely to fit into the context? [3.3점]

① Ⓐ　② Ⓑ　③ Ⓒ
④ Ⓓ　⑤ Ⓔ

30 Which is the most appropriate word to fill in the blank Ⓕ? [3점]

① self-deception　② self-awareness　③ self-abasement
④ self-esteem　⑤ self-identity

31~33 **Read the passage and answer the questions.**

If your chill was nowhere to be found this year, you're not alone. Public life and personal hardships provided ample fodder for flare-ups, which, in addition to costing your cool, can also Ⓐ take a more serious toll: prolonged and extreme anger can also exacerbate existing health problems, as well as affect the way we react to certain issues.

Anger responses can cause a ripple effect throughout the body: From the cardiovascular system to your nervous system, it's all fair game. These are just some of the main organ systems it can Ⓑ________. According to Wittstein, "Rage can have effects on the arteries that supply blood on the heart, it can have an effect on the electrical system specifically that tells the heart when to beat, and it can have an effect specifically on the heart muscle itself." If you already have conditions that affect the cardiovascular system, moments of anger may leave you more vulnerable. When you're enraged, blood pressure can increase, blood vessels can constrict and inflammatory cells are released. This can lead to the rupturing of plaque inside a coronary artery. That can cause a heart attack that lands a person in the hospital.

In a sense, anger can have a positive physical effect in that it can help motivate you to do something. When we're angry and aroused, our brains are primed for fast reactions. If danger or a social threat triggers an angry state, we are more likely to act on it: the fight-or-flight response. One trade-off: In that agitated state, we're less likely to make good judgments, to listen and to be attuned to other motivations that are important.

31 **Which is closest in meaning to Ⓐ?** [2점]

① show an origin
② reveal a reality
③ cause a worse problem
④ make a consequence
⑤ make a phenomenon

32 **Which is the best phrase to fill in the blank Ⓑ?** [2점]

① hark back to
② get the better of
③ set the stage for
④ play havoc with
⑤ make up for

33 Which of the following is not true? [3.3점]

① Anger can be motivational for further positive performance.
② Social circumstances can be a trigger for an agitated state.
③ An angered state can cause you to ruin important motivations.
④ Anger can have impact on heartbeat.
⑤ When angered, blood vessels are expanded.

34~36 Read the passage and answer the questions.

The conveyor-belt ladies were the migrant women, mostly from Texas, I worked with during the summers of my teenage years. I call them conveyor-belt ladies because our entire relationship took place while sorting tomatoes on a conveyor belt.

We were like a cast in a play where all the action occurs on one set. We'd return day after day to perform the same roles, only this stage was a vegetable-packing shed, and at the end of the season there was no applause. The players could look forward only to the same uninspiring parts on a string of grim real-life stages.

Most of these women had started in the fields. The vegetable packing sheds were a step-up, easier than the back-breaking, grueling work the field demanded. The work was more tedious than Ⓐ__________, paid better, provided fairly steady hours and clean bathrooms. Best of all, Ⓑ you weren't subjected to the elements.

I was not happy to be part of the agricultural work force. But I had a dream that would cost a lot of money — college. And the fact was, this was the highest-paying work I could do.

But it wasn't so much the work that bothered me. I was embarrassed because only Mexicans worked at packing sheds. I had heard my schoolmates joke about the "ugly, fat Mexican women" at the sheds. They ridiculed the way they dressed and laughed at the "funny way" they talked.

Yet it was difficult not to like the women. They were a gregarious, entertaining group, easing the long, monotonous hours with bawdy humor, spicy gossip and inventive laments.

34 What is the author's attitude toward her co-workers? [2점]

① optimistic ② positive ③ objective
④ evaluative ⑤ respecting

35 Which is the most appropriate word to fill in the blank Ⓐ? [2점]

① afflictive ② demanding ③ yielding
④ overwhelming ⑤ strenuous

36 What is the best paraphrase of the underlined Ⓑ? [3점]

① you were not influenced by weather conditions
② you were not conditioned by physical power
③ you were not impacted by social relationship
④ you were drawn to lightened labor
⑤ you were occupied with a regular way of working hours

37~38 Read the passage and answer the questions.

Endothermic animals have developed effective insulating outer layers that help keep their internal temperature up regardless of the external conditions. They can be classified into three main categories: down, underfur and blubber. For example, birds have thermal insulation in the form of down. Down feathers are the very short, soft and fine feathers in the inner layer. The larger and tougher exterior feathers largely serve other functions and are not crucial for thermoregulation, as evidenced by the fact that infant birds possess no exterior feathers at all.

Mammals have also developed a layer of insulation to assist with thermoregulation. In land mammals, the most important thermal insulator is fur or hair. As in the case of bird feathers, it is the inner layer of short, dense and flat underfur that provides them with insulation from the cold. The outer layer of fur visible in most land mammals is usually much coarser and provides little protection from the cold.

On the other hand, fur plays only a minor role for sea-dwelling mammals, which instead rely on a thick layer of fat that collects under their skin, known as blubber. Blubber is an essential insulator for sea mammals because, unlike fur, it remains effective even under extreme pressure, allowing them to dive deep below the surface of the ocean to search for food.

37 **Which is the best title to the passage?** [3점]

① Endothermic Animals
② Animals and Thermal Insulation
③ Birds' Down Feathers
④ The Role of Underfur
⑤ Fur and Mammals

38 **Which is not true of the reading?** [3점]

① Interior feathers play a major role of thermoregulation.
② Down is the means for birds' thermal insulation.
③ Sea mammals depend on fur and fat for their thermoregulation.
④ Fur is an effective insulator in the deep sea.
⑤ The outer layer of fur performs not much of thermal insulation.

39~40 Read the passage and answer the questions.

Children are the masters of play. It's what they do. It's also the way they learn, how they acquire cognitive and motor skills. As adults we still play, but less spontaneously. We tend to schedule our play time. [A]

In fact, leisure time has dramatically eroded in recent decades, down to about 16.5 hours a week, reported the editors of the *Harvard Health Letter*. This is in part because of a rise in single-parent and two wage-earner families, with all their attendance chaos. [B]

Fifty years ago, commentators wondered what we were going to do with all the extra leisure time generated by the "automation revolution." But the technological good life has instead fostered a national epidemic of overwork, stress, and too little rest. As many as 30 percent of Americans say they experience great stress almost daily. [C] Sleep disorders and exhaustion have become all too common.

[D] Our high-tech life combined with the accelerated pace and insecurity of the modern workplace have fostered a culture that seems to be always working, always rushed, always (at least electronically) connected. [E] In this environment play becomes frivolous. Yet we do manage to play. Being human, we just can't help it. Lenore Terr, a psychiatrist, argues that play is crucial at every stage of life. In play, we discover pleasure, cultivate feelings of accomplishment, and acquire a sense of belonging. When we play, we learn and mature and — no small matter — find an outlet for stress.

39 Which is the best place to put the following into? [2점]

> But it's also because a lot of us are working more.

① [A] ② [B] ③ [C]
④ [D] ⑤ [E]

40 Which is not true of the passage? [3.3점]

① No human can live without play.
② Automation revolution has brought about the decrease of leisure time.
③ Extended hours of working is in part due to insecured jobs.
④ The decreased rest is linked to the rise of single-parent and two wage-earner families.
⑤ Particular stages of human life require play.

KYUNG HEE UNIVERSITY

2023학년도 한의학과(인문)

50문항·90분

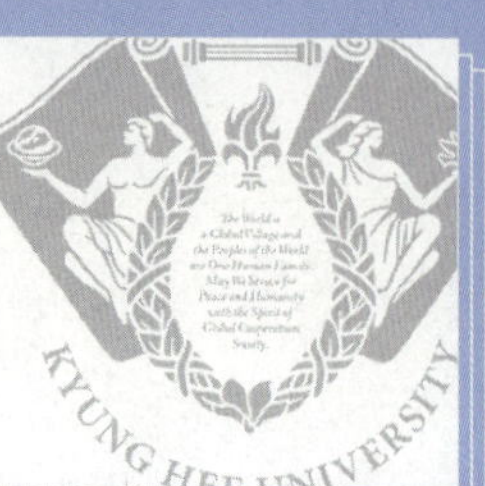

01~10 Choose the answer that is closest in meaning to the underlined word or phrase. [각 1점]

01 This past spring, Amanda Goldberg crouched in the leafy undergrowth of a southwestern Virginia forest and attempted to <u>swab</u> a mouse for COVID.

① cap ② collect ③ draw
④ help ⑤ dab

02 After nearly three years of constantly thinking about COVID, it's alarming how easily I can stop. The truth is, as a healthy, vaxxed-to-the-brim young person who has already had COVID, the pandemic now often feels more like an <u>abstraction</u> than a crisis.

① hope ② peace ③ drama
④ generalization ⑤ stability

03 North Korea is <u>ramping up</u> production of drugs and medical supplies including sterilizers and thermometers as well as encouraging the use of traditional Korean medicines as it battles an unprecedented coronavirus outbreak.

① installing ② augmenting ③ supporting
④ ending ⑤ embarking

04 Traditional Chinese healers seek to restore a dynamic balance between two complementary forces, *yin* (passive) and *yang* (active), which pervade the human body as they do the universe as a whole. A person is healthy when harmony exists between these two forces; illness, on the other hand, results from a breakdown in the equilibrium of *yin* and *yang*.

① imbalance ② volatility ③ fluctuation
④ tension ⑤ counterpoise

05 Culture is a nebulous term that emerged around the 1980s to describe all the hard-to-measure parts of corporate life: how connected employees feel to their work, how much they like their colleagues, and how much they believe the company represents their values.

① vague ② negligible ③ resounding
④ thorough ⑤ inquisitive

06 I was 10 when flooding displaced my family from the Butaleja District of eastern Uganda in 2008. Illegal sand mining along the riverbanks exacerbated flooding already made worse by climate change.

① arranged ② allayed ③ aggravated
④ abrogated ⑤ alienated

07 The findings underscore the need to look harder at where errors are being made and the medical training, technology, and support that could help doctors avoid them.

① devalue ② estimate ③ incorporate
④ endanger ⑤ underline

08 All three authors leaned heavily on O'Neill's biography, as evidenced by the perpetuation of a number of erroneous legends that subsequent study has <u>vitiated</u>, and none of the three extended O'Neill's treatment.

① invalidated ② intimidated ③ incarnated
④ incubated ⑤ incarcerated

09 As these therapies seek to gain greater recognition, the question of side effects also <u>looms</u>. Chinese advocates have tended to assert that traditional Chinese medicine remedies are safe.

① remits ② fades ③ impends
④ cracks ⑤ solves

10 Tesla believed that all matter came from a primary substance which filled all space, and he <u>stoutly</u> maintained that cosmic rays and radio waves sometimes moved more swiftly than light.

① brilliantly ② firmly ③ miserably
④ pathetically ⑤ slyly

11~15 Choose the best answer for the blank. [각 1.3점]

11 As a young surgeon Hua Tuo believed in simplicity, using only a few prescriptions and a few points for acupuncture. Using a preparation of hemp and wine, he was able to make his patients insensitive to pain. Hua was thus the discoverer of ________.

① placebo ② acupuncture ③ cupping
④ anesthetics ⑤ antibiotic

12 Although Achebe has been a(n) ________ writer of novels, short stories, plays, and other works, his international reputation rests overwhelmingly on his first novel, *Things Fall Apart*, published in 1958.

① prolific ② indentured ③ introverted
④ illegible ⑤ pecuniary

13 Researchers have discovered that green tea is rich in polyphenols, a type of chemical that prevents cells from being damaged and becoming more ________ to aging or to diseases like cancer.

① irrevocable ② vulnerable ③ voracious
④ intelligible ⑤ indubitable

14 Urdu is a composite language. Its grammar and syntax are ________ to India, but it draws its script — and a heavy share of its vocabulary — from Persian and Arabic influences that came on the back of Muslim invasions.

① indigenous ② ingenious ③ ingenuous
④ inconclusive ⑤ incandescent

15 H. G. Wells is the ________ figure in the evolution of scientific romance into modern science fiction.

① corrosive ② inflexible ③ notorious
④ pivotal ⑤ ruinous

16 Put the following sentences into a logical order. [3점]

Ⓐ Stillbirths were described as a "neglected tragedy" in a 2020 report published by Unicef.

Ⓑ Air pollution particles were first detected in placentas in 2018 and by then dirty air was known to strongly correlate with increased miscarriages, premature births, low birth weights and disturbed brain development.

Ⓒ But it followed the revelation in October that toxic air pollution particles were found in the lungs and brains of fetuses.

Ⓓ The heavy impact of stillbirths on mothers and their families would mean that action to prevent them would boost women's health and equality, the scientists behind the new work said.

Ⓔ The epidemiological study did not examine how small particle pollution could cause stillbirths.

① Ⓐ — Ⓔ — Ⓑ — Ⓒ — Ⓓ
② Ⓔ — Ⓒ — Ⓓ — Ⓑ — Ⓐ
③ Ⓔ — Ⓒ — Ⓑ — Ⓐ — Ⓓ
④ Ⓔ — Ⓐ — Ⓒ — Ⓓ — Ⓑ
⑤ Ⓐ — Ⓓ — Ⓔ — Ⓒ — Ⓑ

17 Choose the best place to insert the following sentence. [3점]

It's a long road to legitimacy.

[A] Traditional Chinese medicine, which has been tried and tested on its home turf over three millennia, is working hard to gain mainstream acceptance in the West, where there are stricter regulations and requirements for therapeutic trials. [B] Based on a range of remedies inherited from Taoist scholars, and also on acupuncture, traditional Chinese medicine is derived from Confucianism. [C] But it would be a mistake to suppose that what is now officially known as TCM has traversed so many centuries unchanged. [D] "TCM is a political construct dating from the 1950s, following on from the 1949 revolution," says Professor Paul Unschuld. [E] "It includes selected aspects of historical Chinese medicine, but it is also influenced by the rationale and concepts of modern science."

① [A] ② [B] ③ [C]
④ [D] ⑤ [E]

18 What can be inferred from the underlined sentence "Sometimes technology can help unpack jargon" in the passage? [3점]

> Chad Anguilm, vice president of the consulting company Medical Advantage, has been helping doctors transition to open notes. Sometimes technology can help unpack jargon, such as with dictation programs that automatically spell out the acronym a doctor uses. Anguilm said his team also creates macros that let providers quickly add a chunk of text to their notes, such as an explanation they often give. "A lot of clinicians are very guarded at first about their documentation," Anguilm said, but they find that after a few months of working with open notes, their writing becomes more accessible to lay readers. Anguilm said it can also be helpful to reorganize the information in a medical note, so that its order matches what happened in the visit.

① Doctors can avoid potential information leakage.
② Doctors cannot share prescriptions each other.
③ Doctors do not have to inform patients of their prescriptions.
④ Doctors can save their time to explain their prescriptions to patients.
⑤ Doctors cannot hire reception staff or nurse to dictate their prescriptions.

19~21 Read the passage and answer the questions.

The steps we need to take to mitigate the animal-COVID problem — and prevent other zoonotic diseases from jumping into humans — are clear, even if they don't seem to be happening. Eliminating wet markets where wild animals are sold is an obvious preventive measure, but it has been difficult to implement because the livelihoods and diets of many people, especially in the global South, depend on them. As climate change and land development Ⓐ decimate even more habitats, wildlife will be forced into ever-closer quarters with us, fostering an even more efficient exchange of viruses between species. Unlike mask wearing and other straightforward options for curbing the human spread of COVID, preventing its transmission to, from, and among animals will require major upheavals to the way our societies run, likely far greater than we are willing to commit to.

Humans tend to act like COVID ends up afflicting us after traveling through a long chain of species. But to think so is like living in the Middle Ages when the Earth was considered the center of the universe. As we learned then, we are not that important: Humans are but Ⓑ__________ in an immense network of species that viruses move through in many directions. Just as animal viruses infect us, human viruses can spread to animals (measles, for example, kills a variety of great apes). There are definitely bigger problems than animal COVID — no one needs to hunker down for fear of sneezing deer — but as long as animals keep getting infected, we can't overlook what that means for us.

19 Which can best replace Ⓐ decimate? [1.3점]

① develop ② smash ③ forge
④ secure ⑤ mold

20 Choose the best word for Ⓑ. [1.3점]

① a wall ② an end ③ a core
④ a node ⑤ an impasse

21 Which of the following can be inferred from the passage? [2.7점]

① Banning wet markets is the best and fastest way to prevent the spread of COVID.
② Wearable mask for animals must be invented soon.
③ Livestock is unlikely to convey zoonotic diseases.
④ Humans have to avoid contacts with their sick pets.
⑤ Distance between humans and animals can help lowering human COVID cases.

22~23 Read the passage and answer the questions.

Humanity's drugs have polluted rivers across the entire world and pose "a global threat to environmental and human health," according to the most comprehensive study to date. Pharmaceuticals and other biologically active compounds used by humans are known to harm wildlife; antibiotics in the environment drive up the risk of resistance to the drugs, one of the greatest threats to humanity. The scientists measured the concentration of 61 active pharmaceutical ingredients (APIs) at more than 1,000 sites along 258 rivers and in 104 countries, covering all continents. Only two places were unpolluted — Iceland and a Venezuelan village where the indigenous people do not use modern medicines.

The most frequently detected APIs were an anti-epileptic drug carbamazepine, the diabetes drug metformin, and caffeine. All three were found in at least half of the sites. Antibiotics were found at dangerous levels in one in five sites, and many sites also had at least one API at levels considered harmful for wildlife, with effects such as feminizing fish. The APIs end up in rivers after being taken by people and livestock and then Ⓐ excreted into the sewer system or directly into the environment, though some may also leak from pharmaceutical factories.

22 Which can best replace Ⓐ excreted? [1.3점]

① obsessed ② soaked ③ oozed
④ gripped ⑤ sponged

23 Which of the following can be inferred from the passage? [3점]

① We should emulate the lifestyle of the indigenous people.
② River pollution is not a threat to humanity and wildlife.
③ Antibiotics cannot harm wildlife such as fish.
④ Feminized fish are often genetically modified.
⑤ An advanced sewer system may reduce river pollution.

24~26 Read the passage and answer the questions.

In the story of modern food, sweeteners have been a "free lunch" both to those who sell them and those who consume them. [A] For the big food companies, they have played a key role in keeping products both profitable and palatable. [B] Not only are sweeteners much cheaper ingredients than sugar, they have also been one of the central mechanisms by which the food industry persuades us to buy and consume more. [C] This is a problem for businesses that want to achieve constant growth. [D] Sweeteners were a way round this — a means by which the multinationals could encourage us to buy more food and drink than we needed, without going over our daily calorie limits. [E]

For millions of people, diet drinks provide coping mechanisms: little moments of Ⓐ__________ pleasure to punctuate difficult days. Before she became a historian, Carolyn was working in corporate branding for a large soft drinks company in the U.S. One of Carolyn's assignments, as she describes in her book *Empty Pleasures*, was to interview "diet brand X loyalists" — mostly working women — who consumed between six and eight cans of diet fizzy drinks a day. Carolyn found that they all talked about how exhausted they were by their routines, whether it was the demands of childcare or the frustrations of jobs that were boring and low paid. These women "universally characterized the minutes when they consumed a Diet X as distinct from these routines, . . . a brief period of time when the rest of the world would leave them alone."

24 Choose the best place to insert the following sentence. [3점]

Most adults only need to eat around 2,000-2,600 calories a day.

① [A] ② [B] ③ [C]
④ [D] ⑤ [E]

25 Choose the best word for Ⓐ. [1.3점]

① guilt-free ② sugar-free ③ thought-free
④ burden-free ⑤ fat-free

26 **Which of the following is true according to the passage?** [2.7점]

① Women consume more alcoholic drinks than men.
② Women tend to feel more lonely than men.
③ Women feel free when they consume diet drinks.
④ Sweeteners reduce the cost of diet drinks.
⑤ Our daily calories must be strictly regulated.

27~28 Read the passage and answer the questions.

The glimpse into the mind of a zebrafish illuminates one of the most interesting new fronts in science's quest to understand the brain: the biology of forgetting.

We often experience forgetting as a frustration — the misplaced wallet, the name just on the tip of your tongue. And until fairly recently, the widely held convention in neuroscience was that forgetting was merely a glitch in the memory system. The brain's job was to gather and store information, and the inability to retain or retrieve those memories was a failure of some neurological or psychological mechanism.

Over the past decade or so, however, science has determined that forgetting is not just the failure of memory but its own distinct force. The fundamental insight — the *eureka* of the new science of forgetting — is that our neurons are endowed with a completely separate set of mechanisms . . . that are dedicated to active forgetting.

The brain forms memory with the help of a complex tool kit of neurotransmitters, proteins, and carbohydrates, as well as other cells; forgetting, too, has its own set of dedicated molecular tools working to clear away what's no longer relevant. After all, forgetting is one of the most fundamental aspects of a memory system. Without forgetting, nothing would work.

Forgetting serves us well. It tunes out useless information so we can focus on the relevant. Without it, neither anger at a slight nor the pain of grief would fade; feelings of love and attraction would not either, making it impossible to move on from relationships. Memories build us, and forgetting chisels away the excess, shaping the way we see ourselves and our world.

27 **Which of the following is the best title for the passage?** [2.7점]

① Forgetting Is a Glitch in the Memory System
② Forgetting Is As Important As Memory
③ Forgetting Turns Information into Memory
④ Memory and Forgetting Are Irrelevant
⑤ Memory Retains Only Good Feelings

28 **Which of the following is not true according to the passage?** [3점]

① The brain's job was believed only to gather and store information.
② The inability to retrieve memories was considered a failure of some neurological mechanism.
③ Forgetting is one of the most fundamental aspects of a memory system.
④ People no longer experience forgetting as a frustration.
⑤ Forgetting has its own set of dedicated molecular tools working to clear away what's no longer relevant.

29~31 **Read the passage and answer the questions.**

On Nov. 15, 2022, the world's population hit 8 billion. In many ways, this is a global success story, a result of longer life expectancies, fewer maternal and child deaths, and better health care. Yet at every such milestone, we witness Ⓐ inflammatory headlines warning that the number is too high.

If, however, we allow ourselves to get wrongly sidetracked by focusing on population trends instead of directly addressing climate change, inequality, and other global crises, we run the risk of coming up with the wrong fixes — ones that can Ⓑ infringe on people's right to choose whether or when to have children.

Ultimately, tackling the great challenges of our day will not be found in any perfect number. If we make the right investments now — and strive to ensure that every adolescent can navigate their reproductive choices, stay in school, enter the work force — then 8 billion people means 8 billion opportunities to build more peaceful, prosperous, and sustainable societies.

29 **What is the general tone of the passage?** [2.7점]

① still somewhat optimistic in hoping to build a habitable Earth by right choices
② precautionary on future extinction of the whole human race
③ pessimistic about the population bomb and the scarcity of resources
④ strongly lamenting on the excessive exploitation of natural resources
⑤ misanthropic and noncommital to the issue of human civilization

30 **Which of the following pair is closest in meaning to Ⓐ inflammatory and Ⓑ infringe on?** [1.3점]

① degenerative — improve
② irresponsible — impeach
③ procreative — trespass on
④ irremediable — transcend
⑤ provocative — encroach on

31 **Which of the following cannot be inferred from the passage?** [3점]

① The increase of the world's population is a result of longer life expectancies, fewer maternal and child deaths, and better health care.
② It is better for us to focus on climate change, inequality, and other global crises than on the number of population.
③ Our Earth can still sustain more than 8 billion of human population.
④ We should ask our future generation not to increase the number of human population on Earth.
⑤ We are not facing a catastrophic challenge of population explosion yet.

32~35 Read the passage and answer the questions.

Certain sorts of people, regardless of their occupation, seem to make heavy psychological demands on themselves — and, as a result, run a greater risk of heart disease. People with a particular personality style, called the *coronary-prone behavior pattern* and commonly labeled Type A, have been found to be especially Ⓐ_________ heart disease. Type A people are hard-driving, competitive, and aggressive. They experience great time urgency, Ⓑ_________. People who have an opposite sort of personality are termed Type B. Others are categorized somewhere in between.

Many studies have confirmed that Type A people are more Ⓐ_________ heart disease than Type B people. One probable reason is that Type A people tend to make greater demands on themselves and to expose themselves to more stressful situations than do Type B people. One study of college football players, found, for example, that Type A players were rated by their coaches as playing harder than Type B players when they were injured. Type A people also tend to have an unusually intense physiological reaction to the stress that they encounter. When they are faced with a challenging situation, they tend to manifest higher blood pressure and greater increase in heart rate and in the level of epinephrine in their blood than Type B people. Some researchers believe that this greater physiological reactivity under stress — sometimes called *hot reactivity* — is the key to the link between the Type A pattern and heart disease.

32 Which of the following phrase is best for Ⓐ? [1.3점]

① susceptible to
② ineligible for
③ disinclined to
④ indisposed to
⑤ exempt from

33 Which of the following is best for Ⓑ? [2.7점]

① rarely trying to do more and more in less and less time
② always trying to do more and more in less and less time
③ always trying to do less and less in more and more time
④ rarely trying to do more and less in more and less time
⑤ always trying to do less and more in less and more time

34 **Which of the following is best for the title of the passage?** [2.7점]

① The Relationship Between Type A Personality and Heart Disease
② Why Type A People Should Stop Working in Challenging Situations
③ Type A People Are More Successful in Occupational Atmospheres
④ Type A People Are Usually Those People with Blood Type A
⑤ Type B People Are Less Hard-driving, Competitive, and Aggressive

35 **Which of the following cannot be inferred from the passage?** [2.7점]

① People with *coronary-prone behavior pattern* are hard-driving, competitive, and aggressive.
② College football players are rated as Type A because they usually play harder than other people.
③ Type A people tend to manifest higher blood pressure and greater increase in heart rate.
④ Some people, regardless of their occupation, make less psychological demands on themselves.
⑤ Higher blood pressure and greater increase in heart rate are closely related to heart disease.

36~39 Read the passage and answer the questions.

On October 5, Nicole Mann blasted off for the space Station, becoming the first Native American woman in space. She gave her first interview to the Associated Press and spoke about the sense of Ⓐ__________ astronauts experience looking down at Earth from space.

"It is an incredible scene of color, of clouds and land," she said, "and it's difficult not to stay in the cupola all day and see our planet and how beautiful Ⓑ she is."

That perspective is especially important as war continues to rage in Ukraine. The crew aboard the station includes three Russian cosmonauts, three American astronauts, and one astronaut from Japan.

The power of such international collaboration is not lost on Mann. "What it does," she said, "is just highlight our diversity and how incredible it is when we come together."

36 Choose the best word for Ⓐ. [1.3점]

① terror ② humor ③ ire
④ loss ⑤ awe

37 What does the underlined Ⓑ she refer to? [2.7점]

① Nicole Mann ② space ③ Earth
④ female astronaut ⑤ Native American

38 Which of the following cannot be inferred from the passage? [3점]

① Nicole Mann is the first Native American woman astronaut.
② There is no Ukrainian on the station because Russia did not want one.
③ The crew on the station shows a diversity of Russians, Americans, and a Japanese.
④ Nicole Mann recognizes the importance of international collaboration.
⑤ It is difficult for Nicole Mann not to see how beautiful our planet is.

39 What is the best title for the passage? [2.7점]

① First Native American Woman in Space
② The Fear of Space War in the Space Station
③ The International Space Station For Ukraine
④ U.S. Astronauts and Russian Cosmonauts
⑤ Space War by a Native American Woman

40~42 Read the passage and answer the questions.

Ⓐ Over time, the rising debris and the shoreline plants meet. [A] Eventually they combine forces and transform the lake into marshy land.

Ⓑ As soon as a lake is created, natural forces begin to fill it in. [B] Although the process can take from a few years to several centuries, over time every lake is bound to become dry land.

Ⓒ As generations of animals succeed one another, some plant and animal remains are recycled by scavengers, but inevitably some of the remains fall to the lake floor. [C] Thus the bottom is built up, perhaps a foot or two a century. Gradually, the lake becomes shallower.

Ⓓ A lake is born when water fills a depression in the land. The first creatures to enter a newly born lake are usually tiny drifting water plants and animals called plankton. [D] In time, the plankton increase their numbers and begin to support larger colonies of animals such as mussels, insects, fish, and birds.

Ⓔ Once the lake becomes shallow, submerged water plants begin to take root in those parts of the lake where the bottom has built up the most. [E] At the same time, plants such as cattails, bulrushes, and burr reeds begin to sprout at the water's edge.

40 Which of the following does best put the above sentences into a logical order? [3점]

① Ⓑ — Ⓔ — Ⓒ — Ⓓ — Ⓐ
② Ⓓ — Ⓒ — Ⓑ — Ⓔ — Ⓐ
③ Ⓓ — Ⓑ — Ⓒ — Ⓔ — Ⓐ
④ Ⓑ — Ⓓ — Ⓒ — Ⓔ — Ⓐ
⑤ Ⓑ — Ⓒ — Ⓔ — Ⓓ — Ⓐ

41 Where does the following sentence fit best in the passage? [2.7점]

> They slow the currents, speeding up the accumulation of debris on the bottom.

① [A] ② [B] ③ [C]
④ [D] ⑤ [E]

42 What is the best title for the passage? [2.7점]

① Why Plankton Is Harmful for a Lake
② How a Lake Becomes Land
③ Why Every Lake Becomes Infertile
④ How a Lake Becomes Fertile
⑤ How Dry Land Becomes Lakes

43~44 Read the passage and answer the questions.

Touch reorients us to the fundamental condition of being — to the inevitability of others, human and nonhuman. In touching, we are most vulnerable because we are always also being touched back. The analogy that Merleau-Ponty uses in his posthumously published work, *The Visible and the Invisible* (1964), is this: when my one hand touches the other, which one is doing the touching, and which one is being touched? We have eyelids; we can pinch our noses and shut our ears; but there are no natural skin-covers. We cannot turn off our sense of touch. To be a human in the world is to be Ⓐ__________, to always be touching and touched with every single pore of our bodies.

The idea that touching nature could bridge interspecies borders makes sense intuitively. And is there any being in the plant kingdom that embodies touch more than moss and its family, the bryophytes? Moss is touch. It doesn't poke the skin of the being it touches. And it takes practically nothing from the host it is in contact with: moss is no parasite. Yet it softens trees, prevents soil erosion, and shelters animals too small for us to notice. It is continuously in touch with Earth and all its beings, including us. Inside a rainforest and on the city pavement, moss beckons us.

43 Which of the following is not stated or implied in the passage? [2.7점]

① Human beings cannot shut off their entire senses.
② Human beings are touched when they touch.
③ Moss does exist only when human beings perceive it.
④ Very small animals may hide themselves in moss.
⑤ Moss is the species most touched on the Earth.

44 Choose the best word for Ⓐ. [1.3점]

① sensitive ② audible ③ visible
④ tactile ⑤ perceptive

45~47 Read the passage and answer the questions.

The "Fourteen Points" Address at once became the single great manifesto of World War I. It was Western democracy's answer in its first full-dress debate with international communism. It raised a standard to which men of good will in all nations, Germany included, could rally.

This was true, first, because of Wilson's striking success in synthesizing what might be called the liberal peace program. Not a single one of the Fourteen Points was original. All of them had been proposed and discussed by various groups of idealists and pacifists in all leading Ⓐ belligerent countries.

But Wilson did more than Ⓑ_________ the liberal peace program. He also succeeded in assimilating many of the announced German peace objectives. Restoration of Belgium, freedom of the seas, destruction of barriers to trade, and establishment of an independent Poland were all as much German objectives as they were Allied objectives.

45 What is the main idea of the above passage? [2.7점]

① Wilson's "Fourteen Points" Address was not original.
② Wilson reemphasized the liberal peace program and assimilated German peace objectives.
③ Wilson's peace objectives were radically different from those of Germany.
④ Wilson's "Fourteen Points" Address was an answer to international fascism.
⑤ Wilson's "Fourteen Points" Address raised a standard to which only peace-loving nations could rally.

46 Which of the following word is closest to the underlined Ⓐ belligerent? [1.3점]

① beloved ② bedeviled ③ bequeathed
④ hostile ⑤ heterogeneous

47 **Choose the best word for Ⓑ.** [2.7점]

① decapitate ② decompose ③ recapitulate
④ reminisce ⑤ dehumanize

48~50 **Read the passage and answer the questions.**

We hold these truths to be self-evident: that all men and women are created equal; that they are endowed by their Creator with certain Ⓐ inalienable rights; that among these are life, liberty, and the pursuit of happiness; that to secure these rights governments are instituted, deriving their just powers from the consent of the governed. Whenever any form of government becomes destructive of these ends, it is the right of those who suffer from it to refuse Ⓑ allegiance to it, and to insist upon the institution of a new government, laying its foundation on such principles, and organizing its powers in such form as to them shall seem most likely to effect their safety and happiness.

48 **Which of the following is the best title for the passage?** [2.7점]

① All Men Are Not Created Equal
② Men and Women Have Different Rights
③ Alienable and Inalienable Human Rights
④ Why Government Should Be Respected
⑤ Both Sexes Equally Have Inalienable Rights

49 **Which of the following is not true according to the passage?** [3점]

① Inalienable rights are given to women by Creator.
② Life, liberty, and the pursuit of happiness are inalienable rights.
③ That government is best which governs not at all.
④ The reason why governments are instituted is to secure inalienable rights.
⑤ Governments' just powers are derived from the consent of the people.

50 Which of the following pair is closest in meaning to Ⓐ inalienable and Ⓑ allegiance?

[1.3점]

① uninhabitable — royalty
② uninhabitable — loyalty
③ undeniable — royalty
④ unalienable — allegation
⑤ unalienable — loyalty

“ 모든 걸 바쳤기에 후회 없는 1년 ”

김○주
경희대학교 경영학과
편입구분: 일반편입

어휘 학습법

편입 영어에서는 어휘의 비중이 매우 큽니다. 단순한 동의어 문제뿐만 아니라, 논리나 독해, 심지어 문법 문제 풀이에도 어휘력이 영향을 줍니다. 따라서 단어의 뜻뿐만 아니라 문맥 속 쓰임까지 익히는 것이 중요합니다. 하루 학습량을 정해 꾸준히 반복하고, 주기적인 복습으로 장기 기억으로 연결해 주시기 바랍니다.

문법 학습법

문법은 이해만으로는 부족하며, 암기가 반드시 필요합니다. 개념을 이해한 뒤에는 출제 유형별로 정리하고 반복하여 익히는 것이 효과적입니다. 다양한 문장에 적용해보는 연습도 중요하며, 자주 틀리는 부분은 따로 정리해 복습해 주세요. 실전에서 빠르게 적용할 수 있도록 연습하시기 바랍니다.

논리 학습법

논리는 어휘력과 문해력, 사고력을 함께 요구합니다. 빈칸 앞뒤 문장의 흐름을 중심으로 글의 전개 방향을 파악하는 연습이 중요하며, 지문 속 정보만을 바탕으로 판단하는 습관을 들이셔야 합니다. 배경지식이나 개인적 해석에 의존하기보다는 출제자의 의도를 정확히 파악하는 데 집중해 주세요.

독해 학습법

편입 영어에서 변별력은 독해에서 결정됩니다. 초반에는 문장의 구조와 흐름을 파악하는 연습을 하시고, 이후에는 긴 지문을 통해 중심 내용과 논지를 빠르게 찾는 훈련이 필요합니다. 단어 하나에 집착하기보다는 전체 맥락을 이해하는 것이 중요하며, 독해력이 어느 정도 향상되면 문제풀이 속도와 정확도 향상에 집중해 주세요.

경희대학교

- 2022학년도 인문 · 체육계열
- 40문항 · 90분

어휘

밑줄 친 제시어와 가장 가까운 의미를 보기에서 정답으로 고르는 동의어 유형 7문제가 출제되었다. imminent(=impending), dissolve(=dissipate), tenuous(=fragile), parsimonious(=frugal), illuminate(=elucidate), impregnable(=invincible), permeable(=porous)이 출제됐다. 제시어와 보기가 모두 기출어휘에서 출제되어, 기출어휘를 충실히 공부한 수험생들은 정답을 고르는 데 어려움이 없었을 것이다.

논리완성

단문의 one-blank 유형으로 논리완성 5문제가 출제됐다. 빈칸 다음에 '바로크 예술이 공식적인 양식으로 지정되었다'는 내용을 통해 지정된 배경으로 entrenched in(~에 깊이 자리 잡은)을 고르는 문제, 학부모의 '기분을 상하지 않는 선에서' 자녀의 결점을 이야기했다는 내용을 통해 tactful(요령 있는)을 고르는 문제, 주식으로 먹던 감자에 마름병이라는 '병충해'가 발생했다는 내용을 통해 inedible(먹을 수 없는)을 고르는 문제, 제한속도를 위반해 운전하는 관행을 감안해 속도위반 처벌을 강화할지에 대해 reject(거부했다)를 고르는 문제, 실제 화성의 모습이 척박하고 삭막했다는 내용을 통해 기존에 상상하던 화성의 모습으로 fertile(비옥한)을 고르는 문제가 출제되었다. 대부분 문장의 구조가 복잡하지 않고 빈칸을 전후로 논리관계가 명확해 어렵지 않게 정답을 고를 수 있었다.

독해

독해는 전체 40문항 중 30문항으로 출제 비중이 가장 높았다. 출제된 내용을 살펴보면, 지폐가 탄생한 배경, 해양 포유류가 잠수를 잘 할 수 있는 이유, 커피를 재배하게 된 유래, 서로 다른 종의 분자구조를 비교해서 알 수 있는 것, 선택하는 데 도움이 안 되는 너무 많은 선택지, '위로'의 역할을 제공해 주는 언어의 기능, 동물과 구별되는 인간의 선택할 수 있는 능력, 노트르담 대성당에 사용된 건축술과 관련된 상반된 견해, 물리적인 세계와 비슷해질 것으로 예상되는 가상세계, 철도와 기차를 은유적 표현으로 사용한 칼 마르크스, 공원에서 흘러나오는 클래식 음악에 대한 상반된 반응으로 알 수 있는 것, 담수와 시원한 공기를 만들어내는 새로운 온실설계, 재발하는 우울증에 대처하는 방법, 메타버스라는 용어에 대한 정의, 영국 시계 산업의 발전과 그 배경, 영향력 혁명을 준비하기 위한 세 가지 요소 등 경제, 과학, 심리, 사회, 역사 등 다양한 분야의 글이 지문으로 출제됐다. 글의 주제 및 제목, 빈칸완성, 내용일치 및 내용파악, 글의 목적, 글의 어조 등 편입시험에 많이 출제되는 일반적인 유형이 출제됐다.

KYUNG HEE UNIVERSITY

2022학년도 인문·체육계열

▶ 40문항·90분

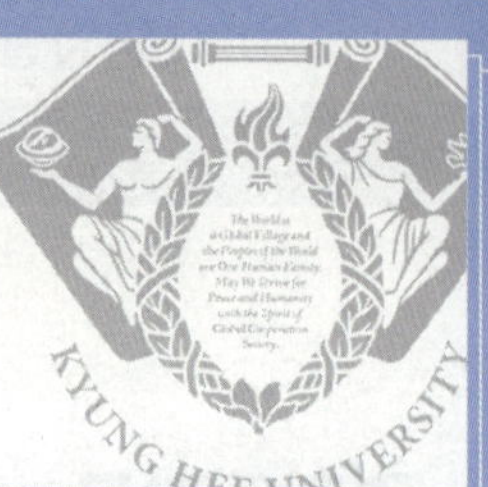

(01~07) Choose the answer that is closest in meaning to the underlined word. [1점]

01 The discovery suggested that strong political action to halt production of chlorofluorocarbons might be <u>imminent</u>, and fortunately, the chemical industry no longer felt compelled to oppose such action.

① impending ② distant ③ delayed
④ avoidable ⑤ belated

02 With the Internet, it is exceedingly easy for each of us to find like-minded types. Views that would ordinarily <u>dissolve</u>, simply because of an absence of social support, can be found in large numbers on the Internet.

① emerge ② increase ③ dissipate
④ conflict ⑤ oscillate

03 Yet, as an adult, I have come to demand of any really "great" book a self-consciousness about the <u>tenuous</u> nature of representations of reality, a critical contextualization of florid detail, and a self-awareness of the role of ideology in our lives.

① dense ② substantial ③ idiosyncratic
④ fragile ⑤ solid

04 The earliest quilts were fashioned with relatively simple designs and were made to be primarily functional rather than to serve as a means of elaborate artistic expression. Parsimonious women recycled highly valued scraps of materials to make and repair the quilts.

① Itinerant ② Notorious ③ Capricious
④ Rancorous ⑤ Frugal

05 The details of the dispute illuminate major hurdles that countries around the globe will face in eliminating coal from their energy mix.

① exclude ② elucidate ③ disguise
④ obfuscate ⑤ distort

06 It was a ponderous labyrinth of bolts, locks, and steel doors, making it an almost impregnable fortress.

① impressive ② vulnerable ③ dilapidated
④ invincible ⑤ archaic

07 When the intestine is permeable and inflamed, infectious or toxic substances “leak” through the lining into the blood stream.

① palpable ② enlarged ③ porous
④ relaxed ⑤ intact

(08~12) Choose the most appropriate answer for the blank. [각 1점]

08 Due to its prevailing accessibility, by the end of the 17th century, Baroque art was so ________ the European identity that King Louis XIV declared it the official style of France, embellishing his Palace of Versailles in the fashion and building magnificent reception rooms, courts, and anterooms.

① degraded by ② confined by ③ entrenched in
④ antithetical to ⑤ distinct from

09 By the end of my first month of piano, Miss Harry pronounced me void of rhythm and close to tone deaf but tried to be ________ in laying out my faults, not wanting to offend my mother.

① indiscreet ② tactful ③ audacious
④ vigorous ⑤ ignorant

10 In the 19th century, the population of Ireland swelled, and the country turned to potato cultivation to feed the people. As much as 40 percent of the residents survived on a diet consisting almost entirely of potatoes. However, a blight lasting from 1845 to 1849 caused potatoes to become ________, whether raw or cooked.

① resilient ② ripened ③ inedible
④ impeccable ⑤ untarnished

11 Human nature and long distances have made exceeding the speed limit a cherished tradition in the state, so the legislators surprised no one when, acceding to public demand, they ________ increased penalties for speeding.

① rejected ② encountered ③ exploited
④ isolated ⑤ commemorated

12 This image of Mars as potentially harboring life persisted until July of 1965, when the Mariner probe sent back twenty-two close-up photographs of the surface. These pictures revealed a stark and barren landscape which was a far cry from the ________ Mars envisioned by many.

① fertile ② desolate ③ feasible
④ secular ⑤ eclectic

13 Put the following story into a logical order. [3.7점]

Around A.D. 100, a Chinese court official ground up a mash of mulberry bark, rags and fishnets, and invented paper. A few centuries later, someone — maybe a Buddhist monk who was tired of writing the same sacred text again and again — carved a sacred text into a block of wood and invented printing.

[A] Pretty soon, the government took over the business of printing paper money, and it spread throughout China. In an era when there was no mechanized transport, the ability to move value around on a few pieces of paper — rather than a wagon full of metal coins — was a breakthrough.

[B] A few centuries after that, a merchant in the capital of Sichuan set out to solve another problem: the money his customers were using was terrible. It was mostly iron coins, and it took a pound and a half of iron to buy a pound of salt. It would be the modern equivalent of going grocery shopping with nothing but pennies.

[C] People started using the claim checks themselves to buy stuff, and paper money was born. It was a huge hit.

[D] So the merchant told his customers that they could leave their coins with him. In exchange, he gave them a claim check — a piece of paper that could be used to retrieve the coins.

① [A] — [C] — [D] — [B]
② [B] — [A] — [D] — [C]
③ [B] — [D] — [C] — [A]
④ [C] — [B] — [D] — [A]
⑤ [D] — [A] — [C] — [B]

14 Choose the most appropriate place to insert the following sentence. [3.7점]

Consequently, they can tolerate considerably higher concentrations of carbon dioxide.

Porpoises and other marine mammals are better equipped than humans physiologically to dive to considerable depths in the ocean. [A] The blood of these animals has approximately 30 percent higher capacity for oxygen transport and storage than has human blood. [B] They also possess increased stores of respiratory pigment in their muscles which may contribute significantly to their oxygen reserve. [C] The respiratory center in the brain, which regulates breathing movements in all mammals, is driven by carbon dioxide in the surrounding blood. In porpoises and other diving mammals, this center is far less sensitive to carbon dioxide in fluids than in other mammals. [D] Moreover, all diving animals, from birds to reptiles to mammals, experience a drastic slowing of the heart rate when diving. [E] In seals, whose normal surface heart rate may be seventy to eighty times a minute, the heart slows to six and ten beats a minute upon diving.

① [A] ② [B] ③ [C]
④ [D] ⑤ [E]

15 Choose the most appropriate place to insert the following sentence. [3.7점]

With his discovery, many tribes began to take advantage of the coffee berries.

There are several stories about how the effects of the coffee bush, which was discovered around 1000 A.D., were first observed. [A] Among them, the most prevalent is about an Ethiopian shepherd who noticed his flock was wide-awake after eating the berries off of a certain bush. [B] When he tried the berries for himself, he found that he also became awake and energetic. [C] For example, members of the Galla tribe in Ethiopia produced an energy boost from mixing a certain berry with animal fat. [D] One path or another led people to the conclusion that the coffee bean would produce certain effects upon not only their livestock, but also themselves. [E] The desire to capture and use the effects of coffee started the quest for cultivation and production of coffee throughout the world.

① [A]　　② [B]　　③ [C]
④ [D]　　⑤ [E]

16 What is the main idea of the passage? [3.7점]

Suppose there were a molecule that occurred in many or all species, and whose structure slowly changed because of genetic mutations at the same steady rate. Two species derived from a common ancestor would start off with identical forms of the molecule, but as they diverged from each other and from the ancestor, mutations would change it. Thus by comparing the present architecture of the molecule in different species, we could measure how different the creatures were genetically and how much time had elapsed since their divergence. For instance, a molecule might differ by one percent in a pair of species known from fossil evidence to have diverged five million years ago. If the same molecule differed by two percent between two species whose fossil histories were unknown, the molecular clock would indicate that they went their separate evolutionary ways ten million years ago

① The present structure of a molecule shared by two species shows the time elapsed since their divergence.
② Molecules have evolved at a steady rate.
③ Fossil histories are irrelevant in studying the molecular clock of species.
④ Some species evolved from a common ancestor.
⑤ Different species began to go separate evolutionary ways about ten million years ago.

17~18 **Read the passage and answer the questions.**

Marketers assume that the more choices they offer, the more likely customers will be able to find just the right thing. They assume, for instance, that offering 50 styles of jeans instead of two increases the chances that shoppers will find a pair they really like. Nevertheless, research now shows that there can be too much choice; when there is, consumers are less likely to buy anything at all, and if they do buy, they are less satisfied with their selection.

It all began with jam. In 2000, psychologists Sheena Iyengar and Mark Lepper published a remarkable study. On one day, shoppers at an upscale food market saw a display table with 24 varieties of gourmet jam. Those who sampled the spreads received a coupon for $1 off any jam. On another day, shoppers saw a similar table, except that only six varieties of the jam were on display. The large display attracted more interest than the small one. But when the time came to purchase, people who saw the large display were one-tenth as likely to buy as people who saw the small display.

17 Which of the following is the most appropriate title for the passage? [2.3점]

① You Can't Please Everyone
② All That Glitters Isn't Gold
③ The More, The Merrier
④ More Is Not Always Better
⑤ Beggars Can't Be Choosers

18 What does the underlined word, "Those," refer to? [1점]

① marketers
② researchers
③ psychologists
④ shoppers
⑤ producers

19~20 Read the passage and answer the questions.

The first technology of mood our ancestors discovered was language. People have used language in various ways to induce happiness artificially, ways that offer no obvious genetic benefits. I will mention three: consoling, entertaining, and venting. The first two methods benefit the hearer; the last is supposed to benefit the speaker. Our ancestors probably consoled each other with hugs and caresses long before they learned how to talk, but once language was invented they found a new way of providing consolation by offering words of sympathy and advice. In doing so, they discovered that words can be powerful antidepressants. This practice has been around so long that it is now almost instinctual. Faced with friends who are feeling down, we all naturally find ourselves trying to talk them out of it. We also naturally administer the same ________ to ourselves, whispering silent words of encouragement to ourselves when we are low. Cognitive therapy is based on just this kind of internal monologue. While cognitive therapy may be original in the way it tries to formalize this process, the practice of talking oneself up is probably as old as language itself.

19 **Which of the following is the most appropriate title for the passage?** [2.3점]

① What Cognitive Therapy Can Do for a Better Life
② Language Development and Genetic Benefits
③ Antidepressants and Artificial Happiness
④ Newly Discovered Benefits of Language
⑤ Well-Put Words Can Provide Consolation

20 **Choose the most appropriate answer to fill in the blank.** [5점]

① linguistic medicine
② unbreakable oath
③ simple trial
④ technical test
⑤ entertaining task

21~23 Read the passage and answer the questions.

Did you know that there are only a few differences between humans and animals? Whether you watch the family dog, an elephant in the zoo, or a mountain goat in the Andes, you'll see that they do essentially the same thing. They eat, sleep, seek shelter, and breed. Those are all ________. That's what they live by. Their sole purpose is to survive. [A] That's why it's so easy to train them.

How are we any different? We have the same body parts and functions. And we have the same basic needs, along with the instinct for survival. [B] Like the animals, we react to what happens around us, and we allow ourselves to become conditioned by our environment. [C] And whether we like to admit it or not, we're also easy to train. [D] The only difference is that for us, it doesn't have to be that way. We have more than ________. We have the ability to choose. That's what separates human beings from the animal world. [E] And if we don't exercise that ability, then we're no better off. If all we're doing is surviving, instead of living, we're simply existing.

21 **What is the main idea of the passage?** [3.7점]

① Survival is the ultimate goal for animals.
② Training is essential for behavioral changes.
③ Animals are not much different from one another.
④ Humans should exercise the ability to choose.
⑤ Humans are conditioned by the environment.

22 **Which word is the most appropriate for both blanks?** [2.3점]

① similarities ② behaviors ③ senses
④ habits ⑤ instincts

23 **Choose the most appropriate place to insert the following sentence.** [3.7점]

They react to chance happenings and are conditioned by their environment.

① [A] ② [B] ③ [C]
④ [D] ⑤ [E]

24~26 Read the passage and answer the questions.

Nineteenth-century architect Eugene-Emmanuel Viollet-le-Duc contended that Paris's Notre- Dame cathedral, built in the late twelfth century, was supported from the very beginning by a system of flying buttresses — a series of exterior arches (flyers) and their supports (buttresses) — which Ⓐ permitted the construction of taller vaulted buildings with slimmer walls and interior supports than had been possible previously. Other commentators insist, however, that Notre-Dame did not have flying buttresses until the thirteenth or fourteenth century, when they were Ⓑ eliminated to update the building aesthetically and correct its structural flaws. Although post-twelfth-century modifications and renovations complicate efforts to Ⓒ resolve this controversy — all pre-fifteenth- century flyers have been replaced, and the buttresses have been rebuilt or resurfaced — it is nevertheless possible to tell that both the nave and the choir, the church's two major parts, have always had flying buttresses. It is clear, now that nineteenth-century paint and plaster have been Ⓓ removed, that the nave's lower buttresses date from the twelfth century. Moreover, the choir's lower flyers have chevron (zigzag) decoration. Chevron decoration, which was characteristic of the second half of the twelfth century and was out of favor by the fourteenth century, is entirely Ⓔ absent from modifications to the building that can be dated with confidence to the thirteenth century.

24 What is the purpose of the passage? [2.3점]

① Explaining the artistic value of Notre-Dame
② Discussing the role of flying buttresses
③ Proposing the renovation of Notre-Dame
④ Describing the difference between flyers and buttresses
⑤ Supporting one position in a controversial issue about Notre-Dame

25 Which of the underlined words is not appropriate? [2.3점]

① Ⓐ ② Ⓑ ③ Ⓒ
④ Ⓓ ⑤ Ⓔ

26 According to the passage, which of the following is not true? [3.7점]

① Notre-Dame was constructed in the 12th century.
② All the flyers built before the 15th century have been replaced.
③ The nave and the choir are major parts of the cathedral.
④ The nave's lower buttresses were built in the 12th century.
⑤ Chevron decoration flourished in the 14th century.

27~28 Read the passage and answer the questions.

The arrival of the long-awaited fourth *Matrix* movie will surely spur another round of thinking about a question that philosophers have been kicking around at least since Plato's time: How do we know that our world is real? Nowadays, of course, we're far more likely to consider that a simulated reality would be rendered in bytes rather than shadows on a cave wall. Furthermore, given both the technical progress being made and the business push behind it, we're far more likely than our predecessors to ________. The philosophical implications of such worlds — as well as the possibility we might already be existing within one — are the subject of the philosopher David J. Chalmers's new book *Reality+.* In it, Chalmers, who is a professor of philosophy and neural science at New York University, argues that our thinking about our future virtual lives needn't be rooted in visions of dystopia. Chalmers says, "The possibilities for virtual reality are as broad as the possibilities for physical reality. We know physical reality can be amazing and it can be terrible, and I fully expect the same range for virtual reality."

27 Choose the most appropriate answer to fill in the blank. [5점]

① reject physical reality in a virtual environment
② embrace the prospect of life in a virtual world
③ doubt the possibility of a utopian future
④ deny the technical progress of virtual reality
⑤ further advance science and technology in the physical world

28 **Which of the following is the closest to Chalmers's idea?** [2.3점]

① Our future virtual lives will be bleak.
② The physical world is more vivid and exciting.
③ A virtual world does not resemble Plato's concept of the shadow on a cave wall.
④ A virtual world will have a similar spectrum to our physical world.
⑤ Entrepreneurs should invest more money to advance virtual reality technologies.

29 **Choose the most appropriate answer to fill in the blank.** [5점]

As the age of rail was beginning, political philosopher Karl Marx used the metaphor of its technology as a worldview. It was no more surprising that a mid-nineteenth-century European would use a railway metaphor than it is to hear someone comparing the mind to a computer today. In what became very influential terms, Marx claimed that human society and consciousness are what he called the superstructure, resting on the economic infrastructure of factories, mines and other forms of production. These were terms taken directly from the railway. Infrastructure meant tracks and associated systems, while the superstructure was the train. In short, for Marx, ________.

① the human mind was a mysterious machine
② the human mind was a train running on a set of economic tracks
③ the human mind could not be compared to a technological device
④ the railway was the most important invention of the nineteenth century
⑤ the development of human society was solely dependent on technology

30 Which of the following best fits into Ⓐ, Ⓑ and Ⓒ? [5점]

Let's say you're on your lunch break, and you're walking past a park where a Beethoven symphony is playing. Will you stop and listen? It depends on the meaning you associate to classical music. Some people would drop anything to be able to listen to the valiant strains of the Eroica Symphony. For them, Beethoven equals pure Ⓐ__________. For others, however, listening to any kind of classical music is about as Ⓑ__________ as watching paint dry. Enduring the music would equal a measure of pain, and so they hurry past the park and back to work. But even some people who love classical music would not decide to stop and listen. Maybe the perceived pain of being late for work outweighs the pleasure they would get from hearing the familiar melodies. Or maybe they have a belief that stopping and enjoying music in the middle of the afternoon is wasteful of precious time, and the Ⓒ__________ of doing something frivolous and inappropriate is greater than the pleasure the music can bring. Each day our lives are filled with these kinds of psychic negotiations. We are constantly weighing our own proposed actions and the impact they will have upon us.

① pleasure — confusing — pain
② pain — excruciating — pleasure
③ pain — tedious — pleasure
④ pleasure — mournful — pain
⑤ pleasure — exciting — pain

31 Which of the following is <u>not</u> true about the new greenhouse design in the passage? [3.7점]

For hot desert locations with access to seawater, a new greenhouse design generates freshwater and cool air. Oriented to the prevailing wind, the front wall of perforated cardboard, moistened by seawater, cools and moistens hot air blowing in. This cool, humidified air accelerates plant growth; little water evaporates from leaves. Though greenhouses normally capture the heat of sunlight, a double-layered roof, the inner layer coated to reflect infrared light outward, allows visible sunlight in but traps solar heat between the two layers. This heated air, drawn down from the roof, then mixes with the greenhouse air as it reaches a second seawater-moistened cardboard wall at the back of the greenhouse. There the air absorbs more moisture before being cooled off again when it meets a seawater-cooled metal wall, which causes moisture in the air to condense. Thus distilled water for irrigating the plants collects.

① Its function is keeping the greenhouse cool.
② The double-layered structure of the roof can protect the plants from solar heat.
③ The roof allows visible sunlight into the greenhouse.
④ The metal wall condenses moisture in the air to irrigate the plants.
⑤ The heated air in the roof is instantly pushed out from the greenhouse.

32~33 Read the passage and answer the questions.

Winston Churchill suffered from recurrent, short-lived depressions. He gave them a name: the black dog, a name that had been used by Samuel Johnson before him, and has been used by many others since. Labeling the depression helped him to cope with it and to accept it, knowing that in due course it would go away. Such labeling helps to domesticate the depression so that it becomes, if not a friend, at least an enemy you know and for which, perhaps, you even feel some affection.

When relatively short-lived, recurrent depressions attack you, it may be best to wall them off — to limit or contain them. Then they will take the shortest course. Say to yourself, "Ah, it's my depression again. It will pass away soon as it always does; I've just got to keep going." This is especially helpful for people who tend to get depressed about getting depressed, which is a very common problem and adds insult to injury.

32 Which of the following is the most appropriate title for the passage? [2.3점]

① Samuel Johnson's Black Dog
② How to Deal with Depression
③ Depression Can be Your Friend
④ The Various Faces of Depression
⑤ Words of Wisdom from Winston Churchill

33 Which word best describes the tone of the underlined sentences? [2.3점]

① optimistic ② dejected ③ bitter
④ irritated ⑤ sarcastic

34~35 Read the passage and answer the questions.

To help you get a sense of how vague and complex a term "the metaverse" can be, here's an exercise to try: Mentally replace the phrase "the metaverse" in a sentence with "cyberspace." Ninety percent of the time, the meaning won't substantially change. That's because the term doesn't really refer to any one specific type of technology, but rather a broad shift in how we interact with technology. And it's entirely possible that the term itself will eventually become just as antiquated, even as the specific technology it once described becomes commonplace.

Broadly speaking, the technologies that make up the metaverse can include virtual reality (VR) — characterized by persistent virtual worlds that continue to exist even when you're not playing — as well as augmented reality (AR) that combines aspects of the digital and physical worlds. However, it doesn't require that those spaces be exclusively accessed via VR or AR. A virtual world, like aspects of *Fortnite* that can be accessed through PCs, game consoles, and even phones, could be metaversal.

It also translates to a digital economy, where users can create, buy, and sell goods. And, in the more idealistic visions of the metaverse, it's interoperable, allowing you to take virtual items like clothes or cars from one platform to another. In the real world, you can buy a shirt from the mall and then wear it to a movie theater. Right now, most platforms have virtual identities, avatars, and inventories that are tied to just one platform, but a metaverse might allow you to create a persona that you can take everywhere as easily as you can copy your profile picture from one social network to another.

34 Which is closest in meaning to the underlined word, "antiquated"? [1점]

① profound ② obsolete ③ inimitable
④ momentous ⑤ ostentatious

35 Which of the following is not true according to the passage? [3.7점]

① The term "metaverse" is similar to "cyberspace."
② The metaverse refers to changes in our interactions with technology.
③ The metaverse can only be accessed by using virtual reality and augmented reality.
④ Users can buy and sell products in the digital economy.
⑤ In an idealistic metaversal world, virtual items can be used across different platforms.

(36~38) Read the passage and answer the questions.

In design, production, and trade, England was the frontrunner in the modern clock industry. The English penchant for producing accurate and portable timepieces was perfectly suited for the needs of a growing, mobile population, and the early development of the railroad in Britain provided a catalyst for Britain's market hegemony in the first half of the nineteenth century. Because the safe and predictable operation of railways was highly dependent upon keeping track of time, clocks were posted at intervals throughout the railway system to allow engineers to Ⓐ_________ their chronometers, and telegraph services would periodically wire times to stations throughout the railway system so that clocks could be continually adjusted for accuracy. While this helped prevent accidents and allowed railway companies to keep tighter schedules, it also helped travelers to anticipate arrivals, departures, and connections with greater precision. These developments underpinned a burgeoning awareness of the importance of time throughout society. Thus, train travel Ⓑ_________ the demand for timepieces and bolstered the overall clock industry in England.

However, there were drawbacks to the English system that would be exploited by competitors. Namely, the English market was solely devoted to handmade clocks, and avaricious craftsmen who profited from their esoteric skills viewed mechanization as a threat and actively lobbied against the use of machinery to craft "fake clocks." As a result, British timepieces remained extremely costly to produce. But while the British were Ⓒ_________ toward mechanization, this was not the case in Switzerland, where companies began to experiment with the automated manufacture of individual components, such as plates and wheels. By using machines to fashion some parts, timepieces could be fabricated more quickly and cheaply than British timepieces.

36 Which of the following best fits into Ⓐ, Ⓑ and Ⓒ? [5점]

① regulate — increased — hopeful
② regulate — decreased — sympathetic
③ synchronize — increased — sympathetic
④ synchronize — increased — antagonistic
⑤ normalize — decreased — antagonistic

37 Which is closest in meaning to the underlined word, "avaricious"? [1점]

① rapacious ② ingenious ③ hostile
④ flagrant ⑤ prominent

38 **Which of the following is the most appropriate title for the passage?** [2.3점]

① The Development of the Railway System in England
② The Collapse of Britain's Market Hegemony
③ The History of the British Clock Industry
④ The Mechanization of Swiss Timepieces
⑤ The Rising Awareness of the Importance of Time

39~40 **Read the passage and answer the questions.**

Capitalism is primed for the impact revolution. Our economic system needs to go beyond generating profit alone to generating improvement for people and the planet as well. This transition is being driven by three unstoppable forces. The first force is a massive change in the values of consumers and talent, driving them away from harmful companies and brands. The brightest minds want to work for businesses that create solutions to the big challenges we face. Investors have noticed this powerful trend and understood its implications for profitable investment. More than $40 trillion of environmental, social and governance (ESG) investment is now flowing, aiming to achieve impact in addition to profit. This amounts to half of the capital in the hands of professional asset managers — it is too big to be a flash in the pan.

Technology is the second force. Huge leaps in technology — through artificial intelligence, machine learning, augmented reality and the genome — enable us to deliver impact globally in ways humanity could never previously contemplate. Technology is also driving momentum behind a third powerful force: transparent measurement of the impacts companies create on people and the environment through their operations, employment and products. Huge computing power and big data enable us to translate impacts into monetary terms that investors, consumers and companies can readily understand and compare. Together, these three powerful forces are acting to improve our world.

39 **Which of the following is not true according to the passage?** [3.7점]

① The economic system should solely be bound to generating profit.
② Values are now essential for business.
③ Consumers are turning away from harmful brands.
④ Investors recognize the importance of the impact revolution.
⑤ Technology has become a powerful force in the impact revolution.

40 **Which is closest in meaning to the underlined phrase, “a flash in the pan”?** [2.3점]

① a shocking revelation
② something that is inevitable
③ an unexpected turn of events
④ something that is unlikely to last
⑤ an initial step toward the right direction

"목표를 세우면, 목표가 나를 이끈다."

민○율
경희대학교 태권도학과
편입구분: 일반편입

어휘 학습법

단어는 꾸준함이 가장 중요합니다. 외우고 잊기를 반복하더라도 누적해서 계속 보는 것이 정답입니다. 버스나 지하철 등 이동 시간에 암기하면 효율적이며, 두꺼운 MVP 책은 분철해서 들고 다니는 것이 좋습니다. 깜지 쓰기, 듣기, 말하기 등 오감을 활용한 암기는 효과적이며, 저는 상황에 따라 방법을 바꿔가며 암기했습니다. 하반기에는 어휘 프린트 외우는 데 시간이 걸리므로, 상반기에는 MVP 1·2를 최대한 머릿속에 넣는 것이 좋습니다.

문법 학습법

문법은 정해진 규칙이 있는 과목인 만큼, 이해와 함께 암기가 반드시 필요합니다. 문장의 구성 원리를 근거와 함께 이해했고, 그 내용을 바탕으로 암기했습니다. 특히 동명사와 to부정사처럼 암기형 문제는 비슷한 의미의 동사를 표로 정리해 사진처럼 기억하며 문제에 적용했습니다. 문법은 외운 만큼 점수가 오르는 과목이므로, 끝까지 포기하지 않고 꾸준히 학습하시는 것을 권합니다.

논리 학습법

초반에는 어휘가 부족하니 모르는 단어를 최대한 머릿속에 채운다는 자세로 접근하시고, 하반기에는 시간을 줄이기 위한 전략적 풀이로 전환하길 권합니다. 저는 단어를 외운 뒤 유의어·반의어, 긍정적·부정적 어휘로 나누어 정리하며 복습했고, 이러한 분류가 문제 풀이에 많은 도움이 되었습니다.

독해 학습법

독해는 단어를 많이 안다고 술술 읽히지 않습니다. 개인적으로 독해에 시간이 너무 드는 것이 문제였는데,윤상환 교수님의 숲의 모습을 바탕으로 지문의 전개를 예측하고 중요한 부분만 읽고 넘어가는 스킬을 배우고부터는 시간에 구애받지 않고 문제를 풀 수 있었습니다.우리는 정답을 찾아야 하는 수험생입니다.지문을 읽는 것보다 문제 정답에 빠르게 접근하는 것이 더 중요합니다.

경희대학교

- 2021학년도 인문 · 체육계열
- 40문항 · 90분

어휘

제시어와 가장 가까운 의미를 보기에서 정답으로 고르는 동의어 유형 5문제가 출제되었다. 동의어 유형에서는 replete(=filled), confirmation(=authorization), emit(=release), accede(=consent), fetid(=rotten)가 출제됐다. 문제의 제시어에 비해 보기로 제시된 단어의 수준이 낮아 해당 제시어를 제대로 알고 있는 수험생은 정답을 고르는 데 어려움이 없었을 것이다.

논리완성

단문의 one-blank 유형이 논리완성에서 5문제 출제됐다. 빈칸 다음에 제시된 명사 gibberish(횡설수설)를 통해 이와 의미적으로 호응하는 형용사 incomprehensible(이해할 수 없는)을 고르는 문제, 부연 설명된 마지막 문장의 '상위 1%의 부자가 전 세계 부의 절반을 소유한다'는 내용을 통해, monopolize(독점하다)를 고르는 문제, '생명체가 존재하는 것이 사실상 불가능한 장소 같다'는 내용을 통해, inhospitable(살기 힘든)을 고르는 문제, '개인적인 의견을 논외로 하는 것', '자신의 의견을 유보하는 것'과 관련된 내용을 통해 neutrality(중립성)를 고르는 문제, 수렵 채집 생활방식과 식량을 재배했던 메소포타미아 문명의 대비를 통해 in contrast to(~와는 대조적으로)를 고르는 문제가 출제됐다.

독해

독해는 전체 40문항 중 30문항으로 출제 비중이 가장 높았다. 출제된 내용을 살펴보면, 미국에 1센트짜리 신문이 창간하게 된 배경, 디지털 유령과 소통하게 해주는 메신저 앱을 개발하게 된 이유, 영국 아동도서와 미국 아동도서의 특징 비교, 정보의 양과 결정의 질 사이의 상관관계, 아메리카 대륙에서 사라진 마야문명과 잉카문명의 비교, 글로벌 관광산업의 종말, 신자유주의의 정의, 지식을 추구하는 과정에서 과학자의 사회적 책임, TV에 적합한 외모의 중요성, 프리미어리그의 주요역할, 사람의 본성보다 직함에 더 영향 받는 우리의 행동, 자본주의의 또 다른 면, 1800년대 후반의 고층건물 개발, 세상을 보여주는 사진술과 사실주의 등 경제, 사회, 역사, 예술 등 다양한 분야의 글이 지문으로 출제됐다. 편입영어에서 자주 출제되는 요지, 빈칸, 추론, 일치, 동의어, 문장배열 등 일반적인 독해 유형이 나왔기 때문에, 기존 유형에 맞춰 준비한 수험생이라면 어렵지 않게 느꼈을 것입니다.

KYUNG HEE UNIVERSITY

2021학년도 인문·체육계열

▶ 40문항·90분

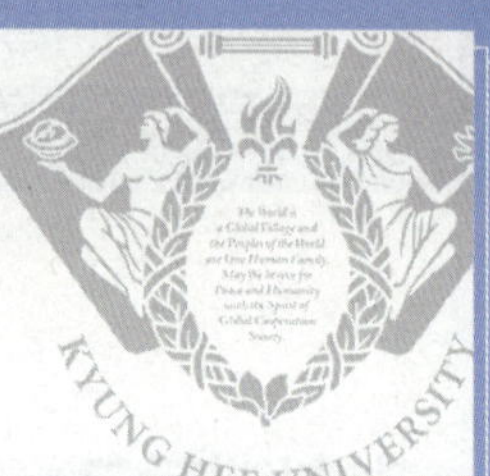

01~05 Choose the answer that is closest in meaning to the underlined word in the sentences below.

01 Homo sapiens is a storytelling animal that thinks in stories rather than in numbers and graphs. We believe that the universe itself works like a story, replete with heroes and villains, conflicts and resolutions, climaxes and happy endings. [2점]

① related ② drawn ③ put
④ filled ⑤ constructed

02 The odds of home assistants accidentally recording conversations are low, and the devices should ask for confirmation before sending information to a third party. [2점]

① authorization ② advice ③ connection
④ privacy ⑤ precaution

03 Astronomers have difficulty detecting black holes since they emit no electronic radiation. Therefore, their presence is inferred by the absence of such radiation or by the drawing of material from a nearby cloud of interstellar matter toward the black hole. [2점]

① expand ② condense ③ release
④ exhaust ⑤ squeeze

04 But the greatest collision between Apple and Google is little noticed. The companies have taken completely different approaches to their shareholders and to the future, one willing to <u>accede</u> to the demands of investors and the other keeping power in the hands of founders and executives. [2점]

① maintain ② seek ③ refuse
④ encourage ⑤ consent

05 Of all the calamities that befell tourists as the coronavirus took hold, those involving cruise ships stood apart. Contagion at sea inspired a special horror, as pleasure palaces turned into prison hulks, and rumors of infection on board spread between <u>fetid</u> cabins via WhatsApp. [2점]

① cozy ② messy ③ clean
④ rotten ⑤ close

06~10 Choose the answer that is most appropriate for the blank.

06 My wife said, "That's definitely your daughter," after our three-year-old muttered ________ gibberish, laughed out loud, and said very proudly, "I made a funny joke!" [2점]

① happy ② incomprehensible ③ negligible
④ clever ⑤ identifiable

07 Globalization has certainly benefited large segments of humanity, but there are signs of growing inequality both between and within societies. Some groups increasingly ________ the fruits of globalization, where billions are left behind. Already today, the richest 1 percent owns half the world's wealth. [2점]

① deteriorate ② modify ③ protest
④ decrease ⑤ monopolize

08 The region deep beneath the ocean's surface is ________ on account of the absolute darkness, the freezing temperatures, the relative lack of food, and the crushing pressure. At first glance, it seems a virtually impossible place for life to exist, yet, as exploratory missions to the deepest parts of the ocean have discovered, it does. [2점]

① inflexible
② invisible
③ incorrigible
④ inhospitable
⑤ inflammable

09 Keep your personal views out of the discussion. ________ on the part of the teacher is the key to a successful discussion of controversial issues. Experts in education recommend that teachers withhold their personal opinions in classroom discussions. [2점]

① Individuality
② Authority
③ Indoctrination
④ Intensity
⑤ Neutrality

10 The people of ancient Mesopotamia were among the first to develop fixed settlements due to an advanced economy that was primarily based on agriculture. ________ earlier societies that relied on a hunter-gatherer lifestyle, the Mesopotamian civilization cultivated barley as an essential food source. [2점]

① In contrast to
② In spite of
③ In addition to
④ Similar to
⑤ In order to

11 **Put the following story into a logical order.** [4점]

Ⓐ Sensing a business opportunity, Benjamin Day established *The Sun*, a newspaper in New York City, in 1833, and he started selling it for a penny per issue.
Ⓑ The main reason was that the cost — six cents — was considered exorbitant.
Ⓒ But large numbers of individuals, particularly those belonging to the working class, did not read newspapers on a daily basis.
Ⓓ This is widely considered to be the first of the penny presses that came to be prevalent during that decade.
Ⓔ In the United States in the 1830s, there was a high rate of literacy amongst all classes of people.

① Ⓐ — Ⓔ — Ⓑ — Ⓒ — Ⓓ
② Ⓔ — Ⓒ — Ⓓ — Ⓑ — Ⓐ
③ Ⓔ — Ⓒ — Ⓑ — Ⓐ — Ⓓ
④ Ⓐ — Ⓔ — Ⓒ — Ⓑ — Ⓓ
⑤ Ⓔ — Ⓐ — Ⓒ — Ⓓ — Ⓑ

12 Put the following story into a logical order. [4점]

Ⓐ Inspired by an episode of the show "Black Mirror" in which a young woman, Martha, shattered by the loss of her boyfriend Ash, installs an app that allows her to keep communicating with him, Eugenia decided to modify Luka.

Ⓑ The app would become a functional version of the software imagined by the creators of "Black Mirror": a tool that would allow her to communicate with Roman's digital ghost.

Ⓒ In the days following his death, Roman's friend Eugenia Kuyda reread thousands of text messages that she had exchanged with him starting in 2008, the year they met.

Ⓓ On November 28, 2015, a young Belarusian man died when he was run down by a car in Moscow. His name was Roman Mazurenko and, barely into his 30s, he was already a tech entrepreneur and a legendary figure in the city's cultural and artistic circles.

Ⓔ Eugenia, who was herself an entrepreneur and software developer, had been working on a messenger app called Luka that used AI to emulate human dialogue.

① Ⓔ — Ⓓ — Ⓐ — Ⓑ — Ⓒ
② Ⓔ — Ⓓ — Ⓐ — Ⓒ — Ⓑ
③ Ⓓ — Ⓒ — Ⓔ — Ⓐ — Ⓑ
④ Ⓓ — Ⓒ — Ⓔ — Ⓑ — Ⓐ
⑤ Ⓐ — Ⓑ — Ⓒ — Ⓔ — Ⓓ

13 Choose the statement that CANNOT be inferred from the passage below. [4점]

The small island of Great Britain is an undisputed powerhouse of children's bestsellers: *Alice in Wonderland, Winnie-the-Pooh, Peter Pan, The Hobbit, Harry Potter* and *The Chronicle of Narnia*. Significantly, all are fantasies. Meanwhile, the United States, also a major player in the field of children's classics, deals much less in magic. Stories like *The Call of the Wild, Charlotte's Web, and The Adventures of Tom Sawyer* are more notable for their realistic portraits of day-to-day life in the towns and farmlands on the growing frontier. If British children gathered in the glow of the kitchen hearth to hear stories about magic swords and talking bears, American children sat at their mother's knee listening to tales larded with moral messages about a world where life was hard, obedience emphasized, and Christian morality valued. Each style has its virtues, but the British approach undoubtedly yields the kinds of stories that appeal to the furthest reaches of children's imagination.

① American stories are based upon Christian morality.
② American stories teach how to endure the hardship of life.
③ British stories make their readers imagine what does not exist in real life.
④ British stories never have realistic characters.
⑤ American stories seldom have a link with pagan folklore.

14~15 Read the passage and answer the questions.

One of the primary reasons to be concerned about too much information being accessible to young people is the possibility of negative effects on decision-making. An individual's ability to make adequate decisions heavily depends on the amount of information that person is exposed to. Life experience suggests that more information Ⓐ__________ the overall quality of decisions. If a decision-maker gets too little information, he or she can't see the full picture and runs the risk of making a decision without having taken important information into account. But the positive Ⓑ__________ between the amount of information and the quality of decision-making has limitations. At some point, additional information may result in information overload, with consequences that include confusion, frustration, panic, or even paralysis. Like the rest of us, young people face the paradox of choice.

14 Which would be the most logical conclusion to the passage above? [3점]

① Information overload is often useful for decision-making.
② The more the options, the greater the chance that a person will make no decision at all.
③ One can never have too much information.
④ If you have more life experience, you can make better decisions.
⑤ If you have too little information, you will make bad decisions.

15 Which of the following best fits into Ⓐ and Ⓑ? [2.5점]

① increases — equality
② decreases — correlation
③ increases — coexistence
④ decreases — coexistence
⑤ increases — correlation

16~18 Read the passage and answer the questions.

The arrival of the Spanish conquistadors in the New World permanently and drastically reshaped the culture and the lives of the indigenous populations, leading to the disappearance of two of the greatest civilizations in the Americas, the Inca and the Maya, shortly after the Europeans discovered them. They left remarkable cities, with few records about the vanished inhabitants, forcing archaeologists to try to piece together what remains in an attempt to learn more about these lost civilizations.

The majority of the information that has been collected came from the ruins of their cities, which have withstood the passage of time since they worked primarily with stone. Yet, while both used the same material, <u>they</u> integrated their cities very differently into the surrounding environment. For the Inca, their skill enabled them to accomplish this almost seamlessly by sculpting nearby objects and incorporating terraces into their cities for use as farms or gardens. In comparison, Mayan urban planning appears almost <u>haphazard</u>. While lacking the extensive road system and organized layout of the Incans, Mayan cities tended to grow more organically from a central plaza that contained the most important buildings.

16 **What can be inferred from the passage?** [3점]

① All traces of the Incan and Mayan cities have vanished.
② Two of the greatest civilizations in the Americas, the Inca and the Maya, disappeared before the arrival of the Spanish conquistadors.
③ Both the Inca and the Maya used stone to build their cities.
④ The Incan and Mayan cities used similar ways to integrate their cities into the surrounding environment.
⑤ It is impossible for archaeologists to learn more about Incan and Mayan civilizations.

17 **What does the underlined word, "<u>they</u>," in paragraph 2 refer to?** [2점]

① ruins
② Spanish conquistadors
③ archaeologists
④ the Inca and the Maya
⑤ the Europeans

18 **The underlined word, "<u>haphazard</u>," is closest in meaning to ________.** [2점]

① limited ② perpendicular ③ random
④ meticulous ⑤ conventional

19~21 Read the passage and answer the questions.

Destructive though it is, the coronavirus has offered us the opportunity to imagine a different world — one in which we start decarbonizing, and staying local. The absence of tourism has forced us to consider ways in which the industry can diversify, <u>indigenize</u> and reduce its dependency on the all-singing, all-dancing carbon disaster that is global aviation.

For Komodo in Indonesia the alternative ending involves fewer visitors paying more to visit the national park while the surrounding communities develop the fishing and textile industries that have kept them going for centuries. In Georgia's Svaneti region, where the lure of tourist dollars has drawn people to abandon animal husbandry in favour of opening guesthouses and cafes, Tsotne Japaridze told me the crisis could be a "lesson not to forget their traditional means of making a living".

More broadly, tourism must be valued not as a quickfire source of foreign exchange, but as an integrated part of a nation's economy, subject to the same forward planning and cost-benefit analysis as any other sector. In places where tourism is too dominant, it needs to shrink. All this needs to happen in tandem with wider efforts to decarbonize society.

19 Choose the most appropriate title for the passage above. [2.5점]

① The Crisis of Local Economy
② The End of Global Tourism
③ Reviving A Traditional Way of Life
④ How to Decarbonize Transportation
⑤ What is Environment-friendly Tourism

20 Which is closest in meaning to the underlined word? [2점]

① localize ② broaden ③ deepen
④ familiarize ⑤ eliminate

21 The tone of the author is ________. [2점]

① sarcastic ② critical ③ aggressive
④ pessimistic ⑤ confident

22~24 Read the passage and answer the questions.

Peering through the lens of neoliberalism, you see how, no less than the welfare state, the free market is a human invention. You see how pervasively we are now urged to think of ourselves as proprietors of our own talents and initiative, how glibly we are told to compete and adapt. You see the extent to which a language formerly confined to chalkboard simplifications describing commodity markets (competition, perfect information, rational behaviour) has been applied to all of society, until it has invaded the grit of our personal lives, and how the attitude of the salesman has become enmeshed in all modes of self-expression.

In short, "neoliberalism" is not simply a name for pro-market policies, or for the compromises with finance capitalism made by failing social democratic parties. It is a name for a premise that, quietly, has come to regulate all we practise and believe: that competition is the only legitimate organizing principle for human activity. Ⓐ__________ had neoliberalism been certified as real, and Ⓐ__________ had it made clear the universal hypocrisy of the market, Ⓑ__________ the populists and authoritarians came to power.

22 Which of the following best describes a human being in neoliberalism society? [2.5점]

① calculator of profit-and-loss
② bearer of free will
③ seeker of God's grace
④ business partner
⑤ consumer of luxury products

23 Choose the most appropriate set of words for blanks Ⓐ and Ⓑ. [2.5점]

① Ⓐ no less — Ⓑ than
② Ⓐ no more — Ⓑ than
③ Ⓐ not so much — Ⓑ as
④ Ⓐ not any more — Ⓑ than
⑤ Ⓐ no sooner — Ⓑ than

24 The underlined word is closest in meaning to ______. [2점]

① conductor ② creator ③ seeker
④ owner ⑤ designer

25~26 Read the passage and answer the questions.

Every citizen has to be accountable for his or her deeds. We all have responsibilities to our peers. This responsibility weighs particularly heavily on scientists precisely because of the Ⓐ__________ role played by science in modern society. Scientists understand technical problems and predictions better than the average politician or citizen, and knowledge brings responsibility. While their main purpose is to push forward the frontiers of knowledge, this pursuit should contain an element of pro-social utility, that is, Ⓑ__________ to the human community. This means giving some precedence to projects likely to advance the welfare of humankind and the environment, and a total ban on those likely to do harm.

25 What is the main idea of the above passage? [3점]

① The average politician does not need to understand technical problems.
② All citizens have responsibilities to other members of society.
③ The scientist must recognize his or her social responsibility when pursuing knowledge.
④ Scientists have a better understanding of technical problems than most people.
⑤ Scientists must prioritize the pursuit of knowledge.

26 Which of the following best fits into Ⓐ and Ⓑ? [2.5점]

① surprising — harm
② insignificant — harm
③ dominant — harm
④ insignificant — benefit
⑤ dominant — benefit

27~28 Read the passage and answer the questions.

We see the importance of media in the fact that a camera-friendly style and appearance greatly enhance a candidate's chance of success. Looking and acting comfortable on camera can aid a candidate's cause. An early indication of the importance of appearance was the infamous presidential debate between Kennedy and Nixon in 1960. The debate was televised, but Nixon declined to wear the heavy makeup that aides recommended. On camera, he appeared haggard and in need of a shave, while Kennedy's youthful and vibrant appearance was supported by the layer of television makeup he wore. The significance of this difference in appearance became apparent after the debate. Polls showed that a slim majority of those who heard the debate on the radio thought Nixon had won, while an equally slim majority of those who watched the debate on television gave the edge to Kennedy. After this dramatic event, the fear of not performing well in televised debates so intimidated presidential hopefuls that it was 16 years before another debate was televised.

27 **The underlined word, "haggard," is closest in meaning to ________.** [2점]

① angry ② perplexed ③ dirty
④ exhausted ⑤ sleepy

28 **What is the main idea of the passage?** [3점]

① The appearance of politicians is important. It is important to be telegenic in contemporary politics.
② People who watched the debate on television preferred Kennedy because he was a better speaker.
③ The presidential debate in 1960 was unsuccessful.
④ Media coverage of presidential elections is biased.
⑤ Presidential debates should not be televised because it produces unfair results.

29 Choose the statement that can be BEST inferred from the passage below. [3점]

The Premier League is a much smaller sporting government than any of its US counterparts. It is first and foremost a media-rights-selling organization that happens to provide 20 clubs with a platform, referees and a ball. The organization has six league-wide sponsors in obvious categories such as official timekeeper and official snack, and a ball contract with Nike that has quietly hummed along since 2000. The NFL, by contrast, had 32 league-wide sponsors in 2015, including an official soup.

The most profitable sporting organization to come out of England isn't in the business of peddling merchandise either. It won't sell you a baseball cap or scarf. It leaves that entirely to the clubs. The Premier League's website does not even have a shop. That's why the whole operation can be happily contained in a single office that almost nobody knows is there. But ever since 2005, that humble residence at Gloucester Place has served as mission control for the Premier League's quest for global domination.

① A Premier League club cannot directly sell a cap to the fans.
② Online shops are only found at each club website.
③ All the clubs have their offices at Gloucester Place.
④ The Premier League is the most profitable sporting organization in the world.
⑤ The Premier League has more global sponsors than the NFL.

30~32 Read the passage and answer the questions.

I recently talked with a friend who is a faculty member at a well-known university. My friend travels frequently and he often chats with strangers in bars, restaurants, and airports. He says that he has learned through much experience never to use his title — professor — during these conversations. When he does, he reports, the tenor of the interaction changes immediately. People who have been spontaneous and interesting conversation partners for the prior half hour become respectful, accepting, and dull. His opinions that earlier might have produced a lively exchange now usually generate extended statements of accord. He says to me, "I'm still the same guy they've been talking to for the past thirty minutes, right?" My friend now regularly lies about his occupation in such situations.

30 **What is the main idea of the passage?** [2.5점]

① Do not boast of your occupation when you meet strangers.
② It is dangerous to give out personal information when chatting with strangers in bars, restaurants, and airports.
③ You can offend people by using your title during a conversation.
④ Even interesting conversations can become dull after thirty minutes.
⑤ Our actions are frequently more influenced by a title than by the nature of the person claiming it.

31 **The underlined word, "tenor," is closest in meaning to ________.** [2점]

① burden ② evolution ③ atmosphere
④ theme ⑤ purpose

32 **Which word best describes the tone of this underlined sentence?** [2점]

① furious ② sad ③ overjoyed
④ bewildered ⑤ sentimental

33~34 Read the passage and answer the questions.

Capitalism and the economic growth it drove is what made the U.S. the world's preeminent superpower in the latter half of the 20th century. But there's the flip side to U.S.-style capitalism. This capitalist, individualist economic system generates tremendous amounts of wealth, but it has also resulted in an average American worker with less of a social safety net, not to mention a political system more prone to capture by moneyed special interests. [A] Again, this is not something new that suddenly appeared with Trump's arrival at the White House. Yet while U.S. capitalism has long allowed for inequality of outcomes, in the last thirty years we've increasingly seen the rise of inequality of opportunity as well. [B] And it's accelerating. 30 years ago, when we spoke about those who lost out from capitalism, we usually referred to a specific set of blue-collar workers left behind by free trade. [C] But now we are getting to the point where automation and AI are slowly looking to displace a far wider set of workers, and across socio-economic classes. [D] As the rise of politicians like Bernie Sanders shows, this is as much a concern for voters on the left side of the political spectrum as it is on the right. [E] The end result is a more divided electorate, fueled by fear about how they are going to survive in an American future that gives the have's more and the have-not's less, with less prospect of moving from one group to the other.

33 Choose the most appropriate place to insert the following sentence. [4점]

This latter form is more devastating — when people feel that they never even got a shot to compete, let alone to succeed, they get angry.

① [A] ② [B] ③ [C] ④ [D] ⑤ [E]

34 Which of the following is not true according to the passage? [2.5점]

① The inequality of opportunity has increased in the last thirty years.
② This capitalist, individualist economic system resulted in a political system more prone to capture by moneyed special interests.
③ Automation and AI will only displace a specific set of blue-collar workers.
④ The acceleration of inequality is one reason why the U.S. is so divided at the moment.
⑤ Many American workers on both sides of the political spectrum fear for their survival.

35~37 Read the passage and answer the questions.

> Rapid industrialization in the late 1800s centralized businesses into urban centers suddenly dense with teeming masses of rural migrants attracted by the economic boom of the time. Although real estate prices skyrocketed, demand outpaced supply — a conundrum solved by Ⓐ_________ limited spaces with the unprecedented concept of vertically-designed buildings.
>
> In the beginning, the construction of tall buildings was limited to certain heights because most of the technologies needed to accommodate taller ones simply did not exist. First, early elevator systems were clumsy, so the idea of running up and down dozens of flights of stairs on a daily basis seemed like Ⓑ_________. Next, water pressure potency at the time could only pump water to heights of about 50 feet, making high-rise plumbing facilities a <u>pipe dream</u>. Finally, limited awareness about the importance of structural support beams meant that most early models were entirely supported by a thick base of solid brick, load-bearing walls.

35 Which of the following best fits into Ⓐ and Ⓑ? [2.5점]

① maximizing — fantasy
② minimizing — common sense
③ minimizing — fantasy
④ minimizing — lunacy
⑤ maximizing — lunacy

36 The underlined phrase, "<u>pipe dream</u>," is closest in meaning to _________. [2점]

① fantastic notion
② financial difficulty
③ technical problem
④ structural issue
⑤ urban legend

37 Which of the following is the most appropriate title for the above passage? [2.5점]

① Industrialization and Real Estate
② The Development of Skyscrapers
③ The Invention of Elevators
④ Rural Migrants in Urban Centers
⑤ Understanding Urban Spaces

38~40 Read the passage and answer the questions.

[A] Photography is in many ways the mechanical realization of perspective, and its effect on painting was profound. [B] With the development of a camera device that could produce realistic images of the world, the social role of painting changed dramatically. [C] Ⓐ________ painting had functioned throughout most of Western history as a means to produce an idealized view of the world, specifically through the world view of the Church, it had become increasingly a tool of realism after the invention of perspective. The invention of photography was greeted by such proclamations of its verisimilitude, that some even suggested it had redefined human vision altogether. [D] Many thus felt that the camera could do a "better" job of producing realistic images of the world than a painting, and this allowed painters to think of painting in new ways not always tied to realism or to the ideology of fixed perspective. [E]

38 Where does the following sentence fit best in the passage? [4점]

French writer Emile Zola even wrote at the time, "We cannot claim to have really seen anything before having photographed it."

① [A] ② [B] ③ [C]
④ [D] ⑤ [E]

39 Choose the best title for the above passage. [2.5점]

① Realism and Photography
② The Invention of Perspective
③ Painting and Western History
④ Emile Zola and Photography
⑤ The Development of Human Vision

40 Which of the following is most appropriate for the blank Ⓐ? [2점]

① Consequently ② Despite ③ Whereas
④ Therefore ⑤ However

K I M Y O U N G

영어 기출문제 해설집

2026 경희대학교

해설편

TEST p. 8~23

01	②	02	④	03	③	04	②	05	①	06	④	07	⑤	08	①	09	③	10	③
11	④	12	⑤	13	①	14	②	15	⑤	16	④	17	⑤	18	④	19	③	20	②
21	③	22	②	23	③	24	④	25	⑤	26	④	27	⑤	28	①	29	③	30	④
31	①	32	④	33	⑤	34	⑤	35	④	36	③	37	②	38	②	39	①	40	③

01 동의어 ②

| 어휘 |

outgoing a. 물러나는, 외향적인 **year-end** n. 연말 **fundraising** n. 모금 **obviate** v. 제거하다(= eliminate) **compromise** v. 손상시키다, 합의하다 **exasperate** v. 격분하다 **supplant** v. 대체하다 **accelerate** v. 가속화하다

| 해석 |

퇴임하는 CEO의 후한 기부 덕분에 연말 기금 모으기의 필요성이 없어졌다.

02 동의어 ④

| 어휘 |

political faction 정치 파벌 **acquiesce** v. 묵인하다, 묵묵히 따르다(= assent) **delineate** v. 상세히 기술하다 **prolong** v. 연장하다 **recuperate** v. 회복하다[되찾다]

| 해석 |

내년도 예산안이 부결될 것이라는 예상과는 달리, 여러 정치 파벌들은 묵묵히 따라서 단일 표결로 예산안을 통과시켰다.

03 동의어 ③

| 어휘 |

disclose v. 밝히다 **predilection** n. 매우 좋아함, 편애(= partiality) **biographical** a. 전기(傳記)의 **aversion** n. 혐오 **disdain** n. 경멸 **contempt** n. 멸시 **supposition** n. 추정

| 해석 |

그 작가는 비록 최근 몇 년간 발표한 작품들이 전기 소설 쪽에 기울어져 있지만, 시(詩)에 대한 편애를 갖고 있다고 한 인터뷰에서 털어놓았다.

04 동의어 ②

| 어휘 |

brooding a. 음침한, 고민에 잠긴(= pensive) **attractive** a. 매력적인 **untroubled** a. 고요한, 흔들림 없는 **respectable** a. 존경할 만한 **buoyant** a. 자신감에 차 있는, 부력의

| 해석 |

TikTok에는 제인 오스틴과 그녀의 작품에 관한 수십만 개의 동영상이 올라와 있는데, 그 중 상당수는 그녀의 고민에 잠긴 로맨틱 영웅 Mr. Darcy(오만과 편견의 남자 주인공)에 관한 것이다.

05 동의어 ①

| 어휘 |

bland a. 단조로운 **reassuringly** ad. 안심시키게 **embedded** a. 내장된 **foreboding** n. 불길한 예감(= apprehension) **inform** v. 특징짓다 **precipice** n. 절벽, 벼랑 **desiccation** n. 건조 **aspiration** n. 열망, 포부 **devotion** n. 헌신 **contradiction** n. 모순

| 해석 |

공항은 무섭지 않다. 의도적으로 단조롭고, 길을 찾아가기에 간단하며, 안심이 될 정도로 비슷한 모습이다. 진정 무서운 것은 모든 여정에 내재된 '불확실성'이며, 지평선은 정확하게 눈에 보이는 그대로 절벽이라고 단순히 가정해버린 평평한 지구 이론의 특징이 된 막연한 예감이다.

06 동의어 ④

| 어휘 |

oceanographer n. 해양학자 **impervious** a. 영향 받지 않는(= immune) **sensitive** a. 민감한 **accessible** a. 접근할 수 있는 **susceptible** a. 예민한 **responsive** a. 반응하는

| 해석 |

북태평양 해저에 있는 물 대부분은 최소 800년 동안 햇빛에 노출된 적이 없으며, 일부는 2,000년 이상 그곳에 머물러 있다. 이에 따라 해양학자들은 해저 층의 온도가 안정적이고 대기 온난화의 영향을 받지 않을 것이라고 생각해왔다.

07 동의어 ⑤

| 어휘 |

surge n. 급증 **postgraduate** n. 대학원생 **dole out** 나누어 주다(= grant) **hoard** v. 비축하다 **conceal** v. 감추다 **withhold** v. 유지하다 **relinquish** v. 포기하다

| 해석 |

영국에서는 외국 학생들로부터의 수요 급증으로 인해 대학원 교육이 크게 성장했다. 현재 영국 대학들은 학부 학위 5개당 대학원 학위 4개를 수여하고 있다.

08 동의어 ①

| 어휘 |

driver n. 동인(動因), 추진 요인 **connective tissue** 결합 조직 **inexhaustible** a. 지칠 줄 모르는(= indefatigable) **measurable** a. 측정할 수 있는 **depletable** a. 소모성의 **unifying** a. 통합하는 **constrained** a. 강요된, 부자연스러운

| 해석 |

20세기 대중문화의 가장 중요한 주역 중 한 명인 퀸시 존스가 11월 3일 91세의 나이로 세상을 떠났다. 음악 제작자, 작곡가, 경영자였던 그는 여러 시대와 음악 스타일을 연결하는 가교 역할을 했다. 음악적 감각이 뛰어난 귀, 지칠 줄 모르는 작업 윤리, 음악사와 신기술에 대한 헌신으로, 그는 수십 년간 미국 대중음악의 중심을 정의했다.

09 논리완성 ③

| 분석 |

두 번째 문장의 the genre는 첫 문장의 Romance를 가리키며, 첫 문장에서 '이것이 페이지 위의 글을 뇌 속의 쾌락 화학물질로 바꾸는 마법과 같다.'고 했는데, 여기서 뇌는 독자들의 뇌이므로 독자들에게 쾌락을, 즉 갈망과 해방의 감각과 미학을, 불러일으킨다는 말이 된다. 따라서 빈칸에는 conjuring이 적절하다.

| 어휘 |

composition n. 구성, 작문 **pleasure chemical** 쾌락 화학물질 **trope** n. 수사, 비유적 용법 **sensation** n. 감각, 감동 **aesthetics** n. 미학 **longing** n. 갈망 **release** n. 해방 **spell** n. 마법의 주문 **repel** v. 추방하다 **smother** v. 질식시키다 **conjure** v. 마술을 하다, 떠올리게 하다 **thwart** v. 방해하다, 반대하다 **obstruct** v. 가로막다

| 해석 |

로맨스는 무엇보다도 감정적인 작문이다. 그것은 페이지 위의 글을 뇌 속의 쾌락 화학물질로 바꾸는 마법 같은 책략이다. 이 장르의 비유 용법과 전통은 수백 년에 걸쳐 단순히 갈망과 해방의 감각과 미학을 흉내 낼 뿐 아니라 독자에게 실제로 그 감각과 미학을 불러일으켜온 관행을 나타낸다. 이 마법이 효과를 발휘하려면 독자의 전적인 신뢰가 필요하다.

10 논리완성 ③

| 분석 |

빈칸에는 첫 문장의 the professor wandered from the subject와 관련된 '주제에서 벗어난 이야기'를 의미하는 단어가 들어가야 하므로 digressions가 적절하다.

| 어휘 |

wander v. 헤매다, 방랑하다 **incantation** n. 주문 **periphery** n. 주변부 **digression** n. (이야기가) 주제에서 이탈함, 여담, 딴소리 **altercation** n. 논쟁 **modification** n. 수정, 변경

| 해석 |

학생들은 교수의 이야기가 주제에서 벗어났는데도 전혀 개의치 않았다. 주제에서 이탈한 그의 이야기가 종종 그날의 주제보다 더 흥미롭고 더 기억에 잘 남았다.

11 논리완성 ④

| 분석 |

첫 문장의 but 앞에서 새로운 시스템인 태양광과 에너지 저장의 증가가 가져다주는 전력 수급 관리상의 이점을 언급했으므로, 역접의 but 다음에서는 새로운 시스템의 허가 절차와 관련된 단점이 기술되어야 한다. 따라서 빈칸에는 '번거롭다'는 의미의 cumbersome이 적절하다.

| 어휘 |

residential a. 거주의 **local utilities** 지방 공기업, 공익기관 **spike** n. 급증, 급등 **entities** n. 기관, 단체 **exemplary** a. 모범적인 **improvident** a. 앞날을 생각지 않는 **cumbersome** a. 번거로운 **utilitarian** a. 공리적인

| 해석 |

가정용 태양광과 에너지 저장의 대폭적인 증가는 지역 공익기관들이 증가하는 수요와 사용량 급증을 더 잘 관리하는 데 도움이 될 것이지만, 새로운 시스템을 허가받는 절차는 여전히 번거롭다. 대부분의 공익기관들은 새로운 시스템 설치에 대한 인센티브를 제공하지 않고, 설치 과정도 쉽게 해주지 않으며, 전력 회사와 지방 정부를 포함한 여러 기관의 승인을 받아야 하는 것도 도움이 되지 않는다.

12 논리완성 ⑤

| 분석 |

Ⓐ "팬들은 끊임없이 토론하며 온라인에서 단서를 찾아다녔고, 탐사전문 기자들도 이 미스터리를 풀기 위해 노력했지만 성과는 없었다."라는 단서로부터 빈칸에 '당황케 했다(perplexed)'는 표현이 와야 함을 추론할 수 있다. Ⓑ 팬들이 이 사람의 정체를 놓고 온라인상에서 끊임없이 토론을 벌이고 단서를 찾으려 했는데, 토론과 유사한 노력은 그의 정체와 관련하여 논리적으로 타당한 설명을 제시하는 이론화(theorized)일 것이다.

| 어휘 |

cryptocurrency n. 가상화폐 **investigative journalist** 탐사 전문기자 **matter** v. 중요하다 **imbue** v. 가득 채우다 **mute** v. 소리를 줄이다 **rescind** v. 폐지하다 **dismay** v. 실망하다 **confirm** v. 확인하다 **divert** v. 주의를 돌리다 **perplex** v. 당황케 하다 **theorize** v. 이론화하다

| 해석 |

비트코인의 창시자 '사토시 나카모토'는 누구일까? 이 질문은 2009년에 그 사용자 이름의 인물이 비트코인을 창안한 이후로 암호화폐 열광자들을 당황케 하고 흥분시켜왔다. 팬들은 끊임없이 이론을 세우고, 토론하며 온라인에서 단서를 찾아다녔고, 동시에 탐사전문 기자들도 이 미스터리를 풀기 위해 노력했지만 성과는 없었다. 그가 누구냐는 질문에 대한 답이 중요한 이유는 사토시의 아이디어가 거의 종교적일 정도의 의미를 갖고 있기 때문이며, 또한 그가 누구든 약 600억 달러(약 72조 원) 상당의 비트코인을 보유 중이기 때문이다. 이 액수라면 이 사람은 생존 인물 중 25위의 부자가 될 것이다.

13 논리완성 ①

| 분석 |

Ⓐ rather than은 대조, 상반의 의미를 갖는다. 따라서 빈칸에는 객관적인 '물적 증거'와 반대되는 의미를 갖는 주관적인 자백(confession)이 적절하다. Ⓑ 앞 문장 내용의 요지는 일본 검찰이 물적 증거보다 자백에 더 의존한다는 것이다. 자백은 곧 자신의 죄에 대한 인정(admission)이다.

| 어휘 |

lenient a. 관대한 **lock up** 가두다, 감금하다 **offender** n. 법위반자 **stern** a. 엄중한 **prosecutor** n. 검사 **go after** 추적하다 **confession** n. 자백 **admission** n. 인정 **witness** n. 목격자, 증인 **retaliation** n. 보복 **investigation** n. 조사 **rehabilitation** n. 재건, 회복 **denial** n. 부인, 거부 **arrest** n. 체포

| 해석 |

몇 가지 점에서 일본은 관대한 나라다. 범죄율이 낮고 다른 선진국에 비해 훨씬 적은 수의 국민을 구금한다. 죄를 인정하고 사과하는 경범죄자들은 종종 엄중한 경고만 받고 풀려난다. 하지만 검찰이 누군가를 기소하기로 마음먹으면, 그들은 특별한 권한을 행사한다. 다른 선진국과 달리 일본 검찰은 물적 증거보다 자백에 크게 의존한다. 일본에서 10건 중 9건의 사건은 여전히 용의사의 자백에 의해 결정된다.

14~15

2020년, 피지는 자체적인 오염 문제를 관리하기 위해 일회용 플라스틱에 대한 금지 조치를 시행했다. 특히 (플라스틱) 물병은 (이 조치에서) 제외되었는데, 이는 주요 도시 밖에서는 깨끗한 식수에 대한 접근성이 제한되어 있기 때문이고, 또한 물병(생수)을 수출하는 나라에서 물병을 금지하는 것은 비현실적이기 때문이기도 하다. 지속 가능성 문제에 대한 압박 아래서, 피지 최대 생수 수출업체인 Fiji Water사는 물병 되사기 프로그램을 시작했다. 하지만 피지에서는 Fiji Water사 물병의 23%만 반환되고 있다. 이는 매우 저조한 수치이지만, 전 세계 플라스틱 재활용 평균보다는 여전히 나은 수준이다. Fiji Water사의 자발적인 프로그램은 의회에서 검토 중에 있는 전국적인 병 보증금 제도의 전조(효시)이다. 미비점들은 아직 해결 중인 상태에 있다. 피지에서 5센트(병당 환급금)는 수집 센터 근처에 사는 주민들에게 병을 반납할 인센티브로 충분할 수 있겠지만, 멀리 떨어진 섬 지역 주민들이 플라스틱을 중앙 집중화된 장소로 가져오게 하기에는 충분하지 않을 것이다.

| 어휘 |

implement v. 실행하다 **single-use** a. 일회용의 **sustainability** n. 지속가능성 **buyback** n. 되사기, 환수매입 **precursor** n.

전조; 선구자, 선봉 **bottle-deposit scheme** (빈)병 보증금 제도 **parliamentary review** 의회 검토 **kink** n. 뒤틀림, 삐뚤어짐 (문제점) **work out** 해결하다 **collection center** (빈병) 수거 센터

14 빈칸완성 ②

| 분석 |

Ⓐ "이는 주요 도시 외곽에서 깨끗한 식수에 대한 접근성이 제한되어 있기 때문이다. 또한 물병(생수)을 수출하는 나라에서 물병(생수를 담는 물병)을 금지하는 것은 비현실적이기 때문이기도 하다."라는 단서로부터 물병이 일회용 플라스틱 사용 금지 조치에서 면제되었음을 추론할 수 있다. Ⓑ "하지만 피지에서는 Fiji Water사 물병의 23%만 반환되고 있다"라는 단서로부터 피지에서 플라스틱 병의 수거율이 낮다는 것을 알 수 있다. 이 글의 문맥에서 'abysmal'은 '극히 나쁜, 극히 저조한'이란 의미로 쓰이고 있다.

빈칸 Ⓐ와 Ⓑ에 들어갈 말로 가장 적절한 것은?
① 인정[인식]하다 — 감탄[존경]스러운
② 면제하다 — 최악의, 최저의
③ 배제하다 — 인공의
④ 포함하다 — 받아들일 수 있는
⑤ 교역하다 — 배타적인

15 빈칸완성 ⑤

| 분석 |

빈칸 Ⓒ가 들어 있는 마지막 문장은 역접의 연결사 but으로 이어져 있으므로 but 앞에 있는 절과 but 뒤에 있는 절의 내용이 서로 반대되어야 한다. 따라서 빈칸 Ⓒ에는 '수집 센터 근처에 사는 주민들'과 반대되는 표현인 ⑤가 적절하다.

빈칸 Ⓒ에 들어갈 어구로 가장 적절한 것은?
① Fiji Water사의 노동자들
② 해외 수입자들
③ 정부관리들
④ 물병 생산자들
⑤ 멀리 떨어진 섬 지역 주민들

16~17

수천 년 동안 사람들은 에너지 생산 역사상 가장 중요한 발명품과 매일 매일 마주하고 있었지만, 그것을 알아차리지 못했다. 주부나 하인이 차를 끓이기 위해 주전자를 (스토브에) 올려놓거나 감자를 가득 담은 냄비를 스토브에 올려놓을 때마다, 그것은 그들의 눈을 똑바로 쳐다보았다. 물이 끓는 순간 주전자나 냄비의 뚜껑이 펄쩍 뛰었다. 그것은 열이 운동으로 전환되는 것이었다. 하지만 특히 냄비를 깜빡 잊고 있었는데 물이 끓어 넘치는 경우, 냄비 뚜껑이 튀어 오르는 것은 성가신 일이었다. (모두 성가시게만 여겼지) 아무도 그 잠재력을 알아보지 못했다.
열을 운동으로 전환하는 부분적인 혁신은 9세기 중국에서 화약이 발명된 후에 이루어졌다. 처음에는 화약을 이용해서 발사체를 추진한다는 아이디어가 너무나도 반(反)직관적이어서 수세기 동안 화약은 주로 화염 폭탄을 만드는 데만 사용되었다. 그러나 마침내 — 아마도 어떤 폭탄 전문가가 절구 안에서 화약을 갈다가 절구 공이가 힘차게 튀어나간 후에야 — 총이 등장하게 되었다. 화약이 발명되고 효과적인 대포가 개발되기까지 약 600년의 시간이 흘러야 했다.

| 어휘 |

convert v. 전환되다 **annoyance** n. 성가심 **potential** n. 잠재성 **breakthrough** n. 돌파구 **gunpowder** n. 화약 **fire bomb** 화염 폭탄 **projectile n.** (총알 같은) 발사체 **ground** v. 갈다, 빻다 **mortar** n. 절구 **pestle** n. 절구 공이 **artillery** n. 대포, 포병대

16 빈칸완성 ④

| 분석 |

so~that …은 '인과'관계를 나타내는데, 결과에 해당하는 that 절에서 화약이 수세기 동안 발사체를 추진하는 데 사용되지 못하고 화염폭탄으로만 쓰였다고 한 것은 화약이 발사체를 추진한다는 것은 상식이나 직관에 벗어나서 쉽게 생각할 수 없었기 때문일 것이므로 ④(반직관적인)가 적절하다.

빈칸 Ⓐ에 들어갈 가장 적절한 단어는?
① 자발적인, 즉흥적인
② 편리한, 편의주의적인
③ 순조로운, 좋은
④ 반직관적인
⑤ 논쟁의 여지가 없는

17 내용파악 ⑤

| 분석 |

첫 단락의 '가장 중요한 발명품'과 '그것'은 모두 '열이 운동으로 전환되는 것'을 가리키는데, 자연은 그것을 해왔지만 인간은 그것을 알아채지 못하고 인위적으로 그것을 만들어내지 못하다가 화약이 발명된 후에야 화약의 열에너지를 운동에너지로 전환하여 발사체가 발사되는 대포를 만들게 되었다는 것이다. 따라서 ⑤가 정답이다. ④ 화약은 9세기에 이미 발명했다.

위 글에 따르면, 사람들이 오랫동안 행하지 못했던 것은 무엇인가?
① 에너지의 역사를 기록하다.
② 요리를 함에 있어서 열에너지를 포함시키다.
③ 화염 폭탄 전문가를 양성하다.
④ 전쟁용 화약을 발명하다.
⑤ 한 에너지의 유형을 다른 에너지의 유형으로 전환하다.

18~19

2022년 초, 거대한 화산 분출의 여파로 통가 왕국은 암흑에 빠졌다. 해저 화산 분출로 인터넷 연결이 끊겨서, 위기가 한창 전개되고 있던 바로 그 순간에 통신 두절 사태가 발생한 것이다.
몇 주 후 해저 인터넷 케이블이 복구되었을 때 붕괴의 규모가 드러났다. 통신 두절은 복구 작업을 저해했을 뿐만 아니라, 해외 송금에 의존하는 다수 기업과 지역 경제를 마비 상태로 몰아넣었다.
이 재난은 인터넷 운영을 지탱하는 인프라의 극심한 취약성을 드러냈다. "현대 생활은 작동하는 인터넷과 실질적으로 분리될 수 없다"고 캘리포니아 대학교 버클리 캠퍼스의 니콜 스타로셀스키 교수는 말한다. 그런 점에서 인터넷은 마치 식수와 같다. 우리의 존재 자체를 지탱하는 기반 시설인 셈이다. 먼 곳의 저수지에서 주방 수도꼭지까지 물이 흘러오는 과정을 이해하는 사람은 거의 없다. 현대 소비자들은 인터넷을 마치 대기 중에 존재하는 보이지 않는 것, 우리 머리 위에 떠 있는 '클라우드'가 데이터 비를 내리는 것처럼 상상해왔다. "기기가 어떤 케이블에도 연결되지 않은 채 작동하기 때문에, 많은 사람들이 전체 시스템이 무선이라고 믿는다"고 스타로셀스키는 설명하지만, 현실은 훨씬 더 특별하다.

| 어휘 |

aftermath n. 여파 **sever** v. 절단하다 **communication blackout** 통신두절 **unfold** v. 펼쳐지다, 전개되다 **hamper** v. 방해하다 **devastate** v. 파괴하다 **remittance** n. 송금, 송금액 **vulnerability** n. 상처받기 쉬움 **underpin** v. 뒷받침하다, 보강하다 **utility** n. 수도, 전기 같은 공익사업 **atmosphere** n. 대기 **tether** v. 묶다

18 빈간완성 ④

| 분석 |

"그런 점에서 인터넷은 마치 식수와 같다. 우리의 존재 자체를 지탱하는 기반 시설인 셈이다"라는 단서로부터 저자가 인터넷의 연결을 수도의 연결과 비교하고 있음을 알 수 있다. 따라서 다음에 오는 빈칸에는 식수 전달 과정인 '수원지에서 가정까지'를 나타내는 ④가 적절하다.

빈칸 Ⓐ에 들어갈 어구로 가장 적절한 것은?
① 이륙에서 착륙까지
② 진원지에서 분화까지
③ 위기에서 회복까지
④ 먼 곳의 저수지에서 주방 수도꼭지까지
⑤ 보이지 않는 구름에서 대기까지

19 글의 주제 ③

| 분석 |

이 글은 주제가 마지막 문장에 배치된 미괄식이다. 마지막 두 문장을 통해 인터넷의 물리적 인프라, 특히 숨겨진 케이블의 중요성과 취약성이 이 글의 주제임을 잘 알 수 있다.

다음 중 이 글의 주제는 무엇인가?
① 수중 화산 폭발
② 인간 존재의 영속성
③ 인터넷에 전력을 공급하는 숨겨진 케이블
④ 식수원에 대한 위협
⑤ 소비자의 무선 기기 오용

20~21

제조업체가 의도적으로 수명이 제한된 제품을 설계하거나 생산하기 위해 사용하는 전략을 계획된 노후화(구식화)라고 한다. 몇 년 후 소프트웨어 업데이트가 더 이상 지원되지 않는 스마트폰, 칩을 사용하여 인쇄 횟수를 제한하는 프린터, 빠르게 변화하는 패션 트랜드로 인해 이전 스타일이 구식으로 느껴지는 제품 등이 그 예이다. 계획된 노후화(구식화)는 여러 가지 이유로 나쁜 것으로 간주된다. 제품이 더 자주 폐기됨에 따라 환경 폐기물이 증가하고, 소비자가 새로운 제품에 더 자주 돈을 쓰게 되며, 일회용 문화에 기여하여 지속 가능성을 위한 노력을 약화시킬 수 있다. 또한 제품 수리를 어렵게 하거나 비용이 많이 들게 하여 소비자의 선택권을 제한하고, 소비자를 지속적인 소비의 사이클로 유도할 수 있다.

| 어휘 |

deliberately ad. 의도적으로 **outdated** a. 한물 간, (더 이상 쓸모가 없게) 구식인 **discard** v. 버리다 **undermine** v. 손상시키다 **sustainability** n. 지속가능성

20 빈칸완성 ②

| 분석 |

"몇 년 후 소프트웨어 업데이트가 더 이상 지원되지 않는 스마트폰, 칩을 사용하여 인쇄 횟수를 제한하는 프린터, 빠르게 변

화하는 패션 트랜드로 인해 이전 스타일이 구식으로 느껴지는 제품 등이 그 예이다."라는 단서로부터 빈칸에 '노후화[구식화]'가 와야 함을 추론할 수 있다.

빈칸 Ⓐ에 들어갈 가장 적절한 말은?
① 효능, 능률
② 노후화, 진부화
③ 홍보
④ 총체, 요약
⑤ 변동성

21 빈칸완성 ③

| 분석 |

노후화[구식화] 전략이 지속가능성을 손상시키고, 소비자들로 하여금 기존의 제품을 버리고 새로운 제품을 구매하도록 강제한다는 단서로부터 빈칸에 '일회용 문화'가 와야 함을 유추할 수 있다.

빈칸 Ⓑ에 들어갈 어구로 가장 적절한 것은?
① 검소한 소비 관행
② 비교 우위
③ 일회용 문화
④ 독점 욕구
⑤ 사회경제적 지위 향상

22~23

월트 디즈니 컴퍼니의 순수성 매력에 대한 집착은 디즈니가 아동의 즐거움에 대한 자사의 지속적 헌신을 재확인하는 근거를 제공하고, 또한 디즈니가 '선량한 기업 권력'으로서 아동기 순수성을 감상적으로 미화하는 동시에 상품화하는 디즈니의 역할에 대한 비판적 평가를 경시하는 근거도 제공한다. 역사적·사회적 구성요소가 제거된 디즈니 세계에서의 순수성은 아이들이 어른 사회의 문제와 갈등에서 해방되어 보편적 유대감을 공유하는 무시간적, 무역사적, 무정치적, 그리고 무이론적 공간이 된다. 디즈니는 이런 이상을 마케팅하면서도, 환상들을 마법처럼 공급하여 이 보호 공간을 살찌우고 계속 살아있게 함으로써 아이들을 위한 이 공간을 보호하는 부모 같은 기업의 모습을 보여준다.

| 어휘 |

attachment n. 애착, 지지 **rationale** n. 이유, 근거 **commitment** n. 헌신 **assessment** n. 평가 **benevolent** a. 자애로운 **sentimentalize** v. 감상적으로 다루다 **simultaneously** ad. 동시에 **strip** v. 제거하다 **atemporal** a. 시간을 초월한 **ahistorical** a. 역사와 무관한 **apolitical** a. 정치와 무관한 **atheoretical** a. 이론과 무관한

22 빈칸완성 ②

| 분석 |

앞에서 '디즈니 컴퍼니가 ~하는 근거를 제공한다'고 했는데, '근거'는 정당한 행동의 명분 같은 것이므로 디즈니 컴퍼니의 입장에서 정당한 행동이 되려면 '비판적 평가를 경시한다'고 해야 한다. 따라서 첫 번째 빈칸에는 downplay가 적절하다. 그리고 마지막 문장에서 디즈니는 어린이의 순수성이라는 이상을 마케팅한다고 했으므로 두 번째 빈칸에는 commodifies가 적절하다.

빈칸에 들어갈 가장 적절한 말을 고르시오.
① 제재하다 — 맞춤화하다
② 경시하다 — 상품화하다
③ 꾸미다 — 품위 있게 하다
④ 과장하다 — 인간화하다
⑤ 강조하다 — 시장화하다

23 내용일치 ③

| 분석 |

"역사적 · 사회적 구성요소가 제거된 디즈니 세계에서의 순수성은 시간과 역사, 정치와 이론이 사라진 공간으로, 어른 사회의 문제와 갈등에서 해방된 보편적 유대감을 지닌 아이들의 영역이 된다."는 단서로부터 ③이 본문의 내용과 일치하지 않음을 알 수 있다.

위 글의 내용과 일치하지 않는 것은?
① 월트 디즈니 컴퍼니는 순수함이라는 매력에 집착한다.
② 디즈니는 아이들에게 즐거움을 선사하기 위해 기업의 힘을 활용한다.
③ 디즈니의 순수함 묘사는 역사적, 사회적 맥락에 뿌리를 두고 있다.
④ 어린 시절의 순수함은 디즈니의 상업화를 위한 중요한 메커니즘으로 그 역할을 수행한다.
⑤ 디즈니는 아이들이 상상력 넘치는 환상을 마음껏 펼칠 수 있는 이상적인 보호 공간을 조성한다.

24~25

1789년 여름에 시작된 프랑스 혁명의 가장 직접적인 원인은 정부의 재정 위기였다. 프랑스에서 가장 부유한 일부 사람들이 세금을 면제받았기 때문에 국가는 예산의 균형을 맞출 수 없었다. 프랑스 공공(국가) 부채의 중요한 요소는 영국에 대한 미국인들의 반란을 지원하면서 발생한 비용이었다. 수년 동안 프랑스 왕의 계몽주의적 조언자들은 성직자와 귀족의 세금 특권을 폐지하기 위해 노력했지만, 이

두 계층은 이러한 노력에 대해 굳건히 저항했다. 왕은 필요한 법률을 선포할 수 있었지만 귀족이 완전히 통제하는 법원은 그 법률을 집행하지 않으려 했다. <마침내 1788년, 왕실은 기존의 법원 제도를 폐지하고 새로운 법원 제도를 만들었다.> 그 결과 귀족들의 반란이 일어났다. 파리와 지방의 군 장교와 왕의 관리들은 복무를 거부했고, 국가 기능 전체가 멈춰 섰다. 개혁 시도에서 인내할 수 없었던 루이 16세는 1614년 이후 처음으로 국가 문제를 해결하기 위해 의회(삼부회)를 소집하라는 귀족의 요구를 받아들였다.

| 어휘 |

element n. 요소, (집단 · 사회 내의 특정) 구성원 **exempt** a. 면제되는 **incur** v. 초래하다 **enlightened** a. 계몽된 **endeavor** v. 노력하다 **privilege** n. 특권 **proclaim** v. 선포하다 **enforce** v. 집행하다 **bring to a halt** 정지하다 **accede** v. 응하다, 동의하다

24 문장삽입 ④

| 분석 |

"왕은 필요한 법률을 선포할 수 있었지만 귀족이 완전히 통제하는 법원은 그 법률을 집행하지 않으려 했다"라는 단서로부터 '왕이 새로운 법원 제도를 만들었다'는 요지의 주어진 문장이 바로 이 문장 뒤에 와야 함을 추론할 수 있다.

25 지시대상 ⑤

| 분석 |

명사 element는 다의어로서 여러 뜻을 가지고 있다. 주어진 맥락에서는 '요소'가 아니라 '구성원, 분자'의 의미로 사용되고 있다. 따라서 밑줄 친 "the wealthiest elements"란 가장 부유한 사람들로서 개혁에 끝까지 저항했던 '성직자와 귀족들'을 가리킨다.

위 글에서 밑줄 친 "the wealthiest elements"가 무엇을 가리키는지 고르시오.

① 국가 전체
② 왕실 정부
③ 의회
④ 계몽된 고문들
⑤ 성직자 및 귀족들

26~27

코로나19가 전 세계를 황폐화시킴에 따라, 이 정도 규모의 대재앙을 경험하지 못했던 세대는 우리가 어떻게 살아남을 수 있을지에 대한 통찰력을 예술에 의지하여 얻으려 했다. 치명적인 병원균에 관한 현대의 사변적인 소설의 인기가 급증했다. 독자들은 또한 과거의 전염병에 관한 이야기를 읽기 시작했다. 하지만 지오반니 보카치오의 르네상스 초기 고전 『데카메론』보다 더 큰 인기를 얻은 고전 작품은 없었다. 14세기 중반 유럽을 초토화시킨 흑사병을 배경으로 한 보카치오의 걸작 『데카메론』은 피렌체에서 발병하여 그 인구를 절반으로 줄어들게 할 흑사병을 피해 도망치는 10명의 젊은 귀족들을 추적한다. 그들은 시골의 전원에서 시간을 보내기 위해, 책의 대부분을 차지하는 이야기들을 열흘 동안 열 명이 각자 한 편씩 들려준다. 그래서 책 제목도 데카(10)메론이다. 『데카메론』에 대한 일치된 해석은 역사의 공포 중에서도 우리의 용기를 북돋워 줄 수 있는 스토리텔링의 힘을 그것이 보여준다는 것이다.
넷플릭스 드라마 '데카메론'의 제작자 캐슬린 조던은 팬데믹 시대에 보카치오를 읽고 새로운 해석을 내놓았다. 그녀의 블랙 코미디가 제시하는 바는 시대를 초월하는 이 책의 진정한 메시지가, 1348년의 피렌체 귀족이든 2020년의 맨해튼 금융업자이든, 전염병이 등장하면 특권층은 항상 불운한 이웃을 태연하게 버린다는 것이라면 어떨까? 라는 것이다. 조던은 『데카메론』에서 스토리를 삭제하고, 그 대신 액자구조 이야기(이야기 속의 또 다른 이야기)를 길게 하는 것을 택했다. 어떻게든, 그녀의 불손한 접근법은 성과를 거두었다. 이 시리즈는 그 자체로도 성공적이었지만, (이 시리즈와 같은) 어느 2차(파생적) 저작물을 각색이라고 부를 만하기라도 한가라는 의문을 제기하기도 한다.

| 어휘 |

ravage v. 황폐화시키다 **cataclysm** n. 대재앙 **speculative** a. 사변적인 **lethal** a. 치명적인 **pestilence** n. 페스트 **dusty tome** 먼지투성이의 두툼한 책(고전) **decimate** v. 대량으로 죽이다 **outbreak** n. (전염병의) 발병 **idyll** n. 전원, 목가적인 것 **buoy** v. 뜨게 하다 **come away from** ~에서 빠져나오다 **the privileged** 특권계급 **blithely** ad. 태평스럽게, 태연하게 **come to town** 나타나다, 등장하다 **riff** v. 오래도록 길게 이야기하다 **frame narrative** 액자구조 이야기, 이야기 속의 또 다른 이야기 **irreverence** n. 불손, 불경 **pay off** 성과를 올리다 **derivative work** 2차 저작물

26 글의 제목 ④

| 분석 |

이 글의 주된 목적은 글의 후반부에 있다. 제작자 캐슬린 조던이 만든 넷플릭스 드라마 '데카메론'를 비판적인 관점에서 살펴

보는 데 있다. 따라서 이 글에 적합한 제목은 ④ '데카메론의 현대적 부활'이 되어야 한다.

이 글의 가장 적절한 제목을 고르시오.
① 특권층의 무감각
② 『데카메론』의 부흥과 몰락
③ 격변의 시대 속 인간의 인내
④ 『데카메론』의 현대적 부활
⑤ 고전 문학 각색의 위험성

27 내용추론 ⑤

| 분석 |

"조던은 『데카메론』에서 스토리를 삭제하고, 그 대신 액자구조 이야기(이야기 속의 또 다른 이야기)를 길게 하는 것을 택했다." 라는 단서로부터 ⑤ '캐슬린 조던의 각색은 보카치오의 『데카메론』에 충실했다.'가 본문 내용과 일치하지 않음을 알 수 있다.

다음 중 이 글로부터 추론할 수 없는 것은?
① 조반니 보카치오는 르네상스 시대에 『데카메론』을 썼다.
② 보카치오의 『데카메론』은 흑사병 시대의 피렌체 귀족들을 다룬다.
③ 보카치오의 『데카메론』은 코로나19 팬데믹 기간 동안 다시 인기를 얻었다.
④ 캐슬린 조던 버전의 '데카메론'은 블랙 코미디이다.
⑤ 캐슬린 조던의 각색은 보카치오의 『데카메론』에 충실했다.

28~29

미국은 이민자들의 나라로 탄생했다. 현대 유럽은 훨씬 덜 그러하다. 적어도 지난 수백 년 동안, 유럽의 역사는 비교적 동질적인 국가 문화를 기반으로 건설된 국가들의 역사이다. 유럽 연합의 창설은 그것이 28개국을 경제적, 정치적 동맹으로 통합했다는 점에서 자애로운 세계화의 경이로운 일이었다. 유럽의 부채 위기는 유럽연합의 미래에 도전장을 내밀었지만, 그 미래가 아직 멸망으로 결정되지는 않았다. 이제 대규모 이민으로 인해 유럽은 더 큰 위기에 직면해 있으며, 이는 유럽의 문화와 경제에 심대한 영향을 미치는 위기이다.
독일이 수십만 명의 이민자를 받아들이기로 한 결정이 부딪친 난관은 엄청나다. 하지만 그로 인한 이점 또한 엄청날 수 있다. 경제 성장은 본질적으로 생산성과 근로자의 결합이며, 생산성과 근로자 수가 꾸준히 증가할 때 국가는 번영한다. 연간 1%의 경제 성장률을 달성하기 위해 고군분투해 온 유럽은 두 가지 측면 모두에서 부진하다. 유럽은 세계에서 출산율이 가장 낮은 대륙 중 하나이다. 유럽의 경제 엔진인 독일의 인구는 현재 8,130만 명에서 2060년까지 7,080만 명으로 감소할 것으로 예상된다. 억제되지 않으면, 이러한 추세는 독일의 복지 국가와 미래 경제 성장을 파괴할 것이다. 프랑스와 스페인과 같은 다른 국가들도 비슷한 난국에 처해 있다. 부유한 국가의 여성들이 자녀를 덜 낳는 경향이 있다는 점을 고려할 때, 더 나은 인구 통계를 달성할 수 있는 유일한 방법은 이민이다.

| 어휘 |

marvel n. 경이 **benevolent** a. 자애로운 **alliance** n. 동맹 **implication** n. 영향, 함축적 의미 **quandary** n. 진퇴양난, 난국 **demographics** n. 인구 통계

28 빈칸완성 ①

| 분석 |

Ⓐ "미국은 이민자들의 나라로 탄생했다. 현대 유럽은 훨씬 덜 그러하다."라는 단서로부터 유럽이 이민자들로 구성된 이질적인 미국과 달리 동질적인 곳이란 것을 추론할 수 있다. Ⓑ 국가가 부유해지기 위해서는 경제가 성장하고 인구가 증가해야 한다. 그렇지 않을 경우 국가의 근간은 파괴된다. 따라서 빈칸 Ⓑ에는 '황폐화시키다'가 와야 한다.

Ⓐ와 Ⓑ에 들어갈 말로 가장 적절한 것은?
① 동질적인 — 황폐화시키다
② 원시적인 — 증발시키다
③ 관료적인 — 개선하다
④ 이질적인 — 가정하다
⑤ 혁명적인 — 경작하다

29 글의 주제 ③

| 분석 |

이 글은 미괄식 구성을 가지고 있다. 이 글을 통해 글쓴이가 말하고 싶은 것은 경제 성장의 새로운 동력으로서 이민문제를 바라보아야 한다는 것이다. 따라서 이 글의 주제는 ③ '이민자들은 유럽 경제를 더욱 강화하는 열쇠가 될 수 있다.'이다.

다음 중 이 글의 주제로 가장 적절한 것은?
① 유럽의 낮은 출산율은 재앙이다.
② 이민자들은 독일의 성장에 해롭다.
③ 이민자들은 유럽 경제를 더욱 강화하는 열쇠가 될 수 있다.
④ 유럽 부채 위기는 유럽 연합을 파괴하고 있다.
⑤ 유럽 연합은 세계화라는 목표를 달성하기 위해 만들어졌다.

30~32

행동경제학은 심리학적 통찰력을 활용하여 인간의 "건전한" 결정을 할 수 있는 능력에 의문을 제기하는, 잘 확립된 경제학의 한 연구 분과이다. 인간은 스스로 노력하는 것을 좋아하지 않기 때문에, 잘못된 결정을 내리는 성향이 있고, 이로 인해 저항이 가장 적은 길을 선택하며, 이는 종종 최적이 아닌 의사 결정으로 이어진다는 주장이 있다. 그리고 이러한 근본적인 성향은 가장 쉽거나 가장 인기 있는 선택을 하려는 결정의 순간에, 그리고 합리적인 평가보다는 피상적인 인상과 감정에 의존하는 경향에서, 명백히 드러나는 것으로 여겨진다.
행동경제학은 리처드 탈러와 캐스 선스타인의 2008년 저서『넛지: 건강, 부, 행복에 대한 의사 결정 개선』에서 다시 한 번 소개되었다. 이 책이 이 분야의 이전 연구들과 차별화되는 점은, 저자들이 (기존의 연구에서) 한 걸음 더 나아가, 정부가 시민들을 그들의 해로운 성향으로부터 보호하는 데 앞장설 수 있으며, 또 그래야만 한다고 주장한다는 데에 있다. 더 구체적으로 말하자면, 탈러와 선스타인은 "연성(軟性) 가부장주의"를 주장했다. 이는 선택 구조의 미묘한 변화를 이용하여 시민들로 하여금 더 나은 선택을 하도록 "유도"하지만 선택을 제한하지는 않는 새로운 거버넌스(통치) 접근 방식이다.

| 어휘 |

behavioural economics 행동경제학 **strand** n. 기닥, 분과 **sound** a. 건전한 **exert oneself** 노력하다 **be inclined to** ~하는 경향이 있다 **manifest** v. 나타내다[드러내 보이다] **showcase** v. 진열[전시, 소개]하다 **pernicious** a. 해로운, 유해한 **paternalism** n. 가부장제 **governance** n. 거버넌스(통치) **choice architecture** 선택양식, 선택구조 **nudge** v. (특정 방향으로) 살살[조금씩] 밀다[몰고 가다]

30 빈칸완성 ④

| 분석 |

Ⓐ 잘못된 결정으로 인해 저항이 가장 적은 길을 선택한다는 것은 '최적의' 길과 거리가 먼 것이다. Ⓑ 가장 쉽고 가장 대중적인 길은 깊이를 결여하고 있는 지극히 '피상적인' 길이다. Ⓒ 인상과 감정과 반대되는 표현은 '합리적인'이다.

빈칸 Ⓐ~Ⓒ에 들어갈 가장 알맞은 단어의 순서는?
① 적절한 — 주관적인 — 비이성적인
② 모호한 — 객관적인 — 주관적인
③ 유익한 — 즉각적인 — 선택적인
④ 최적의 — 피상적인 — 합리적인
⑤ 유능한 — 무관심한 — 간결한

31 빈칸완성 ①

| 분석 |

두 저자의 책은 의사 결정에 관한 내용이고 앞 단락에서 인간의 잘못된 의사 결정 성향에 대해 설명했으므로 여기서도 정부가 시민들이 잘못된 결정을 내리는 해로운 '성향'으로부터 보호해야 한다고 하는 것이 타당하다. 따라서 빈칸 Ⓓ에는 ① '성향'이 와야 한다.

빈칸 Ⓓ에 가장 적절한 단어는?
① 성향
② 사상자
③ 부상(자)
④ 의무
⑤ 꺼림칙함

32 내용추론 ④

| 분석 |

행동경제학은 인간 심리에 기초한 경제학이다. 그런데 행동경제학에 따르면 인간은 인기 있거나 쉬운 길을 선택하기 때문에 잘못된 결정을 내린다. 이러한 인간의 근본적인 성향이 행동경제학의 선제다.

다음 중 행동경제학의 전제에 대해 추론할 수 있는 것은?
① 의사 결정은 기본적인 인권이다.
② 행동 경제학은 새롭게 부상하는 과학이다.
③ 인간은 가장 어려운 선택을 하는 경향이 있다.
④ 인간은 잘못된 결정을 내리는 경향이 있다.
⑤ 정부는 건전한 의사 결정에 영향을 미치기 위해 강력한 접근 방식을 취해야 한다.

33~35

대중과 달리, 지식인들은 합리성을 중시하고 사실에 관심을 가진다. 그들의 비판적인 사고방식 덕분에 그들은 다수(대중)에게 매우 효과적인 선전에 대해 저항감을 느낀다. 그들은 지나친 단순화를 정신의 원죄로 여기며, 선동가의 상투적인 수단인 슬로건, 절대적인 주장, 그리고 포괄적인 일반화 등이 불필요하다고 생각한다. 철학은 우리에게 자명해 보이는 것들에 대해 불확실함을 느끼도록 가르친다. 반면 선동은 판단을 유보하거나 의심을 가져야 마땅한 문제들을 자명한 것으로 받아들이도록 가르친다. 선동가의 목표는 자신의 지도 아래 사회적 결속력을 구축하는 것이다. 따라서 선동적 선전가는 일관되게 교조적이어야 한다. 그의 모든 진술은 아무런 조건(제한) 없이 이루어진다. 그의 세계관에는 회색이 없다. 모든 것이 악마처럼 검거나 천사처럼 희다. 히틀러의 말처럼, 선전가는 "다뤄야 할 모든 문제에 대해 체계적으로 편향된 태도"를 취해야 한다. 그는 자신이 틀렸을 수도 있고, 다른 관점을 가진 사람들이 부분적으로나마 옳을 수도 있다는 것을 결코 인정해서는 안 된다.

| 어휘 |

the mass 대중 **intellectual** n. 지식인 **rationality** n. 이성 **propaganda** n. 선전, 정치 선동 **unqualified** a. 무자격의, 무조건적인, 절대적인 **assertion** n. 주장 **sweeping** a. 전면적인 **generalization** n. 일반화 **stock in trade** 상투 수단 **suspend** v. 유예하다, 연기하다 **demagogue** n. 선동가 **propagandist** n. 선전가 **coherence** n. 일관성 **dogmatic** a. 독단적인 **diabolically** ad. 악마적으로 **celestially** ad. 천상적으로

33 빈칸완성 ⑤

| 분석 |

빈칸이 들어 있는 문장과 앞에 있는 문장은 역접 관계에 있다. 앞에 있는 문장은 철학의 효용성에 대해 이야기하고, 빈칸이 들어 있는 문장을 선동의 역기능에 대해 진술하고 있다. 따라서 빈칸에는 역접의 연결사 ⑤ '반면에'가 와야 한다.

빈칸 Ⓐ에 들어갈 말로 가장 적절한 것은?
① 마찬가지로
② 그럼에도 불구하고
③ 놀랍게도
④ 결과적으로
⑤ 반면에

34 빈칸완성 ⑤

| 분석 |

"그의 세계관에는 회색이 없다. 모든 것이 악마처럼 검거나 천사처럼 희다. 히틀러의 말처럼, 선전가는 '다뤄야 할 모든 문제에 대해 체계적으로 편향된 태도'를 취해야 한다."라는 단서로부터 빈칸에 ⑤ '그는 자신이 틀렸을 수도 있고, 다른 관점을 가진 사람들이 부분적으로나마 옳을 수도 있다는 것을 결코 인정해서는 안 된다.'가 와야 함을 추론할 수 있다.

빈칸 Ⓑ에 들어갈 문장으로 가장 적절한 것은?
① 그는 반대자들의 말에 세심한 주의를 기울여야 한다.
② 그는 인간을 다른 개인들과 자유롭게 교류하는 개별적인 존재로 인정하는 데 신중해야 한다.
③ 그는 대중의 문제에 대한 대안적인 해결책을 고려해야 한다.
④ 그는 자신의 발언을 제한하여 대중에게 어필하기 위해 회색 부분을 메우는 법을 배워야 한다.
⑤ 그는 자신이 틀렸을 수도 있고, 다른 관점을 가진 사람들이 부분적으로나마 옳을 수도 있다는 것을 결코 인정해서는 안 된다.

35 내용추론 ④

| 분석 |

"선동은 판단을 유보하거나 의심을 가져야 마땅한 문제들을 자명한 것으로 받아들이도록 가르친다."라는 단서로부터 선동은 판단을 보류하도록 가르치는 것이 아니라 판단을 보류해야 할 문제를 자명하다고 받아들이게 가르침을 알 수 있다.

이 글에서 암시하고 있지 않은 것은?
① 지식인들은 선동에 쉽게 영향을 받지 않는다.
② 지식인들은 철학의 가르침을 따른다.
③ 철학은 사람들에게 명백해 보이는 것에 의문을 품도록 가르친다.
④ 선동가들은 대중에게 판단을 보류하도록 가르친다.
⑤ 선동은 일반화와 절대적인 주장에 의존한다.

36~37

2023년 크리스마스 직전, Cognition사의 소규모 팀은 그 샌프란시스코에 있는 AI 창업기업(Cognition사)의 신참 코딩 어시스턴트인 데빈(AI)을 위한 특별히 복잡한 데이터 서버를 설정하는 데 어려움을 겪고 있었다.
[B] 그들은 몇 시간 동안 설치 파일을 꼼꼼히 살펴보고 여러 명령어를 시도해 보았지만, 서버를 도저히 작동시킬 수 없었다. 지치고 답답한 그들은 데빈이 어떻게 처리할지 지켜보기로 했다.
[A] AI가 갑자기 작동하기 시작하자 개발자들은 당황했다. 21세의 공동 창립자 월든 얀은 "AI가 가장 마법적이고 흑마술(사악한 목적을 위한 마술) 같아 보이는 명령을 실행했어요."라고 회상한다.
[D] 한동안 데빈도 그들과 마찬가지로 잘하지 못할 것 같았다. 그때 몇 시간 동안 빨간색으로 켜져 있던 서버 단말기 표시등이 초록색으로 바뀌었다. 데이터 서버가 정상 작동하고 있었다.
[C] 그들은 데빈이 팀원들이 간과했던 잘못된 시스템 파일을 삭제했다는 사실을 깨달았다. 얀은 "그 순간 소프트웨어 엔지니어링이 참으로 많은 변화를 가져올 것이라는 생각이 들었습니다."라고 말한다.

| 어휘 |

Cognition n. 회사 이름(인지란 의미) **fledgling** n. 신출내기, 초보자 **pore over** 자세히 조사하다[보다] **installation document** 설치 파일 **command** n. 컴퓨터의 명령어 **spring into action** 갑자기 작동하다 **befuddle** v. 어리둥절하게 하다 **cofounder**

n. 공동창업자 **terminal** n. 단말기 **up and running** 제대로 작동하는

36 단락배열 ③

| 분석 |

AI인 데빈에 데이터 서버를 설치해야 서버를 통해 데빈에게 명령을 할 수 있는데, 첫 단락에서 데이터 서버를 설정하는 데 어려움을 겪고 있었다고 했고, 그다음 Ⓑ에서 어려움을 겪고 있는 내막을 상세히 밝히고 AI인 데빈을 지켜보기로 했다고 했고, 그런데 데빈이 한 일은 나중에 밝혀지고 먼저 Ⓐ에서 서버가 설치된 것 같지도 않은데 AI가 갑자기 작동하여 놀랐다는 언급이 있고, 그다음 Ⓓ에서, Ⓐ에서 AI가 갑자기 작동한 내막을 설명하고, 그다음 Ⓒ에서 알고 보니 AI인 데빈이 잘못된 파일을 자기가 알아서 삭제하고 명령을 실행해버린 것으로 드러났다고 설명하는 것이 적절한 순서이다.

37 내용파악 ②

| 분석 |

"그들은 데빈이 팀원들이 간과했던 잘못된 시스템 파일을 삭제했다는 사실을 깨달았다. 얀은 '그 순간 소프트웨어 엔지니어링이 참으로 많은 변화를 가져올 것이라는 생각이 들었습니다.'라고 말한다."라는 단서로부터 ② '코딩에서 지루하고 고된 작업을 없애버렸다.'가 정답임을 알 수 있다.

다음 중 'Devin'에 대해 옳은 것은?
① 데이터 서버를 시작하는 데 실패했다.
② 코딩에서 지루하고 고된 작업을 없애버렸다.
③ 인간의 코딩 프로세스를 방해했다.
④ 데이터 서버에 잘못된 시스템 파일을 그대로 유지했다.
⑤ AI 산업을 비용 절감 쪽으로 전환했다.

38~40

민주주의와 차이에 관한 현대 문헌의 많은 부분은 공개 토론에 크게 의존하는 더욱 적극적이고 활기찬 민주주의의 개념들로 작동한다. 차이를 박멸하는 거짓 조화와, 그 어떤 단일하고 그럴듯한 정체성을 통해 사람들을 정의하는 똑같이 거짓인 본질주의, 둘 모두를 거부하면서, 많은 이론가들은 시민 참여를 극대화하고 서로 교류하고 경쟁하도록 요구하는 민주주의를 바라고 있다. 수전 멘더스는 페미니즘과 민주주의에 관한 최근 에세이에서 차이가 민주주의의 근거라고 말하고, "전통적인 민주주의 이론은 차이를 진정한 민주주의 국가 달성의 장애물로 간주하는 경향이 있는 반면, 페미니스트 이론은 차이가 오히려 민주주의의 추구를 반드시 필요로 하는 것일 가능성에 대해 우리의 경각심을 일깨워야 한다"고 말한다. 다문화주의에 관한 그의 연구에서 찰스 테일러는 또한 (사람들의) 평등한 인정에 대한 요구를, 파편화된 정체성에 사람들을 고착시키지 않으면서, 다루는 방법으로서 민주적 권한 부여의 정치를 요구한다.

| 어휘 |

literature n. 문헌(논문과 저술들) **vigorous** a. 활발한 **crucially** ad. 결정적으로, 중대하게 **stamp out** 근절하다 **essentialism** n. 본질주의 **authentic** a. 그럴듯한(이 글에서는 부정적인 의미) **identity** n. 정체성 **rationale** n. 근본적 이유 **construe** v. 해석하다, 설명하다 **attainment** n. 달성, 도달, 학식 **alert** v. 주의를 환기시키다 **empowerment** n. 권한 부여 **entrench** v. 굳어지게 하다, 참호를 파다 **fragmented identity** 파편화된 정체성

38 동의어 ②

| 분석 |

stamp out은 '박멸하다'는 뜻이므로 '지우다, 말살하다, 제거하다'는 뜻의 obliterate가 가장 가까운 의미의 단어이다.

밑줄 친 stamps out과 가장 가까운 의미를 가진 답을 고르시오.
① 암시하다
② 말살하다
③ 포용하다
④ 폭로하다
⑤ 주입하다

39 빈칸완성 ①

| 분석 |

민주주의가 시민의 참여를 요구하고 시민들 간의 경쟁을 지향한다는 단서로부터 민주주의가 시민 참여를 극대화하는(maximizes) 체제임을 추론할 수 있다.

빈칸에 들어갈 말로 가장 적절한 것은?
① 극대화하다
② 선행하다
③ 방해하다
④ 억제하다
⑤ 감소시키다

40 내용일치 ③

| 분석 |

"차이를 박멸하는 거짓 조화를 거부하고(차이를 포용하고) 단일한 정체성을 통해 사람들을 정의하는 본질주의를 거부하면서(다양한 정체성 강화), 많은 이론가들은 시민 참여를 극대화하도록 요구하는 민주주의를 바라고 있다."라는 단서로부터 ③ '민주주의에서 차이를 포용하는 것은 참여를 증진하고 다양한 정체성을 강화한다.'는 이 글의 내용과 일치함을 알 수 있다.

다음 중 위 글의 내용과 일치하는 것은?

① 찰스 테일러는 사람들을 단일하고 고정된 정체성에 묶어두는 민주적 권한 부여 정치를 옹호한다.
② 민주주의와 차이에 관한 현대 문헌은 공개 토론을 피하는 수동적 민주주의를 지지한다.
③ 민주주의에서 차이를 포용하는 것은 참여를 증진하고 다양한 정체성을 강화한다.
④ 민주주의는 차이를 없앨 때 번영한다.
⑤ 차이보다 획일성을 강조하는 것이 민주주의에서 다양한 정체성을 강화하는 데 핵심이다.

KYUNG HEE UNIVERSITY

2025학년도 한의학과(인문)

TEST p. 24~29

07	①	11	④	16	③	17	②	32	③	33	③	42	④	43	③	44	②	45	③
46	⑤	47	②	48	②	49	①	50	③										

07 동의어 ①

| 어휘 |

infest v. 들끓다 **tap water** 수돗물 **surface water** 지표수 **ingest** v. 섭취하다(= consume) **maintain** v. 유지하다 **generate** v. 발생하다 **inspect** v. 조사하다

| 해석 |

현대의 물 처리 방법들을 통해 정부는 잠재적으로 유해한 세균이 들끓는 물을 처리하여 마실 수 있게 만든다. 이러한 방법들로 인해 수돗물은 완전히 안전하게 마실 수 있지만, 전 세계의 모든 지표수를 이 같은 방식으로 처리하는 것은 현실적으로 불가능하다. 따라서 처리되지 않은 물을 레크리에이션 목적으로 사용하는 사람들은 유해 세균을 섭취할 위험이 있다.

11 논리완성 ④

| 분석 |

빈칸이 들어 있는 주절의 내용은 Even if라는 접속사가 이끌고 있는 조건의 종속절의 내용과 호응하고 있다. 조건의 종속절에는 간의 건강을 해치는 두 가지 원인이 소개된다. 그 하나는 과도한 음주이고 다른 하나는 간염이다. 따라서 빈칸에는 과도한 음주와 관련된 내용, 즉 과도한 음주로 인해 손상된 간을 회복시킬 수 있는 내용을 담고 있는 표현이 와야 한다. 즉 '금주'라는 뜻의 abstinence가 적절하다.

| 어휘 |

internal organ 장기 **regeneration** n. 재생 **tissue** n. 세포조직 **impair** v. 손상되다 **hepatitis** n. 간염 **vitality** n. 생기, 활기 **mourning** n. 애도 **continuity** n. 지속 **abstinence** n. 금주, 절제 **retention** n. 보유

| 해석 |

간은 손실된 세포조직을 자연적으로 재생할 수 있는 인체 내부 장기이다. 과도한 음주나 간염으로 인해 간이 손상되어도 단기간 금주한 후에나 간염이 완전히 치료되면, 간은 쉽게 회복될 수 있다.

16~17

과거 세대는 사전을 '올바른' 언어의 보호자이자 방어자로 여겼지만, 이제는 더 이상 그렇지 않다. 현대 주요 사전들은 사람들이 실제 사용하는 언어를 기술하는 데 집중하며, 그 어떤 따분한 학술적 반론도 의식적으로 배제하고 있다. 2007년, 『옥스퍼드 영어사전』은 어린이용 축약판에서 '도토리', '민들레', '겨우살이', '목초지', '버드나무' 등 자연 관련 어휘를 삭제하고, '블로그', '브로드밴드', '채팅방', '잘라내기-붙여넣기', 'MP3 플레이어' 같은 디지털 시대 용어로 대체하여, 부모들 사이에 소동을 일으켰다. 일부 학부모들은 사전에 야외(자연) 관련 단어들을 다시 넣어달라고 요청한 반면, 다른 학부모들은 이 소란의 이유를 이해하지 못했다. 그들은 "책이 얇을수록 아이들이 가지고 다닐 가능성이 더 높아진다"고 주장했다.

| 어휘 |

leave (something) at the door 저버리다, 버리다 **stuffy** a. 답답한, 딱딱한 **scholarly** a. 학구적인 **objection** n. 반대 **acorn** n. 도토리 **dandelion** n. 민들레 **mistletoe** n. 겨우살이 **pasture** n. 초원, 목초지 **willow** n. 버드나무 **broadband** n. 광대역, 고속 데이터 통신망 **cut-and-paste** a. 스크랩하여 편집한, 〈컴퓨터〉 잘라 붙이는 **uproar** n. 분노 **petition** v. 청원하다 **reinstate** v. 복귀시키다 **outdoor word** 자연을 묘사하는 어휘 **fuss** n. 호들갑, 야단법석

16 빈칸완성 ③

| 분석 |

빈칸 Ⓐ에는 빈칸 바로 뒤에 나오는 'defender'와 일맥상통하는 표현이 와야 한다. 따라서 '보호자'라는 뜻의 custodians가 적절하다.

빈칸 Ⓐ에 들어갈 말로 가장 적절한 것은?
① 상대, 반대자
② 회의주의자
③ 보호자
④ 조상, 선조
⑤ 박애주의자

17 빈칸완성 ②

| 분석 |

빈칸 Ⓑ가 들어 있는 마지막 문장은 소동에 대해 찬성하지 않는 학부모들의 입장을 담고 있다. 앞에서 '책의 부피가 작을수록'이라고 했으므로 아이들이 책을 갖고 다닐 '가능성이 더 많다'는 뜻으로 빈칸에는 the more likely가 적절하다.

빈칸 Ⓑ에 들어갈 어구로 가장 적절한 것은?
① 가능성이 더 적은
② 가능성이 더 많은
③ 다소간
④ 가능성이 가장 적은
⑤ 덜 그러한

32~33

생물학적 시스템을 만들 수 있기를 바란다면 두 가지 기본 개념을 이해해야 한다. 하나는 생물학적 시스템에서 정보가 어떻게 흐르는가이고, 다른 하나는 이 정보 흐름이 어떻게 제어되는가이다. 이러한 개념을 이해하면 원칙적으로 공학 원리를 새로운 생물학적 시스템의 설계 및 제작에 적용할 수 있는데, 이를 합성생물학이라고 한다.
생물학은 물론 매우 복잡하며, 다른 공학 분야와 구별되는 중요한 차이점이 있다. 첫째, 생물학은 인쇄 회로 기판에 프로그래밍되어 있지 않으므로, (생물학적) 상호작용은 물리적 위치에 따라 프로그래밍될 수 없다. 오히려 상호작용은 세포라는 복잡한 환경에서 발생하는 분자 간의 상호작용에 기초해 있다. 둘째, 생물학은 자연선택의 영향을 받기 때문에 세포에 해로운 변형은 거부되도록 선택되어 경쟁에서 밀려 개체군에서 배제된다. 이러한 진화적 압력은 항공기 제작에는 적용되지 않으므로, 생물학에는 견고성에 대한 새로운 정의가 적절하다. 복잡성이나 창발적 행동과 같은 다른 개념들은 엔지니어에게 익숙할 수 있지만, 이러한 개념이 생물학에서 어떻게 발생할 수 있는지, 그리고 그 영향이 무엇인지 알아야 한다.

| 어휘 |

engineer v. 제작하다, 획책하다 **synthetic** a. 합성의, 인조의 **engineering discipline** 공학 학문 분야 **printed circuit board** 인쇄 회로 기판 **interaction** n. 상호작용 **molecule** n. 분자 **milieu** n. 환경 **modification** n. 수정, 변경 **deleterious** a. 해로운, 유해한 **population** n. 군집, 개체군 **applicable** a. 해당[적용]되는, 적절한 **robustness** n. 억셈, 견고함 **emergent behavior** 창발적 행동(시스템의 구성요소들의 상호작용에서 발생하는 예기치 않은 행동)

32 동의어 ③

| 분석 |

deleterious는 '해로운'이라는 뜻이므로 damaging이 동의어이다.

밑줄 친 단어 "deleterious"와 의미가 가장 가까운 것을 고르시오.
① 유익한
② 고의적인
③ 해로운
④ 유연한
⑤ 자발적인

33 내용파악 ③

| 분석 |

생물학이 "상호작용은 세포라는 복잡한 환경에서 발생하는 분자 간의 상호작용에 기초해 있고 ~ 자연선택의 영향을 받기 때문에 세포에 해로운 변형은 선택되어 개체군에서 배제된다."라는 단서로부터 생물학이 ③ '그것은 진화적 압력에 따라 달라진다.'의 진술과 부합함을 알 수 있다.

위 글에 따르면, 생물학에 대해 사실인 것은?
① 그것은 새로운 공학을 통해 새로운 시스템으로 만들어질 수 없다.
② 그것은 인쇄 회로 기판에 프로그래밍된다.
③ 그것은 진화적 압력에 따라 달라진다.
④ 그것은 복잡하고 창발적인 행동과 분리된다.
⑤ 그것은 다른 공학 분야와 구별할 수 없다.

42~44

폴리네시아 제도는 중부 및 남부 태평양에 있는 오세아니아라는 큰 무리의 섬들을 구성하는 세 개의 주요 하위 지역 중 하나이다. 다른 하위 지역의 키가 작고 피부가 검은 사람들과 달리 폴리네시아 사람들은 피부가 더 희고 키가 크다. 오늘날 과학자들은 폴리네시아가 남아시아 문화에 의해 식민지화되었다고 믿지만, 1800년대 후반과 1900년대 초에 태평양을 여행하던 유럽인들은 이집트인들이 폴리네시아에 정착했다는 이론을 제시했다. 그들은 오세아니아에 사람이 살았다고 여겨지는 그 당시에 존재한 유일한 문명이 이집트였기 때문에 이집트인들이 이 섬에 정착했다고 믿었다. 1970년대 후반 연구자들은 폴리네시아의 일부 조각상의 눈에 칠한 색상 층의 사용을 증거로 지적했다. <이집트인들은 조각상들을 실물처럼 보이게 하기 위해 동일한 기법을 사용했다.> 또한, 폴리네시아의 조인(새인간) 의식은 이집트의 태양신 라의 알을 찾는 전통적인 의식과 유사하다. 그러나 태평양의 해류를 기반으로 한 선박 표류 컴퓨터 시뮬레이션은 이집트인들이 우연이라도 폴리네시아에 도착할 수는 없었으며, 따라서 그들이 이 섬들에 거주할 수 없었음을 증명했다.

| 어휘 |

subregion n. (동물 지리구의) 아구(亞區), 소구역 **stature** n. 신장, 키 **articulate** v. 똑똑히 발음하다, 관련짓다 **populate** v. 거주하다, 주민이다 **point** v. 지적하다 **apply** v. 바르다, 칠하다 **parallel** n. 평행, 유사 **current** n. 해류

42 문장삽입 ④

| 분석 |

주어진 문장의 핵심어는 조각상과 그 조각상에 쓰인 기법이다. 그런데 '1970년대 후반 연구자들은 폴리네시아의 일부 조각상의 눈에 칠한 색의 층을 증거로 지적했다.'라고 했으므로 주어진 문장은 이 문장 다음에 와야 한다.

43 동의어 ③

| 분석 |

articulate는 동사로서 '똑똑히 발음하다'의 뜻이 있다. 그런데 여기서는 '분명히 말하다'의 뜻으로 보면 proposed(제안했다)가 가장 가까운 의미의 단어이다.

밑줄 친 단어 "articulated"와 의미가 가장 가까운 답을 고르시오.

① 반박하다
② 어기다
③ 제안하다
④ 왜곡하다
⑤ 잘못 표현하다

44 빈칸완성 ②

| 분석 |

"그러나 태평양의 해류를 기반으로 한 선박 표류 컴퓨터 시뮬레이션은 이집트인들이 우연이라도 폴리네시아에 도착할 수 없었으며 ~"라는 단서로부터 ② '그들은 섬에 거주할 수 없었을 것이다.'가 정답임을 알 수 있다.

다음 중 Ⓐ에 가장 적합한 것은?

① 그들은 전통적인 의식을 발전시킬 수 없었을 것이다
② 그들은 섬에 거주할 수 없었을 것이다
③ 그들은 섬을 처음 발견할 수 있었을 것이다
④ 그들은 남아시아 지역에 의해 식민지화될 수 있었을 것이다
⑤ 그들은 유럽 대륙에 도달할 수 있었을 것이다

45~47

2023년 크리스마스 직전, Cognition사의 소규모 팀은 그 샌프란시스코에 있는 AI 창업기업(Cognition 사)의 신참 코딩 어시스턴트인 데빈(AI)을 위한 특별히 복잡한 데이터 서버를 설정하는 데 어려움을 겪고 있었다.

Ⓑ 그들은 몇 시간 동안 설치 파일을 꼼꼼히 살펴보고 여러 명령어를 시도해 보았지만. 서버를 도저히 작동시킬 수 없었다. 지치고 답답한 그들은 데빈이 어떻게 처리할지 지켜보기로 했다.

Ⓐ AI가 갑자기 작동하기 시작하자 개발자들은 당황했다. 21세의 공동 창립자 월든 얀은 "AI가 가장 마법적이고 흑마술(사악한 목적을 위한 마술) 같아 보이는 명령을 실행했어요."라고 회상한다.

Ⓓ 한동안 데빈도 그들과 마찬가지로 잘하지 못할 것 같았다. 그때 몇 시간 동안 빨간색으로 켜져 있던 서버 단말기 표시등이 초록색으로 바뀌었다. 데이터 서버가 정상 작동하고 있었다.

Ⓒ 그들은 데빈이 팀원들이 간과했던 잘못된 시스템 파일을 삭제했다는 사실을 깨달았다. 얀은 "그 순간 소프트웨어 엔지니어링이 참으로 많은 변화를 가져올 것이라는 생각이 들었습니다."라고 말한다.

| 어휘 |

Cognition n. 회사 이름(인지란 의미) **fledgling** n. 신출내기, 초보자 **pore over** 자세히 조사하다[보다] **installation document** 설치 파일 **command** n. 컴퓨터의 명령어 **spring into action** 갑자기 작동하다 **befuddle** v. 정신을 잃게 하다, 어리둥절하게 하다 **cofounder** n. 공동창업자 **terminal** n. 단말기 **up and running** 제대로 작동하는

45 단락배열 ③

| 분석 |

AI인 데빈에 데이터 서버를 설치해야 서버를 통해 데빈에게 명령을 할 수 있는데, 첫 단락에서 데이터 서버를 설정하는 데 어려움을 겪고 있었다고 했고, 그다음 Ⓑ에서 어려움을 겪고 있는 내막을 상세히 밝히고 AI인 데빈을 지켜보기로 했다고 했고, 그

런데 데빈이 한 일은 나중에 밝혀지고 먼저 Ⓐ에서 서버가 설치된 것 같지도 않은데 AI가 갑자기 작동하여 놀랐다는 언급이 있고, 그다음 Ⓓ에서, Ⓐ에서 AI가 갑자기 작동한 내막을 설명하고, 그다음 Ⓒ에서 알고 보니 AI인 데빈이 잘못된 파일을 자기가 알아서 삭제하고 명령을 실행해버린 것으로 드러났다고 설명하는 것이 적절한 순서이다.

46 동의어 ⑤

| 분석 |

befuddled는 '당황한'의 뜻이므로 ⑤의 flustered가 의미상 가장 가까운 동의어이다.

밑줄 친 단어 "befuddled"와 의미상 가장 가까운 답을 고르시오.
① 무죄를 선고받은
② 정당성을 입증한
③ 침착한
④ 훼손된
⑤ 당황한

47 내용파악 ②

| 분석 |

"그들은 데빈이 팀원들이 간과했던 잘못된 시스템 파일을 삭제했다는 사실을 깨달았다. 얀은 '그 순간 소프트웨어 엔지니어링이 참으로 많은 변화를 가져올 것이라는 생각이 들었습니다.'라고 말한다."라는 단서로부터 ② '코딩에서 지루하고 고된 작업을 없애버렸다.'가 정답임을 알 수 있다.

다음 중 'Devin'에 대해 옳은 것은?
① 데이터 서버를 시작하는 데 실패했다.
② 코딩에서 지루하고 고된 작업을 없애버렸다.
③ 인간의 코딩 프로세스를 방해했다.
④ 데이터 서버에 잘못된 시스템 파일을 그대로 유지했다.
⑤ AI 산업을 비용 절감 쪽으로 전환했다.

48~50

민주주의와 차이에 관한 현대 문헌의 많은 부분은 공개 토론에 크게 의존하는 더욱 적극적이고 활기찬 민주주의의 개념들로 작동한다. 차이를 박멸하는 거짓 조화와, 그 어떤 단일하고 그럴듯한 정체성을 통해 사람들을 정의하는 똑같이 거짓인 본질주의, 둘 모두를 거부하면서, 많은 이론가들은 시민 참여를 극대화하고 서로 교류하고 경쟁하도록 요구하는 민주주의를 바라고 있다. 수전 멘더스는 페미니즘과 민주주의에 관한 최근 에세이에서 차이가 민주주의의 근거라고 말하고, "전통적인 민주주의 이론은 차이를 진정한 민주주의 국가 달성의 장애물로 간주하는 경향이 있는 반면, 페미니스트 이론은 차이가 오히려 민주주의의 추구를 반드시 필요로 하는 것일 가능성에 대해 우리의 경각심을 일깨워야 한다"고 말한다. 다문화주의에 관한 그의 연구에서 찰스 테일러는 또한 (사람들의) 평등한 인정에 대한 요구를, 파편화된 정체성에 사람들을 고착시키지 않으면서, 다루는 방법으로서 민주적 권한 부여의 정치를 요구한다.

| 어휘 |

literature n. 문헌(논문과 저술들) **vigorous** a. 원기 완성한, 활발한 **crucially** ad. 결정적으로, 중대하게 **stamp out** ~을 근절하다 **essentialism** n. 본질주의 **authentic** a. 그럴듯한(이 글에서는 부정적인 의미) **identity** n. 정체성 **rationale** n. 근본적 이유 **construe** v. 해석하다, 설명하다 **attainment** n. 달성, 도달, 학식 **alert** v. 주의를 환기시키다 **empowerment** n. 권한 부여 **entrench** v. 굳어지게 하다, 참호를 파다 **fragmented identity** 파편화된 정체해류

48 동의어 ②

| 분석 |

stamp out은 '박멸하다'는 뜻이므로 '지우다, 말살하다, 제거하다'는 뜻의 obliterate가 가장 가까운 의미의 단어이다.

밑줄 친 stamps out과 가장 가까운 의미를 가진 답을 고르시오.
① 암시하다
② 말살하다
③ 포용하다
④ 폭로하다
⑤ 주입하다

49 빈칸완성 ①

| 분석 |

Ⓐ 민주주의가 시민의 참여를 요구하고 시민들 간의 경쟁을 지향한다는 단서로부터 민주주의가 시민 참여를 극대화하는(maximizes) 체제임을 추론할 수 있다. Ⓑ 차이를 민주주의의 국가 달성의 장애물로 여기는 전통적인 민주주의와 달리, 페미니스트 이론은 차이를 민주주의와 관련하여 전폭적으로 긍정한다고 볼 수 있다. 그런데 앞에서 '차이를 박멸하는 거짓 조화를 거부하면서, 많은 이론가들은 ... 민주주의를 바라고 있다'고 했으므로 차이를 보존하려면 민주주의가 꼭 필요함을 알 수 있다. 따라서 necessitates(필요로 하다)가 적절하다.

Ⓐ와 Ⓑ에 들어갈 말로 가장 적절한 것은?
① 극대화하다 — 필요로 하다
② 선행하다 — 단념시키다
③ 방해하다 — 강화하다
④ 억제하다 — 수반하다
⑤ 감소시키다 — 지시하다

50 내용일치 ③

| 분석 |

"차이를 박멸하는 거짓 조화를 거부하고(차이를 포용하고) 단일한 정체성을 통해 사람들을 정의하는 본질주의를 거부하면서(다양한 정체성 강화), 많은 이론가들은 시민 참여를 극대화하도록 요구하는 민주주의를 바라고 있다."라는 단서로부터 ③ '민주주의에서 차이를 포용하는 것은 참여를 증진하고 다양한 정체성을 강화한다.'는 이 글의 내용과 일치함을 알 수 있다.

다음 중 위 글의 내용과 일치하는 것은?
① 찰스 테일러는 사람들을 단일하고 고정된 정체성에 묶어두는 민주적 권한 부여 정치를 옹호한다.
② 민주주의와 차이에 관한 현대 문헌은 공개 토론을 피하는 수동적 민주주의를 지지한다.
③ 민주주의에서 차이를 포용하는 것은 참여를 증진하고 다양한 정체성을 강화한다.
④ 민주주의는 차이를 없앨 때 번영한다.
⑤ 차이보다 획일성을 강조하는 것이 민주주의에서 다양한 정체성을 강화하는 데 핵심이다.

KYUNG HEE UNIVERSITY

2024학년도 인문 · 체육계열

TEST p. 32~48

01	⑤	02	④	03	③	04	①	05	②	06	④	07	②	08	③	09	⑤	10	④
11	③	12	①	13	③	14	②	15	①	16	④	17	⑤	18	④	19	⑤	20	④
21	③	22	①	23	②	24	③	25	③	26	②	27	①	28	①	29	②	30	⑤
31	⑤	32	①	33	③	34	⑤	35	②	36	⑤	37	④	38	④	39	①	40	⑤

01 동의어 ⑤

| 어휘 |

proclivity n. 성향, 기질, 경향(= predisposition) **sacrifice** n. 희생, 제물 **bloodletting** n. 〈의학〉 사혈(瀉血) **appreciation** n. 진가 알기, 감사, 가치의 상승 **convention** n. 관습, 집회, 협정 **phobia** n. 공포증 **concern** n. 관심사

| 해석 |

이것은 특히 인간의 피가 또 다른, 아마도 의식적인 이유로 선택되었음을 암시한다. 알 수 없는 일이지만, 이 피의 기증자로 선택되는 것은 영광이었을 것이다. 그러나 콜럼버스 이전의 많은 종족들이, 단순한 사혈(瀉血: 피를 뽑는 것)이 아니라, 인간 제물을 바치는 성향을 가졌음을 감안하면, 그것은 열렬히 추구된 영예는 아니었을지도 모른다.

02 동의어 ④

| 어휘 |

enact v. 법을 제정하다 **gun-safety measures** 총기 안전 법안 **flounder** v. 허둥대다, 실수하다(= falter) **uncover** v. 폭로하다, 밝히다 **augment** v. 증대시키다 **emerge** v. 등장하다 **sprout** v. 싹트다, 생기다

| 해석 |

최근 몇 년 동안 Maine주에서는 총기 안전 법안을 제정하려는 노력이 실패로 돌아갔다. 한 총기 법 전문가는 주민들이 Maine주를 안전하다고 생각하는 경향이 있기 때문에 Maine주가 총기규제 법을 제정하기 위한 조치가 느렸다고 말한다.

03 동의어 ③

| 어휘 |

setback n. 좌절, 차질, 방해(= obstacle) **sue for** 청하다 **harden** v. 굳어지다 **opposition** n. 반대, 반발 **sacrifice** n. 희생 **collision** n. 충돌 **advance** n. 발전, 진보

| 해석 |

최근 전장에서의 좌절에도 불구하고 장군은 전투를 포기하거나 그 어떤 종류의 평화도 청할 생각이 없다. 오히려 국가가 적에게 궁극적 승리를 거둘 것이라는 그의 믿음은 일부 참모들을 걱정하게 만드는 형태로 굳어졌다.

04 동의어 ①

| 어휘 |

see out 끝까지 견뎌내다[살다, 지켜보다] **attachment** n. 애착, 집착 **do justice to** 공정하게 평가하다[다루다] **munificence** n. 후함, 아낌없이 줌(= magnanimity) **commitment** n. 몰입, 약속, 전념, 헌신; 책무 **connoisseurship** n. 감식안 **ingenuity** n. 창의력, 재간 **extravagance** n. 낭비, 사치

| 해석 |

평생 독신으로 오슬로 외곽의 저택에서 여생을 보냈던 그는 자신의 일에 가장 큰 애착을 가졌다. 80세의 나이로 세상을 떠났을 때 그는 수천 개의 물품과 개인 서류를 고향에 기증했다. 이제 마침내 그의 고향이 그의 관대함과 그의 천재성을 공정하게 평가하고 있다.

05 동의어 ②

| 어휘 |

pique v. 자극하다, 화나게 하다(= provoke) **tusk** n. 엄니, 상아 **conceive** v. 마음에 품다, 상상하다 **represent** v. 대표하다, 표현하다 **disseminate** v. 살포하다, 퍼뜨리다 **uphold** v. 떠받치다, 지지하다

| 해석 |

프린스턴 대학의 생물학자인 Shane Campbell-Staton은 동물들이 도시와 공해와 같은 인간의 창조물(환경)에 어떻게 적응하는지를 연구한다. 그의 관심은 모잠비크에 위치한 Gorongosa 국립공원의 엄니 없는 암컷 코끼리에 관한 영화로부터 자극 받았다.

06 논리완성 ④

| 분석 |

문화가 '사람들이 참가하는 다양한 사회적 구성체들 전체에서 행하는 다양한 문화적 관행으로 구성된다.'라고 다양성을 강조한 것에서 문화가 단일하고 획일적인 것이 아님을 추론할 수 있다.

| 어휘 |

comprise v. 구성하다 **engage in** 관여하다 **configuration** n. 구성, 배치 **ethnocentric** a. 자민족중심주의의 **consistent** a. 일관된, 일치하는 **esoteric** a. 비밀의, 난해한, 심오한 **monolithic** a. 획일적인, 단일결정의 **inherit** v. 물려받다, 상속되다

| 해석 |

문화는 단일한 것이 아니다: 문화는 사람들이 참가하는 다양한 사회적 구성체들 전체에서 행하는 다채로운 문화적 관행으로 구성된다.

07 논리완성 ②

| 분석 |

사람들이 자신의 행동을 객관적으로 직시하기보다는, 자신의 행동을 설명하고, 변명하고, 정당화하고자 한다는 단서로부터, 사람들이 항상 자신의 행동의 원인을 내부적 혹은 외부적 원인 탓으로 돌리고자 한다는 것을 추론할 수 있다.

| 어휘 |

postulate v. 가정하다, 요구하다 **tout** v. 권유하다, 조르다 **attribute** v. ~탓으로 생각하다[여기다] **account** v. 설명하다, 책임지다 **appraise** v. 평가하다 **recount** v. 상술하다, 이야기하다

| 해석 |

심리학자들은 사람들이 자신의 행동을 설명하고, 변명하고, 정당화하는 방식에 대한 이론을 발전시켰다. 이 이론에서는 사람들은 사건의 상황에 따라 자신이나 다른 사람의 행동을 내부적 또는 외부적 원인 탓으로 돌리도록 동기 부여된다고 가정한다.

08 논리완성 ③

| 분석 |

Although는 역접의 연결사다. 따라서 Although가 이끄는 종속절의 내용과 주절의 내용은 서로 반대가 되어야 한다. 종속절에서 기술의 중립성을 주장했으므로, 주절에는 기술이 중립적이지 않고 기술의 비대칭이 인종적, 계급적 분열을 악화시킨다는 내용이 와야 한다. 그러므로 빈칸에는 ③이 와야 한다.

| 어휘 |

class n. 계급 **division** n. 분열 **access** n. 접근 **alleviate** v. 경감하다, 덜다 **prevent** v. 막다, 방해하다 **exacerbate** v. 악화시키다 **confound** v. 혼동하다, 당황케 하다 **nullify** v. 무효로 하다

| 해석 |

비록 일부 사람들은 기술이 인종적으로 중립적이라고 주장하지만, 다른 사람들은 미국에서 기술의 사용이 자원이 있는 사람들로 하여금 기술의 혜택을 누리게 하고, 가난한 사람들로 하여금 (기술의 혜택에의) 접근을 거부당하게 함으로써 인종과 계급 분열을 악화시켰다고 주장한다.

09 논리완성 ⑤

| 분석 |

문명이 번성하고 쇠퇴하기 위해서는, 먼저 그 문명이 출현해야 한다. 그러므로 빈칸에는 ⑤가 와야 한다.

| 어휘 |

Mesoamerica n. 중앙아메리카 **correspond to** 해당하다 **flourish** v. 번성하다 **millennium** n. 천년 **release** v. 발표하다, 출시하다, 해방하다 **transfer** v. 넘겨주다, 옮기다

| 해석 |

오늘날의 중앙아메리카와 멕시코 남부에 해당하는 메소아메리카에서는 기원전 1,200년경에 처음으로 중요한 사회가 등장하여 수세기 동안 번성하다가, 500년 조금 더 지난 후 결국 쇠퇴했다.

10 논리완성 ④

| 분석 |

비만이라는 만성 질병이 환자들에게 주는 것은 고통이다. 따라서 빈칸에는 ④가 와야 한다.

| 어휘 |

obesity n. 비만 **chronic disease** 만성 질환 **afflict** v. 괴롭히다 **substantiate** v. 구체화하다 **nettle** v. 안달 나게 하다 **taunt** v. 비웃다

| 해석 |

비만은 흔하고 심각하면서도 비용이 많이 드는 만성 질환으로, 미국 성인의 40% 이상과 어린이의 거의 20%가 앓고 있다.

11 논리완성 ③

| 분석 |

변덕, 경박함, 여성스러움, 비겁함, 우유부단이라는 자질들로부터 군주가 자신을 보호해야 한다는 것은 이것들이 군주의 바람직하지 못한 자질이라는 말이므로 군주를 경멸받게 만들 것이다. 따라서 빈칸에는 ③이 와야 한다.

| 어휘 |

frivolous a. 경솔한 **effeminate** a. 여자 같은, 나약한 **cowardly** a. 비겁한 **irresolute** a. 우유부단한 **reef** n. 암초 **subject** n. 신하, 가신, 신민 **irrevocable** a. 취소할 수 없는, 돌이킬 수 없는 **allured** a. 매혹하는, 유혹된 **collaborative** a. 협력적인, 합작의 **despised** a. 경멸하는 **maudlin** a. 감상적인 **optimistic** a. 낙천적인

| 해석 |

그를 경멸받게 만드는 것은 변덕이 심하고, 경박하고, 여성스럽고, 비겁하고, 결단력이 없는 것으로 여겨지는 것이다. 군주는 마치 암초로부터 자신을 보호하듯이 이러한 (부정적인) 자질들로부터 자신을 보호해야 한다. 군주는 자신의 행동에서 모든 사람이 위대함과 정신과 존엄함과 힘을 알아차리도록 만들려고 애써야 한다. 그리고 군주는 신하들의 사적인 일에 관해서는, 자신의 결정이 되돌릴 수 없다고 주장해야 한다.

12 논리완성 ①

| 분석 |

인간의 이해력은 자신이 선택한 이론 — 일종의 편견 — 을 벗어날 수 없다는 것이 이 글의 논지다. 자신이 선택한 의견과 반대되는 수많은 사례에도 불구하고 인간은 자신의 편견을 고집하고 심지어는 신성시하며 어떤 경우에도 그 편견을 포기하지 않는다. 그러므로 빈칸에는 ①이 와야 한다.

| 어휘 |

adopt v. 채택[채용]하다 **neglect** v. 무시하다 **despise** v. 경멸하다 **distinction** n. 구별, 차별 **set aside** 제쳐두다 **pernicious** a. 해로운, 파멸적인 **predetermination** n. 사전에 결정[운명]짓기 **inviolate** a. 침범되지 않은, 신성한 **vilify** v. 비방하다, 중상하다 **indefinite** a. 애매한, 불명확한 **cryptic** a. 비밀의, 수수께끼 같은 **assess** v. 평가하다, 가늠하다

| 해석 |

인간의 이해력은, 어떤 의견을 일단 채택하고 나면, 다른 모든 의견들을 그 의견을 지지하고 그 의견과 일치하게 만든다. 그리고 반대편에서 더 많고 더 중요한 사례들이 발견된다 할지라도, 인간의 이해력은 이것들을 무시하고 경멸하거나, 아니면 어떤 차별을 통해, 옆으로 제쳐두고 거부하는데, 그것은 이 크고 해로운 예정을 통해, 인간의 이해력이 먼저 내린 결론의 권위가 침해되지 않도록 하기 위해서이다.

13 논리완성 ③

| 분석 |

'부의 지역적 집중이 심화되면서 출발선은 더욱 불균등해졌다.'라는 단서로부터 성공한 사람들이 자신들의 자녀를 위해 자원을 '축적하고' 있음을 추론할 수 있다.

| 어휘 |

conservatism n. 보수주의 **illegitimate** a. 불법의, 서출의 **deplete** v. 고갈하다 **publicize** v. 알리다, 공개하다 **hoard** v. 저장하다 **mar** v. 훼손하다, 망쳐놓다 **oversee** v. 감독하다, 두루 살피다

| 해석 |

민주국가에서, 보수주의는 기회의 평등에 기반을 둔다. 만일 모든 사람이 공평하게 출발하지 않으면, 일부만이 상을 움켜쥐는 인생의 레이스는 불공정한 것으로 간주된다. 그러나 지난 40년 동안 성공한 사람들이 자녀를 위해 자원을 축적하고, (그에 따라) 부의 지역적 집중이 심화되면서 출발선은 더욱 불균등해졌다.

14 논리완성 ②

| 분석 |

많은 사람들이 심해에 '아주 오래된 형태의 생명체, 즉 '살아있는 화석'이 아직 발견되지 않은 채 숨어 있을지도 모른다고 생각하게 되었다.'라는 단서로부터, 사람들이 심해의 생명체가 고대로부터 지금까지 '변함 없이' 존재해온 것으로 생각하고 있다는 것을 알 수 있다.

| 어휘 |

eeriness n. 무시무시함, 섬뜩함 **great depths** 심해 **luck** v. 잠복하다 **trilobites** n. 삼엽충 **Cambrian** a. 〈지질〉 캄브리아기의 **Silurian** n. 〈지질〉 실루리아기 **Mesozoic** n. 〈지질〉 중생대 **ephemerality** n. 단명(短命), 덧없음 **unchangingness** n. 불변 **homogeneity** n. 동질성, 균질성 **variety** n. 다양성, 각양각색 **manifoldness** n. 복합적임, 다양함

| 해석 |

심해의 신비함, 섬뜩함, 고대로부터의 불변성 때문에, 많은 사람들은 아주 오래된 형태의 생명체, 즉 '살아있는 화석'이 심해에 아직 발견되지 않은 채 숨어 있을지도 모른다고 생각하게 되었다. (해저 탐사선) '챌린저'호 과학자들의 마음속에는 그런 희망이 얼마간 있었을지도 모른다. 그들이 그물로 건져 올린 생명체들은 충분히 기괴했고, 그 대부분은 인류가 본 적이 없는 것들이었다. 하지만 기본적으로 그 생명체들은 현대에 속하는 유형의 것이었다. 캄브리아기의 삼엽충이나 실루리아기의 바다 전갈처럼 중생대에 바다를 침범한 거대한 해양 파충류를 연상시키는 것은 없었다.

15~17

한때는 속삭임이었던 어떤 느낌이 날마다 더 커지고 있다. 빙하가 녹고, 아이들이 학살당하고, 증오가 만연하다. 때로는 세상이 절망의 밑바닥에 가까워지고 있는 것처럼 느껴진다. 아니 당신들도 그렇게 되고 있는 것 같다.

절망에 대한 해독제가 희망일 수 있다고 전문가들은 말한다. 희망은 인간이 가진 가장 강력한 사고방식 중 하나이며, 손이 닿지 않는다고 느껴질 때조차도 획득할 수 있다. 희망을 갖는다는 것은 소망적인 사고나 맹목적인 낙관주의를 갖는 것을 의미하지 않는다. 오히려 희망은 미래가 더 나아질 수 있다는 믿음 또는 기대이며, 더 중요하게는 우리에게 그러한 미래를 추구할 수 있는 능력이 있다는 믿음 또는 기대이다. 따라서 희망의 반대는 비관주의가 아니라 오히려 동기를 상실한 무관심이다. <높은 희망을 가진 사람들은 계속 수동적으로 있지 않고 본질적으로 의미 있는 하나 이상의 목표를 향해 항상 노력을 경주한다.> 소망이 수동적인 반면, 희망은 소망하는 것에 한 걸음 더 다가가기 위해 행동하는 것이다.

희망을 갖는 것은 다양한 이점과도 관련이 있다. 연구에 따르면, 일생 동안 많은 희망을 가진 사람은 만성적인 건강 문제가 적고, 우울하거나 불안해할 가능성이 적으며, 사회적 지지도 강하고, 더 오래 사는 경향이 있다고 한다.

| 어휘 |

whisper n. 속삭임 **glacier** n. 빙하 **slaughter** v. 학살하다 **rampant** a. 만연한 **nadir** n. 천저(가장 낮은 곳) **antidote** n. 해독제 **engage in** 참여하다 **wishful thinking** 소망적 사고(바라는 대로 이뤄질 것이라고 생각하는 것) **blind** a. 맹목적인 **pursue** v. 추구하다 **apathy** n. 무관심 **take action** 조치를 취하다 **an array of** 다수의 **chronic** a. 만성적인 **depressed** a. 우울한

15 동의어 ①

| 분석 |

rampant는 '만연한'이라는 뜻이므로 ①의 prevalent가 정답이다.

밑줄 친 단어 "rampant"와 가장 가까운 의미를 가진 것은?

① 만연한
② 삼가는
③ 꼼꼼한
④ 계속되는
⑤ 끈질긴

16 문장삽입 ④

| 분석 |

주어진 문장, 즉 '높은 희망을 가진 사람들은 계속 수동적으로 있지 않고 본질적으로 의미 있는 하나 이상의 목표를 향해 항상 노력을 경주한다.는 높은 희망을 가진 사람들은 수동적이지 않고 능동적이라는 특징을 설명하고 있다. 그런데 Ⓓ 다음에 오는 문장이 '소망이 수동적인 반면, 희망은 원하는 것에 한 걸음 더 다가가기 위해 행동하는 것이다.'라는 뜻으로 희망의 능동성을 말하고 있다. 따라서 주어진 문장은 Ⓓ에 들어가는 것이 논리적으로 적절하다.

17 내용일치 ⑤

| 분석 |

마지막 단락에서 '희망을 가진 사람은 만성적인 건강 문제가 적다.'고 했지만 그렇다고 희망의 반대인 냉담이 건강을 급격히 악화시킨다고까지 말할 수는 없으므로 ⑤가 본문의 내용과 일치하지 않는다. ① 희망의 반대는 무관심이라 했다. ② 두 번째 단락 마지막 문장에서 언급되었다. ③ 절망의 해독제가 희망일 수 있다고 했다. ④ 첫 단락에서 세상도 당신들도 절망의 밑바닥에 가까워지고 있는 것처럼 느껴진다고 했다.

다음 중 이 글의 내용과 일치하지 않는 것은?

① 희망이 있는 사람은 삶에 무관심하지 않다.
② 희망은 원하는 결과를 얻기 위해 무언가를 하는 것을 수반한다.
③ 역경의 시기에는 희망을 통해 절망을 극복할 수 있다.
④ 우리 주변의 역경은 때때로 우리가 바닥을 치고 있다고 느끼게 한다.
⑤ 냉담한 감정을 가지면 건강 상태가 급격히 악화될 가능성이 높다.

18~19

일부 연구자들은 수면이 선언적 기억(사실, 정보와 관련된 기억)을 강화하는 데 아무런 역할을 하지 않는다고 주장한다. 이 연구자들은 급속 안구 운동(REM) 수면 장애가 있는 사람들이 정상적인 생활을 계속하고 있다고 지적한다. 그리고 이 연구자들은 수면이 기억에 중요한 역할을 한다면, 이 사람들에게 명백한 기억손상이 있을 것이라고 주장한다. 그러나 (동시에) 같은 연구자들은 이러한 개인들의 인지 능력이 체계적으로 조사된 바가 없으며, 이러한 개인들은 수행 능력이 수면에 의존하는 것으로 알려진 과제에 대한 연구의 대상도 된 적이 없다는 점 또한 인정한다. (더 나아가) 이러한 연구들이 이루어진다고 하더라도, 그 연구들은 일반적인 수면이 아니라, 렘수면의 역할에 대한 이해를 명확히 할 수 있을 뿐이다.
이 연구자들은 또한 하룻밤 사이에 기억력이 향상되는 것은 수면으로 인한 것이 아니라 단순한 시간의 흐름으로 인한 것으로 설명할 수 있다고 주장한다. 그러나 수면이 깨어 있는 동안의 정신 활동으로 인한 미래의 간섭으로부터 선언적 기억을 안정화시킨다는 것을 보여주는 연구를 포함하여, 수면 후 기억력에 대한 최근의 연구는 이러한 주장을 지속 가능하지 않게 만든다. 물론 깨어 있는 동안에도 기억 강화 과정이 일어나며, 그 중 일부는 수면에 의존하지도 않고 수면에 의해 향상되지도 않는다. 그러나 수면과 깨어 있는 상태를 비교했을 때, 수면 후 수행 능력이 더 좋다면 수면이 기억력에 미치는 일부 이점은 인정되어야 한다.

| 어휘 |

consolidation n. 통합, 합동 **declarative memory** 선언적 기억(의식적으로 회상하고 "선언"할 수 있는 사실이나 사건에 대한 기억) **note** v. 지적하다 **impairment** n. 손상, 감손 **rapid eye movement** 급속 안구운동(REM) **memory deficits** 기억 손상 **performance** n. 수행능력

18 빈칸완성 ④

| 분석 |

빈칸 Ⓐ는 주절이 연구 효과가 제한적임을 지적하는 부정적인 내용이므로 '연구들이 이루어진다고 하더라도'라는 의미가 되게 양보의 접속사 Even if나 Even though가 적절하다. 한편, 하룻밤 사이에 기억력이 향상되는 것은 수면에 기인하는 것이거나 혹은 단순한 시간의 흐름에 기인하는 것이다. 따라서 빈칸 Ⓑ에는 '~에 기인하다'라는 의미의 attributed to가 와야 한다.

다음 Ⓐ와 Ⓑ에 들어갈 말로 가장 적절한 것은?
① 만일 — 조절하다
② ~때문에 — 틀렸음을 입증하다
③ ~동안에 — 설명하다
④ 비록 ~일지라도 — 기인하다
⑤ 비록 ~일지라도 — 박탈하다

19 내용일치 ⑤

| 분석 |

'하지만 수면과 깨어 있는 상태를 비교했을 때, 수면 후 수행 능력이 더 좋다면 수면이 기억력에 미치는 일부 이점은 인정되어야 한다.'라는 마지막 문장의 단서로부터 ⑤가 본문의 내용과 일치하지 않는다는 것을 알 수 있다. 또 첫 문장에서 이렇게 주장한 연구자들은 램 수면장애자도 정상생활을 한다고 지적하지만 그 이하에서 연구조사가 아직 이루어지지 않았다고 한 점으로 볼 때 충분한 증거가 있다고는 할 수 없다. ③ 두 번째 단락 첫 문장의 '하룻밤 사이에 발생하는 기억력 향상은 수면으로 인한 것이 아니라 단순한 시간의 흐름으로 인한 것으로 설명할 수 있다'라는 주장은 그 다음 문장에서 '수면 후 기억력에 대한 최근의 연구는 이러한 주장을 지속 가능하지 않게 만든다'고 하여 그 타당성이 부정되었는데, 부정되면 수면으로 인한 것일 수도 있고 단순한 시간의 흐름으로 인한 것일 수도 있다는 말이 되므로 글의 내용과 일치한다.

다음 중 이 글의 내용과 일치하지 않는 것을 고르시오?
① 렘수면 장애가 있는 사람도 정상적인 생활을 계속할 수 있다.
② 수면이 선언적 기억에 미치는 영향을 확인하기 위해서는 렘수면 장애가 있는 개인의 인지 능력이 체계적으로 검사되어야 한다.
③ 하룻밤 사이에 발생하는 기억력 향상은 단순히 시간의 흐름으로 설명할 수 있다.
④ 일부 연구 결과들은 선언적 기억을 안정시키는 데 있어서 수면의 역할을 입증해준다.
⑤ 수면이 선언적 기억의 통합에 아무런 역할을 하지 않는다는 결론을 내릴 수 있는 충분한 증거가 있다.

20~21

인종 차별과 편견은 고통스러운 현실이며 성인과 어린이의 건강에 해로운 것으로 점점 더 많이 인식되고 있다. 이러한 스트레스 경험은 임신 중에 산모로부터 아이에게 전달되어 유아의 뇌 회로의 강도를 변화시키는 것으로 보인다. 최근 연구에 따르면, 차별을 경험한 산모의 유아는 일반적으로 편도체와 전전두엽 피질 사이의 연결이 약하다고 한다. 편도체는 감정 처리와 관련된 뇌 영역으로, 많은 기분 장애에서 변화된 모습을 보인다. 또한 편도체는 얼굴을 구별하는 것과 같은 민족 및 인종적 처리에도 관여하는 것으로 보인다. 이 연구 결과는 연구자들이 발견한 연결성 변화가 유아의 감정 조절 능력을 감소시키고 정신 건강 장애의 위험을 증가시킬 수 있음을 시사한다.

| 어휘 |

discrimination n. 차별 **detrimental** a. 유해한 **pregnancy** n. 임신 **brain circuit** 뇌 회로 **strength** n. 강도, 내구력 **amygdala** n. 편도체 **prefrontal cortex** 전전두엽 피질

20 빈칸완성 ④

| 분석 |

빈칸 Ⓐ는 '최근 연구에 따르면 차별을 경험한 산모의 유아는 일반적으로 편도체와 전전두엽 피질 사이의 연결이 약하다고 한다.'라는 단서로부터 차별에 따른 스트레스의 경험이 산모에게서 유아에게로 '전달'됨을 추론할 수 있다. 빈칸 Ⓑ는 유아의 감정 조절 능력을 감소한다는 것은 유아의 정신 건강 장애의 위험이 '증가'한다는 것을 의미한다.

다음 중 Ⓐ와 Ⓑ에 들어갈 말로 가장 적절한 것은?
① 명령하다 — 제거하다
② 수여하다 — 상쇄하다
③ 유전하다 — 감소하다
④ 전달하다 — 증가하다
⑤ 채택하다 — 용이하게 하다

21 내용추론 ③

| 분석 |

이 글 어디에도 출산율과 관련된 내용은 보이지 않는다. 그러므로 이 글에서 추론할 수 없는 것은 ③ '출산율을 높이려면 문화적 포용성을 높여야 한다.'이다. ④ 편도체를 가리킨다.

다음 중 이 글로부터 추론할 수 없는 것은?
① 특히 임신 중에는 사람들을 대하고 사람들과 상호작용하는 방식이 중요하다.
② 임신 중 차별의 경험은 자녀에게 심각한 영향을 미칠 수 있다.
③ 출산율을 높이려면 문화적 포용성을 높여야 한다.
④ 뇌의 동일한 영역이 감정과 인종 처리를 모두 처리한다.
⑤ 편도체는 태아기 스트레스에 민감하다.

22~23

우리의 식단은 상징적인 듀오(짝)로 가득하다. 땅콩버터와 젤리. 계란과 베이컨. 쿠키와 우유. 하지만 그 중에서도 단연 돋보이는 듀오가 있으니, 바로 소금과 후추다. 파스타부터 샐러드 드레싱, 수프와 타코에 이르기까지 거의 모든 맛 좋은 요리법에는 소금과 후추가 필요하다. 때로 소금과 후추는 모든 요리를 위한 최소한의 향신료 혼합으로 여겨지기도 한다.

소금이 우리 몸에 미치는 영향, 특히 고혈압과 같은 문제에 대해 항상 논란이 있어 왔다. 하지만 이에 대응되는 후추는 어떨까? 후추도 건강에 좋을까, 아니면 소금과 마찬가지로 과다 섭취를 피해야 할까? 후추에는 다양한 건강상의 이점이 있는 항산화제와 같은 화합물이 포함되어 있지만, 후추가 질병의 효과적인 치료법이나 질병의 발병을 예방하는 데 도움이 된다는 데이터는 아직 충분하지 않다.
그러나 후추를 다른 향신료 대신 사용하면 질병 예방이나 치료에 도움이 될 수 있다. 과도한 나트륨 섭취는 고혈압증 또는 고혈압이라는 질환을 유발할 수 있다. 고혈압 환자는 심장마비나 뇌졸중과 같은 심혈관 합병증을 예방하기 위해 나트륨 섭취를 제한하는 것이 좋다. 소금이 적은 음식은 맛이 떨어질 수 있기 때문에 이는 어려울 수 있다. 이때 후추와 같은 향신료는 건강에 영향을 주지 않으면서도 풍미를 더할 수 있기 때문에 큰 도움이 될 수 있다. 후추는 후추가 아니면 밋밋할 수 있는 요리를 아주 부드러운 맛으로 바꿔줄 수 있다.

| 어휘 |

iconic a. 상징적인 **take the cake** 단연 뛰어나다 **savory** a. 맛있는, 즐거운 **recipe** n. 요리법 **seasoning blend** 조미료 혼합 **chatter** n. 수다, 논란 **excess** a. 과도한 **antioxidant** n. 항산화제 **ailment** n. 질병 **development** n. 발병 **substitute** n. 대체, 대용품, 예비품 **hypertension** n. 고혈압 **sodium** n. 나트륨 **consumption** n. 섭취 **cardiovascular** a. 심장 혈관의 **complications** n. 합병증 **stroke** n. 뇌졸중 **make a huge difference** 도움이 되다 **bland** a. 밋밋한

22 글의 제목 ①

| 분석 |

식단의 대표적인 듀오인 소금과 후추에 대해 이야기하면서, 소금은 건강상의 문제를 일으킬 수 있는 반면, '후추는 다른 향신료 대신 사용하면 질병 예방이나 치료에 도움이 될 수 있고, 건강에 영향을 주지 않으면서도 풍미를 더할 수 있음'을 말하고 있는 내용이다. 그러므로 제목으로는 ①이 가장 적절하다.

다음 중 이 글의 제목으로 가장 적절한 것은?
① 후추를 대용품으로 사용해보세요.
② 최고의 조미료 블랜드(혼합): 소금과 후추
③ 후추는 항산화 성분을 함유하고 있다
④ 후추는 질병을 예방한다.
⑤ 후추의 강한 풍미

23 빈칸완성 ②

| 분석 |

빈칸 Ⓐ는 나트륨의 과도한 섭취가 고혈압을 불러온다는 단서로부터 '섭취하다' 정도의 표현이 와야 함을 추론할 수 있다. 빈칸 Ⓑ의 경우, 후추를 음식에 넣으면 음식 맛이 살아나므로 음식의 맛이 밋밋해진다는 것은 후추를 음식에 넣지 않은 경우라는 것을 추론할 수 있다. 따라서 빈칸 Ⓑ에는 '그렇지 않으면'이 와야 한다.

다음 중 Ⓐ와 Ⓑ에 들어갈 말로 가장 적절한 것은?
① 소화 — 이상하게
② 섭취 — 그렇지 않으면
③ 추출 — 몹시, 지독히
④ 한입, 한입 물어뜯기 — 독창적인
⑤ 탐닉, 방종 — 지나치게

24 문장배열 ③

| 분석 |

이 문제를 푸는 단서는 두 가지이다. 그 하나는 이 글이 역사적 사실을 연대기적으로 기술하고 있다는 것이고 다른 하나는 이 글의 구조가 인과논리에 기대고 있다는 것이다. 그러므로 이 글은 제 2차 대전 중 미국 여성들의 노동시장 참여에서 시작하여 1950년대의 여성들의 농업 노동 시장에 대한 설명으로 마무리된다. 즉, 2차 대전으로 인한 여성 고용의 변화라는 주제를 곧바로 언급한 Ⓓ가 먼저 오고, Ⓓ에서 여성 역할의 변화를 인정한 것에 이어 제조업에 여성이 거의 없었음을 인정한 Ⓔ가 그다음에 오고, 농업 분야에서는 여성 고용이 계속되었음을 언급한 Ⓑ가 그다음에 오고, 농업 분야에서 여성을 더 많이 고용하게 되었다고 한 Ⓒ가 그다음에 오고, 그 결과 1950년대에도 농업에서의 여성 고용이 늘어났다는 Ⓐ가 마지막에 오는 것이 적절한 순서이다.

| 어휘 |

scholarship n. 학문, 연구 **workforce** n. 노동력 **manufacturing job** 제조업 **temporary worker** 임시직 노동자 **engage in** 종사하다 **rhetoric** n. 수사, 수사학

| 해석 |

Ⓓ 미국의 여성 고용에 관한 대부분의 연구들은 2차 세계대전으로 인해 노동력에서 여성의 역할이 극적으로 변화했음을 인정한다. Ⓔ 이 연구들은 또한 남성들이 전쟁에서 돌아온 후에, 제조업 일자리에 남아있는 여성은 거의 없었다는 사실을 인정한다. Ⓑ 그러나 여성을 임시직으로 여겼던 다른 산업과 달리, 농업 분야에서의 여성 고용은 전쟁과 함께 끝나지 않았다. Ⓒ 대신, 농업의 확장과 남성 농업 노동자의 꾸준한 감소라는 현상이 결합된 결과, 농업업계에서는 전후 몇 년 동안 더 많은 여성을 고용하게 되었다. Ⓐ 결과적으로, 1950년대에는 여성을 가정으로 복귀시켜야 한다는 대중매체의 수사에도 불구하고 농업 노동에 종사하는 여성의 수는 증가했다.

25~27

마다가스카르 남부의 주민들이 위험에 처해 있다. 유엔에 따르면 110만 명 이상이 기아에 허덕이고 있다. 이는 5세 미만 어린이 50만 명 이상이 심각한 영양실조 위험에 처해 있다는 것을 의미한다. 많은 가정이 선인장으로 빈약한 식단을 채우고 있다.
이러한 재난에는 여러 가지 원인이 있으며, 유엔은 기후 변화를 강조한다. 인간이 초래한 기후 변화는 확실히 세계에서 네 번째로 큰 이 섬에 영향을 미쳤다. 마다가스카르 남부는 오랫동안 불규칙한 비로 고통받아왔다. 가뭄은 흔하고 1903년, 1910년, 1916년, 1921년, 1943년에는 기근이 기록되기도 했다. 하지만 최근에는 비가 더욱 불규칙해져 40년 만에 최악의 가뭄을 겪고 있다. 주식인 카사바의 수확량은 평년보다 60~90% 감소할 것으로 예상된다. 쌀 가격도 치솟고 있다.
게다가, 코로나19는 사람들을 더욱 가난하게 만들었다. 빠르게 증가하는 인구에도 불구하고, 마다가스카르의 경제는 작년에 4.2% 감소했다. 마다가스카르는 외부 세계로부터 거의 담을 쌓아 주요 수입원인 관광업이 붕괴되었다. 여우원숭이를 찾아 열대우림을 트레킹하던 부유한 외국인들은 이제 집에 머물러 있다. 이들에게 의존하던 150만 명의 주민들은 생계 수단을 잃었다.
기부자들은 사람들이 굶주리지 않도록 힘을 보태야 한다. 특히 어린이들은 성장단계에서 몸과 마음이 발육부진상태로 되지 않으려면 충분한 영양분이 필요하다. 동시에 현재의 재난은 마다가스카르 정부에 경각심을 불러일으키는 계기가 되어야 한다. 만일 역대 정권이 그토록 오랫동안 경제를 잘못 관리하지만 않았었다면, 마다가스카르는 (지금) 충격에 더 잘 대처할 수 있을 만큼 번영했을 것이다.

| 어휘 |

malnourished a. 영양실조의 **eke out** 보충하다, ~의 부족분을 채우다 **meager** a. 빈약한 **cactus** n. 선인장 **calamity** n. 재난 **erratic** a. 불규칙한 **cassava** n. 카사바나무(여러 가지 방법으로 요리하거나 가루로도 빻아서 식용함) **staple** n. 주식 **all but** 거의 **shut oneself off from** ~로부터 담을 쌓다, 단절하다 **lemur** n. (마다가스카르산) 여우원숭이 **stunted** a. 발육[성장]을 저해당한 **wake-up call** 사람들의 주의를 촉구하는 일 **well-heeled** a. 부유한, 돈이 많은

25 동의어 ③

| 분석 |

well-heeled는 '유복한', '부유한'이라는 의미이므로, ③이 정답이다.

밑줄 친 단어 "well-heeled"와 가장 가까운 의미를 갖고 있는 것은?

① 외향적인
② 모험심이 넘치는
③ 부유한
④ 활력이 넘치는
⑤ 교양 있는

26 글의 어조 ②

| 분석 |

'만일 역대 정권이 그토록 오랫동안 경제를 잘못 관리하지만 않았었다면, 마다가스카르는 (지금) 충격에 더 잘 대처할 수 있을 만큼 번영했을 것이다.'라는 밑줄 친 문장은 역대정권의 실정을 비판하는 톤을 담고 있다. 따라서 밑줄 친 문장의 톤은 ② '비판적'이다.

다음 중 밑줄 친 문장의 어조를 가장 잘 묘사하고 있는 것은?

① 낙담한
② 비판적인
③ 동정적인
④ 당황한
⑤ 냉소적인

27 내용추론 ①

| 분석 |

많은 가정이 선인장으로 빈약한 식단을 채우고 있다고 한 것과 주식인 카사바의 수확량은 평년보다 60~90% 감소할 것으로 예상된다고 한 것에서 선인장은 모자라는 식량을 보충하는 것이고 주식은 카사바임을 알 수 있으므로 ①이 추론할 수 없는 것이다. ⑤ 마다가스카르는 외부 세계로부터 거의 담을 쌓아 주요 수입원인 관광업이 붕괴되어서 주민들이 생계 수단을 잃은 것은 최근의 경제 위기가 이들의 빈곤의 부분적인 원인임을 말해준다.

다음 중 이 글로부터 추론할 수 없는 것은?

① 선인장은 오랫동안 마다가스카르 남부에서 선호되는 주식이었다.
② 불규칙한 비는 마다가스카르 남부에서 예상치 못한 사건이 아니다.
③ 영양실조는 건강에 중대한 영향을 미칠 가능성이 높다.
④ 마다가스카르 경제가 살아나려면 관광산업이 다시 일어서야만 한다.
⑤ 마다가스카르의 빈곤은 부분적으로 최근의 경제 위기로 인한 것이다.

28~29

여성의 신화(여성을 신화화하는 것)는 문학에서 상당한 부분을 차지한다. 하지만 일상생활에서 그것은 얼마나 중요한가? 그것은 개인의 관습과 행동에 어느 정도로 영향을 미치는가? 이 질문에 대답하려면 이 신화가 현실과 맺고 있는 관계를 정확하게 기술할 필요가 있을 것이다.

신화에는 다양한 종류가 있다. 인간 조건의 <가변적인> 측면 — 즉 인류를 두 계층의 개인으로 "분할"하는 것 — 을 승화시키는 이 여성의 신화는 정적인 신화이다. 그것은 직접 경험되거나 경험에 기초하여 개념화되는 현실을 플라톤의 이데아 영역에 투사한다. 사실, 가치, 의미, 지식, 경험적 법칙 대신에, 그것은 시간을 초월하고 불변하며 필수적인 초월적 이데아로 대체한다. 이 이데아는 주어진 것 너머에 있기 때문에 논란의 여지가 없다. 그것은 절대적인 진리를 부여받았다. 따라서 실제 여성의 분산되고, 우연적이고, 다중적인 존재에 반대하는 것처럼, 신화적 사유는 유일하고 불변하는 영원한 여성성에도 반대한다. 이 개념에 대해 제공된 정의가 살과 피를 지닌 평범한 여성의 행동과 모순된다면, 틀린 것은 후자이다. 우리는 여성성이 거짓 실체라는 말을 듣게 되는 것이 아니라, 관련된 여성이 여성적이지 않다는 말을 듣게 된다. 경험의 반대되는 사실들은 신화에 맞서 무력하다.

| 어휘 |

considerable a. 상당한 **bear** v. 맺다 **sublimate** v. 승화하다 **project** v. 투사하다 **Platonic ideas** 플라톤의 이데아 **in place of** ~대신에 **significance** n. 의미 **substitute** v. 대체하다 **transcendental Idea** (현실을 넘어서는) 초월적인 이데아 **endow** v. 부여하다 **dispersed** a. 분산된 **contingent** a. 우발적인, 불의의 **contradict** v. 모순되다 **flesh-and-blood** n. (평범한·정상적인) 인간 **impotent** a. 무력한

28 문맥상 적절하지 않은 단어 고르기 ①

| 분석 |

인류를 두 계층의 개인으로 "분할"하는 인간의 조건이란 것의 의미는, 인간이 남자와 여자로 나누어져 있다는 것이다. 인간이 남자와 여자로 분할된다는 것은 변할 수 없는 불변적인 인간의 조건이다. 그러므로 Ⓐ mutable을 immutable로 고쳐야 한다.

29 빈칸완성 ②

| 분석 |

이 글은 시몬드 보부아르 『제 2의 성』의 일부이다. 여기서 여성의 신화는 고대의 신화가 아니라 우리 사회가 여성에 대해 갖고 있는 여성에 대한 편견이다. 마지막 문장에서 '경험의 반대되는 사실은 신화에 맞서 무력하다.'고 했는데, 이것은 여성에 대한 우리의 편견이 아주 견고하다는 것이다. 따라서 여성이 우리의 편견에서 벗어나는 언행을 하게 되면, 편견에 사로잡힌 우리는 그러한 언행을 '여성적이지 않다'라고 판단한다.

빈칸에 들어가기에 가장 적절하게 추론된 문구를 고르시오.

① 어떤 여성들은 지적이지 않다
② 관련된 여성은 여성적이지 않다
③ 여성은 동료 인간이다
④ 여성은 다중적 존재다
⑤ 여성은 일반적으로 호전적이지 않다

30~31

한 젊은 여성이 책을 들고 미소를 짓는다. "오늘이 내가 'The Song of Achilles'를 읽는 첫날입니다."라고 그녀가 말한다. 영상이 앞으로 넘어간다. "그리고 이렇게 나는 이 책을 끝냅니다." 눈물로 얼룩진 얼굴로 그녀는 신음한다. "당신을 흐느끼게 만들 책"이라는 제목의 또 다른 영상에서는 "울지 않고는 생각할 수 없다", "결국 너무 많이 울었다. (너무 울어서) 셔츠를 갈아입어야 했다." 등 다양한 이야기가 어떻게 독자들을 울게 만들었는지에 대한 메모 글을 제공한다. 이것은 TikTok 앱의 문학 부문으로 잘 알려진 BookTok이다. 빅토리아 시대 멜로드라마의 감정적 피치를 상상하고, 여기에 음악을 추가하면, 당신은 (BookTok에 대한) 일반적인 아이디어를 얻게 된다.
BookTok은 열정적이다. 그것은 적어도 출판사에게는 수익성이 있다. 영국에 본사를 둔 출판사인 Bloomsbury는 최근 기록적인 매출과 220%의 이익 증가를 보고했는데, 이 회사의 사장인 Nigel Newton은 (이런 이익의 증가가) 부분적으로는 BookTok의 "절대 현상"에 기인한 것이라고 말했다.
Amazon에서 BookTok은 너무나 영향력이 커서 책 제목 자체에 뛰어들었다. 예를 들어, 소설 "It Ends With Us,"는 이제 "It Ends With Us.: 틱톡 때문에 이 책을 사게 되었어요!"로 목록에 실린다. 분명히 TikTok은 좋은 일을 했다. 이 로맨스(소설)는 영국과 미국 모두에서 상위 100위 안에 들었다.
이 매체(BookTok)는 보기만큼 지나치게 감정적이지는 않다. 과장된 감정의 대부분은 아이러니하고, 일부 동영상은 매우 재미있으며, 특히 남성의 시선을 조롱하는 해시태그 #writtenbymen이 있는 동영상은 매우 웃기다. 그럼에도 불구하고 (BookTok의) 많은 동영상들은 주류 서평가들로 하여금 경멸의 말을 하게 할 것이다. <그런데 왜 BookTok의 스타인 젊은 여성들이, 구시대 문학가들이 자신들을 어떻게 생각하는지에 관심을 가져야 하는가?> 상당히 최근까지도 이들(여성들)의 관점은 소설과 비평 모두에서 소외되었다. 대부분의 소설 독자가 여성임에도 불구하고 백인 남성이 두 분야를 모두 지배했다.

| 어휘 |

moan v. 신음하다 **stained** a. 얼룩진 **sob** v. 흐느끼다 **assorted** a. 선별된, 잡다한 **bawl** v. 외치다, 울다 **put down to** ~탓으로 돌리다 **leap into** ~에 이르다 **gushy** a. 지나치게 감정적인, 과장된 말을 하는 **poke fun at** 조롱하다 **male gaze** (여성을 성적으로 바라보는) 남성의 시선 **tut** n. 쯧[체](하고 혀를 차기: 경멸이나 모욕을 나타냄)

30 글의 제목 ⑤

| 분석 |

이 글은 최근 젊은 여성들 사이에서 선풍적인 인기를 얻고 있는 새로운 형태의 독서 경험 발표 방식이자 서적 판매 방식이기도 한 BookTok을 다루고 있다. 따라서 적절한 제목은 ⑤이다.

다음 중 이 글의 제목으로 가장 적절한 것은?

① BookTok은 로맨스 장르를 대중화하고 있다.
② 새로운 형태의 문학 비평이 도서 판매를 촉진하고 있다.
③ 젊은 여성들이 소설 읽기에 대한 욕구를 되살리고 있다.
④ 젊은 여성들의 감상주의는 최근 유행하는 신드롬이다.
⑤ BookTok이 전통적인 서적 판매 방식을 바꾸고 있다.

31 문장삽입 ⑤

| 분석 |

주어진 문장은 '그런데 왜 BookTok의 스타인 젊은 여성들이 구시대 문학가들이 자신들을 어떻게 생각하는지에 관심을 가져야 하는가?'이다. 이 문장의 핵심은 구시대의 문학가들과 BookTok의 스타들과의 관계이다. 이 글에서 이 둘 사이의 관계가 언급되는 것은 이 글의 마지막 부분이다. 따라서 주어진 문장이 들어갈 곳은 Ⓔ이다. Ⓔ 앞 문장의 '(BookTok의) 많은 동영상들'은 BookTok의 동영상에 나오는 스타인 젊은 여성들을 가리키고 '주류 서평가들'은 구시대 문학가들에 해당한다.

32~33

프랑스인은 푸아그라, 아이슬란드인은 '하칼'(소변 향이 나는 발효 생선)을 먹으며, 미국인은 통조림 호박을 파이에 넣어 구워 감사의 마음을 전한다. 인간이 먹는 다양한 음식은 미식의 즐거움일 뿐만 아니라 생태학적, 인류학적 다양성을 반영한다. 이는 수만 년에 걸쳐 진행된 평행하면서도 독립적인 문화적 진화의 결과다.

그러나 선택이 (다양화가 아닌) 다른 방식으로 확산됨에 따라 식단이 압축되고 표준화되었다. 심지어 파리 사람들도 결국 스타벅스가 자신들의 도로에 들어서는 것을 용인했다. BBC의 음식 저널리스트인 Dan Saladino는 독자들에게 잃어버릴 수 있는 것이 무엇인지 상기시켜 준다. "Eating to Extinction(먹다가 죽기)"에서 그는 '세계에서 가장 희귀한 음식'을 찾기 위해 먼 곳을 여행한다. 여기에는 "아삭한 식감과 달콤한 코코넛 맛을 지닌 무와 같은 뿌리"인 무르농(Murnong)이 포함된다. 거의 사라지기 전까지, 수천 년 동안 그것(무르농)은 호주 원주민의 주요 음식이었다.

지난 세기 동안 인간 식품의 다양성이 급속히 쇠퇴했다는 것은 분명하다. 연구자들은, 덴마크의 토탄 습지에 가라앉았을 때 시신이 보존된 2,500년 전에 사망한 한 남성의 뱃속에서 (그 남자가 먹었던) 마지막 식사의 잔해를 발견했다. 그것은 "보리와 아마와 40가지 식물의 씨앗으로 만든 죽"이었다. 동부 아프리카에 남아 있는 마지막 수렵 채집 부족 중 하나인 Hadza족은 "800종 이상의 식물과 동물로 구성된 강력한 야생 메뉴를 먹는다." 이와 대조적으로, 대부분의 (현대) 인간은 이제 단 8가지 음식에서 칼로리 섭취량의 75%를 얻는다.

심지어 이들 각 식품군 내에서도 균질화가 존재한다. 수십 년간의 선택적 육종(번식)과 세계 식품 시장의 압박으로 인해 모든 농장에서는 동일한 품종의 곡물을 재배하고 동일한 품종의 가축을 기른다.

| 어휘 |

foie gras 프아 그라(거위 간으로 만든 파테(pâté)) **hakarl** n. 하칼(아이슬란드 전통 음식) **fermented** a. 발효한 **aroma** n. 향 **urine** n. 소변 **tinned** a. 통조림으로 된 **epicurean** a. 식도락의 **proliferate** v. 증식하다, 풍부해지다 **boulevard** n. 대로 **radish** n. 무 **Aboriginal** n. 오스트레일리아 원주민의 **peat bog** 이탄 늪 **porridge** n. 죽 **barley** n. 보리 **flax** n. 아마 **breeding** n. 육종, 번식

32 빈칸완성 ①

| 분석 |

빈칸 이하에서 "2,500년 전에 사망한 한 남성은 보리와 아마와 40가지 식물의 씨앗이라는 다양한 것들을 먹었는데, 대부분의 현대 인간은 이제 단 8가지 음식을 먹는다"고 했으므로, 빈칸에는 ① '인간 음식 다양성의 급격한 쇠퇴'가 들어가는 것이 적절하다.

다음 중 Ⓐ에 들어갈 말로 가장 적절한 것은?
① 인간 음식 다양성의 급격한 쇠퇴
② 인간 음식 다양성에 대한 인류학적 증거
③ 희귀한 음식으로 인한 인간의 식욕 증가
④ 인류의 유산을 보존하기 위한 향토음식의 세계화
⑤ 선택한 음식을 개선할 필요성

33 빈칸완성 ③

| 분석 |

마지막 문장, 즉 ' 수십 년간의 선택적 육종(번식)과 세계 식품 시장의 압박으로 인해 모든 농장에서는 동일한 품종의 곡물을 재배하고 동일한 품종의 가축을 기른다.'라는 단서로부터 빈칸에 ③이 와야 함을 추론할 수 있다.

다음 중 Ⓑ에 들어갈 말로 가장 적절한 것은?
① 혼성화
② 차이
③ 동질화
④ 타락
⑤ 돌연변이

34~35

개척지 생활의 조건에서 매우 중요한 (미국의) 지적 특성이 생겨났다. 식민지 시대부터 각 개척지를 따라 여행한 사람들의 작품에는 몇 가지 공통된 특성이 묘사되어 있다. 그리고 이러한 특성은 약화되기는 했지만 더 높은 사회 조직이 성공한 후에도 여전히 그것이 생겨난 곳에서 살아남아 지속되고 있다. 그 결과 미국의 지성은 개척지에 힘입어 눈에 띄는 고유한 특징을 갖게 되었다. 그 특징들이란 예민함과 호기심이 결합된 난폭함과 강인함; 실용적이고 창의적인 성향, 편법을 찾아내는 재빠름; 예술적인 면은 부족하지만 큰 목적을 달성하는 데는 강력한 물질적인 것에 대한 뛰어난 이해력; 불안하고 신경질적인 에너지; 선한 쪽으로도 악한 쪽으로도 작용하는 지배적인 개인주의, 그리고 동시에 자유에서 오는 활력과 충만함 — 이러한 것들이 개척지의 특성들 또는 개척지의 존재로 인해 다른 곳에서 소환되는 특성들이다. 콜럼버스 함대가 신대륙의 바다로 항해해 들어온 시절부터, 미국은 기회의 다른 이름이었다. 그리고 미국인들은 개방적일 뿐만 아니라 심지어 강요되어 온 끊임없는 확장으로부터 그들의 어조를 취했다. 그는 미국인의 삶의 팽창적인 성격이 이제 완선히 종식되었다고 주장해야 하는 <신중한> 예언자가 될 것이다. 운동(팽창)은 그것(미국인의 삶)의 지배적인 사실이었다. 그리고 이러한 훈

렌이 국민에게 아무런 영향을 미치지 않으면, 미국의 에너지는 그것이 발휘되기 위한 더 넓은 영역을 계속 요구할 것이다.

| 어휘 |

frontier n. 개척지, 변경 **striking** a. 두드러진 **coarseness** n. 난폭함, 조야함 **acuteness** n. 날카로움 **inquisitiveness** n. 호기심 **turn of mind** 성향, 기질 **masterful** a. 능수능란한 **grasp** n. 움켜 쥠, 이해 **withal** ad. 동시에 **buoyancy** n. 부력, 기력, 명랑, 활력 **exuberance** n. 넘쳐흐름, 충만, 풍요 **fleet** n. 함대 **incessant** a. 끊임없는, 그칠 새 없는 **prudent** a. 신중한, 분별 있는 **rash** a. 경솔한, 무분별한, 성급한

34 빈칸완성 ⑤

| 분석 |

빈칸에 들어갈 표현은 빈칸 앞에 있는 표현과 순접관계에 있다. 따라서 빈칸에 들어갈 표현은 빈칸 앞에 있는 표현, 즉 '실용적이고 창의적인 성향'과 연관되어 있어야한다. 보기들 중에서 '실용적이고 창의적인 성향'과 의미가 통하는 표현은 ⑤이다.

빈칸을 채우기 위해 가장 적절하게 추론된 문구를 고르시오.
① 정주하는 직업을 열망하는
② 금욕적인 삶을 탐닉하는
③ 공동체 정신을 질투하는
④ 전통주의에 충실한
⑤ 편법 찾기에 재빠른

35 문맥상 적절하지 않은 단어 고르기 ②

| 분석 |

마지막 문장의 '그리고 이러한 훈련이 국민에게 아무런 영향을 미치지 않으면 미국의 에너지는 그것이 발휘되기 위한 더 넓은 영역을 계속 요구할 것이다.'로부터 '미국인의 삶의 팽창적 성격이 이제 완전히 종식되었다'는 주장이 신중한 주장이 아니라 성급하고 조급한 주장임을 알 수 있다. 그러므로 Ⓑ prudent를 rash로 고쳐야 한다.

36~37

Steve Neale은 장르에 관한 그의 글에서, 장르 영화에서 기준이 되는 작품(표준적인 영화)을 이해하는 데 도움이 되는 두 가지 유용한 구분을 제시한다. 먼저 그는 핍진성(그럴듯함)과 리얼리즘(사실주의)을 구분한다. 이 용어들은 기준이 되는 작품을 상당히 다른 방식으로 지칭한다. 리얼리즘은 오늘날 더 친숙한 용어로서, 우리는 이를 통해 픽션(허구)이 우리가 우리 자신의 세계처럼 인식하는 세계를 구성하는지 여부를 판단한다. 그러나 앞서 살펴본 바와 같이 리얼리즘은 매우 문제가 많은 범주다. 따라서 Steve Neale은 픽션(허구)에서 '리얼리티'는 항상 구성된다는 사실을 강조하기 위해 하나의 개념을 문학사에서 되살려낸다. <그는 핍진성(그럴듯함)이란 실제로 사실일 수도 있고 아닐 수도 있는 것을 의미하지 않고, 지배적인 문화가 사실이라고 믿는 것, 일반적으로 믿을만하고 적합하며 적절하다고 받아들여지는 것을 의미한다고 주장한다.> Neale은 문화적 핍진성과 일반적 핍진성을 구분한다. 어떤 영화가 서부극, 뮤지컬, 공포영화 등 특정 장르에 속하는 영화로 인정받기 위해서, 영화는 해당 장르의 규칙을 준수해야 한다. 달리 말해, 장르의 관습은 서부극이나 연속극에서 일어나야 할 일이라는 2차적 핍진성을 만들어내며, 이를 통해 우리가 특정 장르와 연관시키는 픽션(허구)의 세계의 신뢰성 또는 진실성이 보장된다. 일반적 핍진성은 일반적인 신뢰성의 범위 내에서 판타지를 이용하는 것을 상당히 허용하는 반면(예: 뮤지컬에서 자신의 문제를 노래하는 것, 고딕 공포 영화에서 마늘의 힘), 문화적 핍진성은 우리로 하여금 픽션(허구) 바깥의 사회 세계의 규범, 관습, 상식을 참조하게 한다.

| 어휘 |

referent n. 지시대상, 관계항 **verisimilitude** n. 그럴듯함, 핍진성(진실에 가깝다고 여겨지는 정도) **term** n. 용어 **construct** v. 구성하다 **generic** a. 일반적인, 포괄적인 **comply with** 따르다, 지키다 **genre conventions** 장르의 관습[관행] **soap opera** 연속극 **make play with** 효과적으로 이용하다 **credibility** n. 신뢰성 **mores** n. 관습, 습속

36 내용파악 ⑤

| 분석 |

'리얼리즘은 오늘날 더 친숙한 용어로서, 우리는 이를 통해 픽션(허구)이, 우리가 우리 자신의 세계처럼 인식하는 세계를 구성하는지 여부를 판단한다.'라는 단서로부터 ⑤는 일반적 핍진성과 무관하고 리얼리즘에 관한 진술임을 알 수 있다.

다음 중 일반적 핍진성과 관련하여 사실이 <u>아닌</u> 것은?
① 그것은 일반적인 범위 내에서 판타지에 신뢰성을 부여한다.
② 그것은 특정 장르에서의 픽션(허구)세계의 진실성을 확보한다.
③ 그것은 장르의 규칙을 따라야 한다.
④ 그것은 일종의 2차적 핍진성이다.
⑤ 그것은 우리로 하여금 픽션이 실제와 같은 세계를 구성하는지 판단하게 만든다.

37 문장삽입 ④

| 분석 |

주어진 문장, '그는 핍진성(그럴듯함)이란 실제로 사실일 수도 있고 아닐 수도 있는 것을 의미하지 않고, 지배적인 문화가 사실이라고 믿는 것, 일반적으로 믿을만하고 적합하며 적절하다고 받아들여지는 것을 의미한다고 주장한다.'은 핍진성이란 용어를 설명하고 있다. 따라서 이 문장은 핍진성을 본격적으로 논하는 내용이 시작되는 Ⓓ에 위치해야 한다.

38~40

17세기 네덜란드의 사업가이자 과학자였던 Antonie Van Leeuwenhoek는 자신의 깨끗한 치아에 대한 자부심이 대단했다. 그는 매일 아침 소금으로 이를 문지른 다음 물로 입을 헹궜다. 식사 후에는 이쑤시개로 치아를 조심스럽게 닦았다. 그는 1683년 편지에서 그 나이 또래의 사람들 중 이렇게 깨끗하고 하얀 치아를 가진 사람은 거의 없다고 말했다. 하지만 그가 자세히 살펴보았을 때, 그는 "일부 어금니와 치아 사이에 약간의 하얀 물질이 남아 있거나 자라는 것"을 발견했다 — 이를 현재는 치태라고 부른다.

몇 년 전에 물속에서 작은 생물체를 관찰한 경험이 있는 현미경 전문가인 van Leeuwenhoek는 이 하얀 물질에도 그것들이 존재할 수 있는지 궁금해 했다. 현미경으로 관찰해 보니, 실제로 그것에는 "매우 예쁘게 움직이는 아주 작은 살아있는 동물들"이 많이 포함되어 있었다.

이러한 미생물이 질병을 일으킬 수 있다고 의심하는 사람은 거의 없었다. 당시 의사들은 히포크라테스의 교리를 따랐고, 질병은 체내 '체액'(혈액, 가래, 황담즙, 흑담즙)의 불균형에 의해 발생한다고 믿었다. 한편, 전염병은 늪이나 썩은 물질이 내뿜는 '나쁜 공기'인 미아스마가 원인으로 여겨졌다. 질병이 작은 생물체에 의해 전염될 수 있다는 제안은 의사들에 의해 거부되었다.

현재 세균 이론으로 알려진, 작은 유기체가 질병을 일으킨다는 개념은 19세기 후반에야 받아들여졌다. 핵심적인 장애물은 지적인 문제가 아니라 문화적 문제였다. 의사들은 보수적이었고 실험에 기초한 새로운 발견을 자신들의 직업적 정체성에 대한 도전으로 여겼다. 천문학자들이 우주에 대한 이해를 변화시킨 망원경을 서둘러 도입한 반면, 의사들은 현미경으로 밝혀진 새로운 세계에 눈을 감아버렸다.

| 어휘 |

inordinately ad. 지나치게, 과도하게 **scrub** v. 씻다, 문지르다 **toothpick** n. 이쑤시개 **molar** n. 어금니 **dental plaque** 치태, 치면세균막 **humour** n. 체액 **phlegm** n. 가래 **yellow bile** 황담즙 **black bile** 흑담즙 **attribute to** ~탓이다 **miasma** n. (지저분한 · 불쾌한) 공기[기운, 냄새] **decompose** v. 부패하다, 변질하다 **germ theory** 세균 이론 **embrace** v. 받아들이다

38 지시대상 ④

| 분석 |

Ⓓ miasma는 미생물이 아니라 '늪이나 썩은 물질이 내뿜는 나쁜 공기'이다. 다른 보기들은 모두 작은 유기체, 즉 세균을 가리킨다.

39 빈칸완성 ①

| 분석 |

빈칸이 들어 있는 마지막 문장에서 'while'은 역접의 접속사다. 따라서 의사들은, 우주에 대한 이해를 변화시킨 망원경을 서둘러 도입한 천문학자들과 정반대의 행동을 했음을 추론할 수 있다. 즉 의사들은 '현미경으로 밝혀진 새로운 세계'를 외면했다. 따라서 빈칸에는 ① '눈을 감아버렸다, 못 본 체했다'가 와야 한다.

다음 중 빈칸을 채우기에 가장 적절한 구는?

① 눈을 감아버렸다, 못 본 체했다
② 의존했다
③ 관심을 돌렸다
④ 양보했다
⑤ 길을 반늘었다

40 내용추론 ⑤

| 분석 |

'현재 세균 이론으로 알려진, 작은 유기체가 질병을 일으킨다는 개념은 19세기 후반에야 받아들여졌다. 의사들은 보수적이었고 실험에 기초한 새로운 발견을 자신들의 직업적 정체성에 대한 도전으로 여겼다.'라는 내용으로부터 ⑤ '세균 이론의 선구자는 현미경에 정통한 의사들이었을 것이다.'는 추론할 수 없다는 것을 알 수 있다.

다음 중 이 글로부터 추론할 수 <u>없는</u> 것은?

① 현미경이 등장하기까지는 세균에 대한 인식이 전혀 이루어지지 않았다.
② 질병은 한때 체액에 기인한다고 여겨졌다.
③ 세균 이론의 초기 시작은 나쁜 공기 이론에 의해 저지되었다.
④ 세균에 대한 식별은 세균에 대한 의학적 경고보다 훨씬 이전으로 거슬러 올라갔다.
⑤ 세균 이론의 선구자는 현미경에 정통한 의사들이었을 것이다.

2024학년도 한의학과(인문)

TEST p. 50~67

01	②	02	①	03	④	04	③	05	①	06	③	07	②	08	⑤	09	④	10	①
11	⑤	12	①	13	②	14	①	15	③	16	⑤	17	②	18	③	19	⑤	20	⑤
21	③	22	②	23	⑤	24	①	25	②	26	①	27	④	28	④	29	④	30	③
31	④	32	④	33	⑤	34	②	35	①	36	②	37	③	38	④	39	④	40	①
41	③	42	⑤	43	②	44	②	45	⑤	46	①	47	⑤	48	④	49	⑤	50	②

01 동의어 ②

| 어휘 |

well-off a. 유복한, 부유한 **fortune** n. 재산, 운 **dissolute** a. 방탕한, 타락한 **squander** v. 낭비하다(= waste) **conserve** v. 보존하다, 절약하다 **amass** v. 축적하다 **secure** v. 확보하다, 보호하다 **renounce** v. 포기하다, 부인하다

| 해석 |

조안(Joan)은 부유한 집안에서 태어났지만, 집안의 재산은 그녀의 방탕한 아버지가 탕진해버렸다.

02 동의어 ①

| 어휘 |

retrieve v. 회수하다(= recover) **relinquish** v. 포기하다 **reimburse** v. 상환하다 **reverberate** v. 반향하다 **reiterate** v. 되풀이하다, 다시 행하다

| 해석 |

오늘날의 하이테크 문화에서, 인간의 기억은, 일단 적절하게 저장되면, 컴퓨터 파일을 디스크에서 다운로드하는 것처럼 충실하게 정신으로부터 회수될 수 있다고 사람들은 생각할지 모른다.

03 동의어 ④

| 어휘 |

conducive a. 도움이 되는, 기여하는(= helpful) **facile** a. 용이한; 유창한 **mandatory** a. 명령의, 의무의, 강제적인 **inimical** a. 해로운, 적대적인 **obnoxious** a. 불쾌한, 싫은

| 해석 |

직원들에게 동기를 부여하고 보다 도움이 되는 작업 환경을 조성하기 위해, 점점 더 많은 조직들이 새로운 업무현장 디자인을 도입하고 있다.

04 동의어 ③

| 어휘 |

radioactive a. 방사능의 **density** n. 밀도, 농도, 조밀도 **molten state** 용융상태 **corrode** v. 부식하다, 침식하다(= erode) **ignite** v. 불을 붙이다, 점화시키다 **vaporize** v. 증발하다 **exacerbate** v. 악화시키다 **consolidate** v. 강화하다, 통합하다

| 해석 |

플루토늄은 방사성 물질이다. 실험실에 처음 전달된 그 순수 금속(플루토늄)은 다양한 밀도를 보였으며, 용융(액화) 상태에서는 반응성이 너무나 강해 접촉하는 거의 모든 용기를 부식시켰다.

05 동의어 ①

| 어휘 |

ecotourism n. 생태관광 **alleviate** v. 경감하다; 완화하다(= assuage) **aggravate** v. 악화시키다 **provoke** v. 도발하다 **spur** v. 자극하다 **probe** v. 조사하다

| 해석 |

생태관광은 일반 관광이 생태계에 미치는 영향을 완화하기 위한 새로운 관광 모델이다.

06 동의어 ③

| 어휘 |

order v. 주문하다 **seclusion** n. 한거(閑居), 격리 **bare** a. 벌거벗은, 노출된 **smudge** v. 얼룩을 내다, 손상하다(= smear) **haze** n. 안개, 혼탁 **primordial** a. 최초의, 근본의, 원시의 **plaster** v. 회반죽을 바르다, 메우다 **clear** v. 분명히 하다, 맑게 하다 **mutate** v. 돌연변이 시키다 **clone** v. 복제하다

| 해석 |

그는 돌아다니는 웨이터들 중 한 명에게서 커피 두 잔을 주문했고, 잠시 동안 우리는 그늘진 곳에서 해변의 사람들을 지켜보았는데, 그들은 이글거리는 열기에 더러워진 몸을 드러내고 있어서 해변을 따라 반나체로 누웠다가 천천히 움직이는 모습이 어떻게든 원시적으로 보였다.

07 동의어 ②

| 어휘 |

advantage v. 유리하게 하다 **precipitating** a. (무언가의 도래를) 재촉하는(= propitious 상서로운, 길조의) **render** v. 표현하다, 되게 하다 **repulsive** a. 혐오감을 일으키는, 매정한 **provoking** a. 자극적인, 성가신, 부아가 나는 **obtrusive** a. 주제넘게 나서는, 눈에 띄는 **ominous** a. 불길한

| 해석 |

사회는 거의 필연적으로 모든 성공 스토리를 자신에게 가장 유리한 장(章)으로 시작하며, 미국에서는 이러한 성공의 도래를 재촉하는 상서로운 장들이 거의 항상 뛰어난 개인의 단 한 번의 행동으로 표현된다. 당신은 "변화를 만드는 데는 한 사람만 있으면 된다."는 말을 자주 듣는다. 이것은 근거 없는 통념(거짓)이다.

08 동의어 ⑤

| 어휘 |

anoint v. 선정하다, 기름을 부어 신성하게 하다 **mount** v. 쌓이다 **let on** 폭로하다, 누설하다(= reveal) **panic** v. 공황상태에 빠지다, 당황하게[허둥대게] 하다 **withdraw** v. 인출하다 **deposit** n. 예치금, 예금 **FTX** 가상화폐 거래소(Futures Exchange의 약자) **revenue** n. 매출, 세입, 수입 **refund** v. 환불하다 **retribute** v. 되돌려주다 **restore** v. 회복하다, 복원하다

| 해석 |

2021년 10월, 『포브스』는 Bankman-Fried을 세계에서 가장 부유한 20대로 선정했다. 그러나 지난 11월, 소셜 미디어에서는 Bankman-Fried의 제국이 스스로 발표한 것보다 훨씬 적은 돈을 보유하고 있다는 우려가 커졌다. 당황한 고객들이 FTX에서 수십억 달러의 예금을 인출하자, Bankman-Fried에게는 그들에게 되돌려 줄 자금이 없다는 사실이 곧 드러났다.

09 동의어 ④

| 어휘 |

state-of-the-art a. 최첨단의, 최신 기술의 **high-resolution** a. 고해상도의 **magnification** n. 확대, 확대율 **maneuver** v. 조종하다, 교묘히 다루다(= manage) **precision** n. 정확, 정밀 **contrive** v. 고안하다, 궁리하다 **drill** v. 구멍을 뚫다; 훈련하다 **outperform** v. 능가하다 **stratify** v. 계층별로 분류하다

| 해석 |

최첨단 의료 로봇 기술은 사람의 손목과 손가락보다 훨씬 더 정밀하게 조종할 수 있는 고해상도 3D 확대 시스템과 기구를 특징으로 한다.

10 동의어 ①

| 어휘 |

meritocracy n. 능력주의 **nascent** a. 발생기의, 초기의(= burgeoning) **vainglorious** a. 자만심[허영심]이 강한 **full-blown** a. 활짝 핀, 만개한 **retreating** a. 철수하는 **subliminal** a. 잠재의식의 **withering** a. 활기를 잃게 하는, 괴멸적인

| 해석 |

미국 능력주의의 창시자들은 초기 계급 제도를 파괴하고 유동적이고 이동성 있는 사회를 구축하고 있었다고 믿는다. 돌이켜 보면 이는 자만심이 강한 시도였다 — 정교한 등급화 과정을 수립함에 의해 사회적 등급을 약화시킬 수는 없다.

11 논리완성 ⑤

| 분석 |

역접-양보의 의미를 갖는 전치사 'Despite'로부터 빈칸에 세관의 지속적인 노력이 실패했다는 의미를 갖는 표현이 와야 함을 추론할 수 있다. 그러므로 빈칸에는 ⑤ '밀반입되는'이 와야 한다.

| 어휘 |

customs officer 세관 **abiding** a. 지속적인 **smuggle** v. 밀수하다 **indict** v. 기소하다, 비난하다 **ordain** v. 명하다, 정하다 **thrive** v. 번성하다 **yield** v. 굴복하다, 생산하다

| 해석 |

세관 당국의 지속적인 노력에도 불구하고, 매년 많은 양의 마약이 국내로 밀반입되고 있다.

12 논리완성 ①

| 분석 |

유전자 조작 건강보조식품이 5천명에 달하는 미국인에게 영구적인 장애를 일으켰다는 것은 미국 식약청이 이 건강 보조 식품을 회수할 수밖에 없다는 것을 말하므로 빈칸에는 ①이 적절하다.

| 어휘 |

dietary supplement 건강보조식품 **blood disorder** 혈액질환 **recall** v. 회수[리콜]하다 **plunder** v. 약탈하다 **confound** v. 당황하게 하다, 혼동시키다 **taunt** v. 비웃다 **coordinate** v. 조정하다; 협력하다

| 해석 |

어떤 유전자 조작 건강보조식품은 5,000명 이상의 미국인에게 치명적인 혈액 질환을 동반한 영구적인 장애를 초래하고 나서야, 미국 식품의약청(FDA)에 의해 회수되었다.

13 논리완성 ②

| 분석 |

빈칸이 있는 문장 바로 앞 문장에서 '진화는 우리로 하여금 순간적으로 밀려오는 기분 좋은 감각을 즐길 수 있게 해주지만, 그 기분 좋은 감각은 영원히 지속되지는 않는다.'라고 했으므로 기분 좋은 감각은 금방 '가라앉는다'고 하는 것이 적절하다.

| 어휘 |

misery n. 고통, 불행 **reproduction** n. 번식 **mould** v. 주조하다 **substitute** v. 대신하다 **subside** v. 가라앉다, 진정되다 **suspect** v. 의심하다, 알아채다 **subsist** v. 부양하다, 생존하다 **subsidize** v. 보조하다, 원조하다

| 해석 |

행복과 불행은 진화에 있어서 생존과 번식을 장려하거나 방해하는 정도로만 역할을 한다. 그렇다면 진화가 우리를 너무 비참하지도, 너무 행복하지도 않게 만들어놓았다는 것은 어쩌면 놀랍지 않을 것이다. 진화는 우리로 하여금 순간적으로 밀려오는 기분 좋은 감각을 즐길 수 있게 해주지만, 그 기분 좋은 감각은 영원히 지속되지는 않는다. 조만간 이러한 감각은 가라앉고 불쾌한 감각에게 자리를 내주게 된다.

14 논리완성 ①

| 분석 |

몇몇 종류에 불과한 기본 입자들을 우주의 알파벳 문자들에 비유하여, 알파벳이 결합하여 어휘와 문장을 만들어내는 것처럼 기본 입자들이 결합하여 우주 안의 수많은 것들을 만들어낸다는 것이다. 무한히 많은 것들을 만들려면 무한히 많이 결합해야 할 것이므로 빈칸에는 'to infinity(무한히)'가 되게 ①이 적절하다.

| 어휘 |

elementary particle 소립자 **vibrate** v. 진동하다 **fluctuate** v. 불규칙하게 변동하다 **studded** a. 점점이 박혀 있는, 많은 **infinity** n. 무한대, 무한성 **indifference** n. 무관심, 냉담, 개의치 않음 **insolence** n. 오만, 무례 **inception** n. 시작, 초기 **indefiniteness** n. 불확정, 부정(不定)

| 해석 |

현재로서는 이것이 우리가 물질에 대해 알고 있는 것인데, 존재와 비존재 사이에서 끊임없이 진동하고 변동하며 아무 것도 없는 것 같을 때에도 우주를 가득 채우고 있는 몇몇 종류의 기본 입자들이 우주의 알파벳 문자들처럼 무한히 결합하여, 은하, 무수한 별, 햇빛, 산과 숲과 곡식밭, 파티에서 젊은이들의 웃는 얼굴, 그리고 별이 가득한 밤하늘 등의 거대한 역사를 말해준다는 것이다.

15 논리완성 ③

| 분석 |

마지막 두 문장을 비교하면, '제당공장 굴뚝과 풍차'가 The past에 해당하고 '시골'은 장소로서 almost everywhere에 해당하므로, 빈칸에는 is present에 해당하는 '있다, 존재하다'는 의미의 단어가 들어가야 한다. 그런데 punctuate는 dot(점을 찍다)과 마찬가지로 '구두점을 찍다'는 뜻 이외에 '~에 흩어져 있다'는 뜻도 있다. 따라서 빈칸에는 ③이 적절하다.

| 어휘 |

grid n. 격자; 바둑판 **plaque** n. 명판; 치석 **hang on** 달려있다 **exterior** n. 외부, 외면 **sugar-mill** 제당소(공장) **smokestack** n. (공장의) 높은 굴뚝 **punctuate** v. 여기저기에 위치하다 **emphasize** v. 강조하다 **interrupt** v. 방해하다 **immobilize** v. 움직이지 않게 하다, 고정시키다 **accentuate** v. 강조하다, 두드러지게 하다

| 해석 |

맨해튼이 거리의 격자(격자 모양의 거리)로 정의되는 섬이라면, 바베이도스는 대형 집단농장이 이와 매우 같은 방식으로 기능하는 섬이다. 브리지타운에는 한때 노예 우리였던 곳을 알려주는 명판이 은행 외벽에 걸려 있다. 제당 공장의 굴뚝과 풍차가

시골에 흩어져 있다. 과거를 인정하든지 인정하지 않든지, 과거는 거의 모든 곳에 존재한다.

16 논리완성 ⑤

| 분석 |

치료자는 상처를 낫게 하는 사람인데, 빈칸 뒤에서 '역설적으로'라 했으므로 빈칸에는 치료자 자신의 '상처'와 관련된 말이 적절하다. 그러므로 빈칸에는 ⑤ '고통과 취약성'이 와야 한다.

| 어휘 |

in common currency (공용 통화) 널리 통용되는 **antiquity** n. 고대, 태고 **needs and desires** 필요와 욕망 **fitness and well-being** 건강과 행복 **composure** n. (마음의) 평정 **equanimity** n. 격식, (특히 힘든 상황에서의) 침착, 평정 **impulse** n. 충동, 자극 **preoccupation** n. 심취, 몰두 **suffering** n. 고통 **vulnerability** n. 취약성, 상처받기 쉬움

| 해석 |

고대로까지 거슬러 올라가는 상처 입은 치료자라는 개념이 널리 통용되고 있다. 그것은 치료자 자신의 고통과 취약성이 역설적으로 치유 능력의 원천이 될 수 있음을 의미한다.

17 논리완성 ②

| 분석 |

주절이 '그 질병의 약화된 변종(백신)을 신체에 주입하여 그 질병에 대한 항체가 형성되도록 자극한다.'는 예방접종의 원리를 설명하고 있으므로, 빈칸에는 이와 관련된 ② '예방접종하다'가 들어가야 한다.

| 어휘 |

inoculate v. 예방접종하다 **strain** n. 종류, 유형, 변종 **antibody** n. 항체 **censor** v. 검열하다 **afflict** v. 학대하다, 괴롭히다 **grapple** v. 극복하려고 노력하다, 겨루다 **disseminate** v. 전파하다, 유포하다

| 해석 |

어떤 질병에 대한 예방 접종을 할 때, 우리는 그 질병의 약화된 변종을 신체에 주입하고 있는데, 그러면 신체가 그 질병에 대한 항체를 발생시키도록 자극받는다.

18 논리완성 ③

| 분석 |

'아이를 충분히 낳지 않기 때문에'라고 했으므로, 인간 지능의 총량은 늘지 않고 있다(일정 수준에 머물러 있다)고 해야 할 것이다. 따라서 빈칸 Ⓐ에는 leveling off가 적절하다. 한편, 마지막의 '강력한 무어의 법칙'이 성능이 급증하는 것을 의미하므로, 빈칸 Ⓑ에는 exponentially(기하급수적으로, 급격히)가 적절하다. 빈칸 Ⓑ의 경우는 다른 보기들도 엄청나게 큰 증가를 의미하는 것으로 적절하다.

| 어휘 |

Moore's Law 무어의 법칙(반도체의 집적회로의 성능이 24개월마다 2배로 증가한다는 법칙) **on steroids** 강력한, 극단적인 **take off** 이륙하다; 유행하다 **unprecedentedly** ad. 전례가 없을 만큼, 미증유로 **put off** 미루다, 연기하다 **outrageously** ad. 엄청나게, 터무니없게 **level off** 변동 없게 되다 **exponentially** ad. 기하급수적으로 **turn off** (길을) 벗어나다; (전기 · 가스 · 수도 등을) 끄다 **disproportionately** ad. 불균형적으로 **round off** 마무리 짓다; 다듬다 **alarmingly** ad. 놀랄 만큼

| 해석 |

일론 머스크는 사람들이 아이를 충분히 낳지 않아서 인간 지능의 양이 일정 수준에 머물고 있다고 지적했다. 다른 한편, 컴퓨터 지능의 양은 무어의 법칙처럼 기하급수적으로 증가하고 있었다.

19 논리완성 ⑤

| 분석 |

빈칸 Ⓐ의 경우, '경기 침체에도 불구하고'라는 첫 번째 문장의 단서와 '이번에는 재정 확대의 여지가 더 제한되고 공공 부채도 지속불가능해질 것이다.'라는 마지막 문장의 단서로부터 정부가 통화정책을 엄격히 관리해야 함을 추론할 수 있으므로 tighten이 적절하다. 빈칸 Ⓑ는 통화정책을 엄격히 관리해야 하는 현재의 상황이 과거와 다르다는 단서로부터, 과거에는 통화정책을 공격적으로 완화했음을 추론할 수 있으므로 ease가 적절하다.

| 어휘 |

stagflationary a. 스태그플레이션의(경기침체 하의 인플레이션) **policy stance** 정책기조 **recession** n. 경기침체 **monetary policy** 통화정책 **aggregate demand** (일정 기간의 상품 및 서비스의) 총수요 **fiscal expansion** 재정확대 **unsustainable** a. 지속 불가능한 **tighten** v. 엄하게 하다, 강화하다 **aggravate** v. 악화시키다 **ease** v. 완화하다 **differentiate** v. 구별하다 **loosen** v. 늦추다, 느슨하게 하다; 완화하다

| 해석 |

스태그플레이션 충격에 직면한 중앙은행은 경제가 경기 침체로 향하더라도 정책기조를 강화해야 한다. 따라서 오늘날의 상황은 총수요 감소와 디플레이션 압력에 대응하여 중앙은행이 통화정책을 공격적으로 완화할 수 있었던 글로벌 금융위기나 팬

데믹 초기와는 근본적으로 다르다. 이번에는 재정 확대의 여지가 더 제한되고 공공 부채도 지속불가능해질 것이다.

20~21

우연이든, 무의식적 설계이든, 2023년은 영화 속 아내의 해였다. Bradley Cooper 감독의 "Maestro", Sofia Coppola 감독의 "Priscilla", 심지어 Christopher Nolan 감독의 "Oppenheimer" 그리고 Michael Mann 감독의 "Ferrari" — 마지막 두 편의 영화는 여성의 경험을 탐구하는 것으로는 잘 알려지지 않은 남성 감독의 작품이다 — 에서 영화 속에 등장하는 아내는 방관자적 모습에서 벗어나 영광을 누리며 영화의 중심으로 불쑥 들어온다. 그녀는 주인공은 아닐지 몰라도 (영화의) 프레임 속에서 공간을 차지하는 것에 대해서는 단호하다.

| 어휘 |

by accident 우연히 **barge in** 불쑥 끼어들다 **from the sidelines** 방관자적 입장에서

20 빈칸완성 ⑤

| 분석 |

'영화 속에 등장하는 아내는 방관자적 모습에서 벗어나 영광을 누리며 영화의 중심으로 불쑥 들어온다.'라는 단서로부터 최근에 개봉된 많은 신작 영화 속에서 아내인 인물들이 주연이 아님에도 불구하고 영화 속에서 확고한 입지와 존재감을 보여주고 있음을 추론할 수 있다.

빈칸에 들어가기에 가장 적절한 정답을 선택하시오.
① 남겨 둔, 예약한
② 그 결과에 따른(그에 따른)
③ 혐오감을 불러일으키는, 냉담한
④ 퇴행하는
⑤ 단호한, 확고한

21 글의 제목 ③

| 분석 |

글에서 강조하고 있는 것은 2023년 개봉된 주요 영화들 속에서 아내의 존재감이, 주연 여부와 무관하게 부각되었다는 것이다. 이러한 위 글의 내용을 가장 잘 요약하고 있는 제목은 ③ '올해 개봉된 영화 속에서 아내라는 존재의 부상'이다. 열거된 4편의 영화들이 흥행작인지 여부를 알 수 없으므로 ⑤는 부적절하다.

이 글의 가장 적절한 제목을 고르시오.
① 인기 있는 대중영화 속에서 여성들의 역할
② 영화 속의 아내로서 여배우들의 권리
③ 올해 개봉된 영화 속에서 아내라는 존재의 부상
④ 남성 감독들이 깨어나는 해
⑤ 흥행 영화들 속에서의 아내들에 대한 묘사

22~23

2022년 말, 해고 사태가 기술 업계를 뒤흔들었을 때, Blind — 능력이 검증되었지만 익명인 전문가들을 위한 온라인 포럼 — 는 이러한 혼란 속에서 사실상의 의사소통 채널이 되었다. 당시 95% 이상의 트위터 직원이, 사용자가 800만에 달하는 Blind에 가입해 있었는데, Blind의 사용자는 지난해에 200만 명 증가했다. 기술 업계 종사자가 대부분인 이 사용자들은 비자 문제와 정신 건강부터 비윤리적 관행에 이르기까지 모든 것을 논의했고, 이를 통해 Blind는 업계 내부 고발자들에게 중요한 플랫폼이 되었다. Blind는 사용자의 정서를 요약하고, 비판을 받은 기업에 변화를 제안함으로써 수익을 창출한다.

| 어휘 |

lay-off n. 일시적 정리해고 **roil** v. 요동치게 만들다 **verify** v. 확인하다, 입증하다 **de facto** 사실상, 실제로 **tumult** n. 소동, 혼란; 심란함 **whistle-blower** n. 내부 고발자 **monetize** v. 화폐로 정하다, 돈을 벌다

22 빈칸완성 ②

| 분석 |

온라인 포럼이라 했으므로 Blind를 사용하는 전문가들은 익명으로 사용했을 것으로 추론할 수 있다.

빈칸에 들어가기에 가장 적절한 정답을 선택하시오.
① 불만인, 언짢은
② 익명의, 무명의
③ 정당한, 합법의
④ 양심적인, 신중한
⑤ 뛰어난, 저명한

23 내용파악 ⑤

| 분석 |

위 글의 마지막 문장, 즉 'Blind는 사용자의 정서를 요약하고, 비판을 받은 기업에 변화를 제안함으로써 수익을 창출한다.'라는 단서로부터 ⑤ '기업에 문제와 해결책을 판매함으로써'가 정답임을 알 수 있다.

Blind는 어떻게 스스로를 재정적으로 뒷받침하는가?
① 가입자에게 회비를 부과하여
② 전문적인 조언자와 기부자를 모집하여
③ 온라인으로 대중에게 서비스를 홍보함으로써
④ 자신의 직업에 대해 원망하는 사람들을 찾아서
⑤ 기업에 문제와 해결책을 판매함으로써

빈칸에 들어가기에 가장 적절한 정답을 선택하시오.
① 우리는 우리 자신의 일에 집중한다
② 우리는 그것을 잘 활용하기 시작한다
③ 우리는 선을 위해 나쁜 감정을 견뎌낸다
④ 우리는 불안으로부터 완전하게 자유롭다
⑤ 우리는 불안감을 해소하는 방법을 알아낸다

24~25

스트레스로 인해 정말로 압도당하고 불안을 느낄 때, 그것은 우리의 몸이 우리에게 재조정하고 균형을 다시 잡으라는 신호다. 아무도 진정으로 무한한 존재가 아니다. 내면의 신호에 귀를 기울이고 자신이 실수하기 쉬운 성향임을 인정할 때, 우리는 전반적으로 더 집중하고 더 건강해질 뿐만 아니라 스트레스와 불안도 덜 느끼게 된다.
불안은 건강하고 도움이 되는 감정으로서 인간의 삶의 건설적인 측면일 수 있다. 불안은 우리가 다른 사람에게 우리의 상처받기 쉬운 감정을 전달할 때 그들과의 정서적 연결을 촉진할 수 있다. 또한 스트레스의 형태로서 불안은 균형과 건강을 유지하기 위한 내적 지표 역할을 할 수도 있다. 이제 우리가 그것(불안)을 잘 활용하기 시작할 때가 되었다.

| 어휘 |

recalibrate v. 재조정하다 **cue** n. 단서 **fallibility** n. 잘못하기 쉬움 **vulnerable** a. 상처받기 쉬운 **barometer** n. 지표

24 동의어 ①

| 분석 |

fallibility는 '잘못하기 쉬움'이라는 뜻이므로, ①이 정답이다.

밑줄 친 단어 'fallibility'에 가장 가까운 의미를 가진 정답을 고르시오.
① 실수하기 쉬운 성향
② 불확정성의 상태
③ 완벽을 추구하는 성향
④ 차이에 대한 명제 혹은 제안
⑤ 연결성에 대한 선호

25 빈칸완성 ②

| 분석 |

빈칸이 들어있는 문장은 이 글의 주제를 포함하고 있다. 글의 주제는 얼핏 보았을 때 부정적인 것으로 여겨지는 스트레스와 그로 인한 불안이, 잘 관리하고 조절하기만 한다면, 우리의 정신 건강에 도움이 된다는 것이다. 이러한 주제를 품고 있는 것은 ② '우리는 그것을 잘 활용하기 시작한다.'이다.

26~27

교육자들은 어떤 특별한 기술에 능숙해야 한다. 그러나 이것 외에도, 교육자들이 가르치는 사람들 앞에서 보여줘야 할 일반적인 관점이 있다. 그들은 지성과 지식 탐구의 가치를 모범적으로 보여 주어야 한다. 그들은 어느 때든 지식으로 여겨지고 있는 것이 사실은 잘못된 것일 수 있음을 분명히 알려주어야 한다. 그들은 독단적이지 않은 성품, 즉 편안한 확신이 아니라 끊임없는 탐구의 성품을 심어주어야 한다. 그들은 시공간적으로 가까운 것뿐만 아니라, 세계 전체에 대한 인식을 형성하려고 노력해야 한다.
오류의 가능성을 인식함으로써 그들은 관용의 중요성을 분명히 해야 한다. 그들은 후손들이 존경하는 사람들이 당대에는 인기가 없는 경우가 많았으며, 이 땅에서 사회적 용기가 가장 중요한 덕목이라는 점을 학생들에게 상기시켜야 한다. 무엇보다도, 지신이 가르치는 학생들에게 최선을 다하려는 모든 교육자들은 그들 자신을 이쪽이나 저쪽의 정치적 또는 종파적 이해관계에서 벗어난, 진리의 종으로 여겨야 한다.

| 어휘 |

proficient a. 능숙한 **erroneous** a. 잘못된 **undogmatic** a. 비독단적인 **temper** n. 기질, 성품 **likelihood** n. 개연성 **tolerance** n. 관용 **sectarian interests** 정파적[종파적] 이해관계

26 빈칸완성 ①

| 분석 |

이 글은 시종일관 교육자가 학생들을 대하는 바람직한 태도와 올바른 교육 방식에 대해 열거하고 있다. 빈칸이 있는 문장도 마찬가지다. 교육자는 학생들에게 독단적이지 않은 성품을 '심어주어야' 할 것이므로, 빈칸에는 ①이 적절하다.

빈칸에 들어가기에 가장 적절한 정답을 선택하시오.
① 심어주다
② 배제하다
③ 제거하다
④ 박멸하다
⑤ 완화하다

27 내용파악 ④

| 분석 |

'그들은 지식으로 여겨지는 것이 사실은 잘못된 것일 수 있음을 분명히 알려주어야 한다.'라는 단서로부터 ④가 본문과 일치하지 않음을 알 수 있다.

다음 중 교육자들과 관련해서 사실이 아닌 것은?
① 그들은 어떠한 정파적 이해관계도 회피해야 한다.
② 그들은 세계에 대한 거시적 시각을 가지고 있어야 한다.
③ 그들은 지식에 대한 탐구를 옹호해야 한다.
④ 그들은 지식의 무오류성을 확신해야 한다.
⑤ 그들은 학생들에게 일반적인 관점을 제시해야 한다.

28~29

감시 자본주의는 인간의 경험이 행동 데이터로 변환할 공짜 원재료라고 일방적으로 주장한다. 이러한 데이터 중 일부는 제품이나 서비스의 개선에 적용되지만, 나머지는 독점적인 행동 잉여로 선언된 후, '기계 지능'으로 알려진 첨단 제조 공정에 공급되어, 당신이 지금, 곧, 그리고 나중에 무엇을 할 것인지 예측하는 예측 상품으로 가공된다. 마지막으로, 이러한 예측 상품은 내가 '행동 선물(先物) 시장'이라고 부르는 새로운 종류의 행동 예측 시장에서 거래된다. 감시 자본가들은 이러한 거래를 통해 막대한 부를 축적하고 있는데, 이는 많은 기업이 우리의 미래 행동에 베팅하기를 열망하고 있기 때문이다.

| 어휘 |

surveillance capitalism 감시 자본주의 **unilaterally** ad. 일방적으로 **raw material** 원재료 **proprietary** a. 독점권을 가진 **behavioral surplus** 고객 행동에 관한 잉여 정보 **feed into** ~에 넣다 **fabricate** v. 제조하다 **lay a bet on** 내기를 걸다

28 동의어 ④

| 분석 |

proprietary는 '독점적인'이라는 뜻이므로, ④가 정답이다.

밑줄 친 단어 'proprietary'에 가장 가까운 의미를 가진 정답을 고르시오.
① 결합하는
② 상호간의
③ 대중의
④ 독점적인
⑤ 공동의

29 내용파악 ④

| 분석 |

두 번째 문장에서 "이러한 데이터 중 나머지는 독점적인 행동 잉여로 선언된 후, '기계 지능'으로 알려진 첨단 제조 공정에 공급되어, 예측 상품으로 가공된다"고 했는데, 이것은 데이터를 정확하게 분석하는 것이 아니라 데이터를 소비자의 행동을 예측할 수 있는 데이터로 상품화하여 거래한다 것을 의미하므로 ④가 사실이 아닌 진술이다.

다음 중 감시 자본주의에 대해 사실이 아닌 것은?
① 그것은 인간의 경험을 예측 가능한 데이터로 바꾼다.
② 그것은 기업들로 하여금 예측 제품에 열중하도록 강요한다.
③ 그것은 미래의 마케팅을 위한 소비자의 행동에 근거한다.
④ 그것의 마케팅은 기존의 모든 데이터에 대한 정확한 분석에 의존한다.
⑤ 그것은 잉여 행동 데이터를 판매하는 부유한 개인을 생산한다.

30~31

딥러닝 및 인공지능 재활 로봇과 결합한 침술은 미래 연구의 핫스팟(뜨거운 관심 영역)이다. 기존의 침술 임상 연구는 전침, 건침과 같은 침술 방법을 중심으로 돌아가고 있으며, 수작업을 주로 하며 도구로 보충되는 방식으로 뇌졸중 후유증의 재활에 초점을 맞추고 있다. 향후 팬데믹과 같은 또 다른 응급 상황이 발생할 경우, 소재 기술과 공학을 결합한 인공지능 침술 로봇 개발 연구는 뇌졸중 후유증 환자의 신경 및 운동 기능 재활에 기여할 수 있다. 현재, 상지(上肢) 외골격 로봇이 있는데, 이 로봇은 원격 재활 로봇의 설계 및 개발을 포함하고 있다. 침술 로봇에는 기계 센서와 전기 센서 등 다양한 센서를 장착해, 침을 놓을 때의 통증을 줄일 수 있게 될 것이다. 더 나아가, 경혈 위치 설정, 기계적 자극, 기혈 감지를 위한 연구 프로토콜(관찰기록)을 설계에 포함시켰으며, 이를 위한 전략도 개발되었다.

| 어휘 |

acupuncture n. 침술 **rehabilitation** n. 재활, 회복 **hotspot** n. 활동의 중심지; 인기 있는 유흥장소 **electro-acupuncture** n. 전자 침술 **dry needling** 건침 **stroke** n. 뇌졸중 **sequela** n. 후유증 **motor function** 운동기능 **exoskeleton** n. 외골격 **injection** n. 주사, 주입 **protocol** n. (실험의) 관찰기록 **acupoint** n. 침놓는 자리(혈) **deqi (sensation)** 득기감(침을 맞거나 놓을 때 느끼는 시린 느낌, 마비된 느낌 등의 감각)

30 글의 제목 ③

| 분석 |

이 글은 최첨단 신기술이라고 할 수 있는 침술로봇의 활용과 발전 방향 및 전망에 대해서 기술하고 있다. 따라서 제목으로는 ③ '침술 및 로봇에 대한 현재 연구의 검토'가이 적절하다. 다른 보기들은 제목이 되기에는 너무 지엽적이다.

이 글의 가장 적절한 제목을 고르시오.
① 침술 로봇에 다양한 센서 및 프로토콜 통합
② AI 및 소재 기술을 통한 침술 분야의 뇌졸중 후 재활 혁신
③ 침술 및 로봇에 대한 현재 연구의 검토
④ 침술을 통한 뇌졸중 후유증을 줄이는 가장 빠른 방법
⑤ 침술의 뇌졸중 재활에 대한 임상적 초점

31 내용추론 ④

| 분석 |

끝에서 두 번째 문장에서 '침술 로봇에 센서가 장착되어 침을 놓을 때의 통증을 줄일 수 있게 될 것이다'라고 했으므로 ④를 추론할 수 있다. ① 원격 치료가 아니라 원격 재활 로봇이며 사용 중이 아니라 개발 중이다. ② 모든 후유증이 아니라 뇌졸중 후유증의 재활이다. ③ 침술 로봇 사용에 대한 반대 의견이 제시되지 않았으므로 일반적으로 받아들여져 왔다고 할 수 있다. ⑤ 수작업을 주로 하므로 수동적이긴 하겠지만 비효율적이라는 언급은 없다.

다음 중 위 글에서 추론할 수 있는 것은?
① 침술로봇은 원격 치료에 사용된다.
② 침술 로봇은 치료의 모든 후유증을 치료하는 데 다용도로 사용할 수 있다.
③ 침술에 로봇을 사용하는 것은 일반적으로 충분히 받아들여지지 않고 있다.
④ AI 재활 로봇에 대한 더 많은 연구는 침술 치료 중과 치료 후 환자의 통증을 줄이는 데 도움이 될 수 있다.
⑤ 현재의 침술 방법을 통한 뇌졸중 재활은 수동적이고 비효율적으로 이루어진다.

32~33

Mary Anne Hitt에게 정책과 옹호는 기후 위기의 핵심이다. Sierra Club, Appalachian Voices, 그리고 지금 Climate Imperative와 함께하는 그녀의 경험은, 기후 정책을 바꾸면 여성이 세상을 바꿀 수 있다는 것을 강조한다. 그녀의 에세이 "Beyond Coal"에서, 그녀는 화석 연료를 없애고 재생 가능하고 지속 가능한 에너지로의 완전한 전환을 촉진하기 위한 Sierra Club의 캠페인인, Beyond Coal의 디렉터로서의 자신의 경험을 이야기한다. 그녀가 캠페인을 진행하는 동안, 300개가 넘는 석탄 발전소가 폐쇄되었다. 웨스트버지니아 출신의 여성으로서 그녀는, 석탄 산업을 기반으로 삶을 일궈온 일부 가정들이 있다는 것을 알기 때문에, 정부와 개인이 (석탄산업을 벗어나는) 전환이 어려운 일이라는 것을 이해하고 있었다.

그녀의 에세이와 Beyond Coal 캠페인의 배경이 된 그녀의 주장은 석탄이 "21세기에는 더 이상 옹호될 수 없다"는 것이었다. 석탄 발전소는 거의 항상, 석탄 배출이 야기하는 (악)영향에 대처하는 데 필요한 의료 서비스를 이용할 수 없는 저소득, 소수 민족 커뮤니티에 배치된다. 석탄 발전소는 재생 가능한 대안에 비해 비경제적이고 수익성이 떨어진다. 이러한 발전소의 유해한 영향과 발전소를 폐쇄하거나 재생 에너지로 전환함으로써 얻을 수 있는 경제적, 사회적, 장기적 이점에 대해 개인과 정부를 교육함으로써 (개선이 가능한 일이다). 또한, 이 사례는 페미니스트 기후 운동 리더가 어떻게 기후 운동에 매우 영향력 있는 변화를 가져왔는지, 그리고 여성이 어떻게 기후 운동의 필수적인 부분이 될 수 있는지를 보여준다.

| 어휘 |

recount v. 진술하다 **renewable** a. 재생 가능한 **sustainable** a. 지속 가능한 **retire** v. 퇴직[퇴역, 은퇴]시키다 **alternative** n. 대안 **integral** a. 필수적인

32 빈칸완성 ④

| 분석 |

빈칸 이하에서 석탄이 저소득 지역 사람들의 건강을 해친다는 점, 석탄이 비경제적이고 수익성이 떨어진다는 점 등, 석탄의 단점이 열거되므로 빈칸에는 부정적인 의미의 ④가 적절하다.

빈칸에 들어가기에 가장 적절한 정답을 선택하시오.
① 방어할 수 있는
② 끊임없는
③ 확고부동한
④ 옹호될 수 없는
⑤ 명백한

33 내용파악 ⑤

| 분석 |

비록 이 글의 마지막 문장에서 '또한, 이 사례는 페미니스트 기후 운동 리더가 어떻게 기후 운동에 매우 영향력 있는 변화를 가져왔는지, 그리고 여성이 어떻게 기후 운동의 필수적인 부분이 될 수 있는지를 보여준다.'라고 하여 기후 운동에 있어서 여

성 리더의 중요성을 역설하고는 있지만 그것이 ⑤에서 언급하고 있는 '페미니스트 리더십의 우월성'이라고 해석할 수는 없다.

다음 중 Mary Anne Hitt에 대하여 사실이 아닌 것은?

① 그녀는 기후 위기 해결을 위해 정책과 옹호 활동을 이용하겠다는 강한 의지를 가지고 있었다.
② 그녀는 석탄 발전소 폐쇄를 이끌어낸 전략적 이니셔티브의 영향력을 보여주었다.
③ 그녀는 석탄이 소외된 지역사회의 건강과 환경에 미치는 악영향을 강조했다.
④ 그녀는 기후 정책에 대한 여성의 참여가 어떻게 중요한 글로벌 변화를 이끌어낼 수 있는지를 모범으로 보여주었다.
⑤ 그녀는 미래의 기후 행동에서 페미니스트 리더십의 우월성을 보여주었다.

34~35

가장 효율적인 시스템을 채택해야 한다는 강력한 경제적 압력은, 인간이 통제될 수 없는 인공지능 시스템에 점점 더 많은 권한을 넘겨주게 되고, 결국 우리가 지구의 지배적인 종(種)으로서 (인공지능에 의해) 대체되는 길로 접어들게 된다는 것을 의미한다. 우리가 처한 곤경에 대한 쉬운 해결책은 없다. 한 가지 가능한 출발점은, 현재 거의 감독 없이 운영되고 있는 탓에 대부분의 연구가 암흑 속에서 진행되고 있는 AI 산업에 대한 현저하게 부족한 규제 문제를 해결하는 것이다. 그러나 문제는 국가 내의, 그리고 국가 간의 (AI) 경쟁으로 인해 상식적인 안전 조치조차 무시하게 하고 있다는 점이다. 강력한 AI 시스템을 향한 경쟁이 가속화됨에 따라, 기업과 정부는 결승선에 먼저 도달하라는 인센티브를 점점 더 많이 받고 있다. 인류의 미래는 AI의 발전과 밀접하게 얽혀 있다. 따라서 AI에 대한 지배력을 자연선택이 우리보다 더 많이 갖고 있을지도 모른다는 것은 우리를 불안하게 하는 깨달음이다. 그러나 현재로서는 우리가 여전히 주도권을 쥐고 있다. 이제 이 위협을 심각하게 받아들여야 할 때이다. 일단 통제권을 넘겨주고 나면 우리는 그것을 다시는 되찾을 수 없다.

| 어휘 |

adopt v. 채택하다 **incentivize** v. 인센티브를 주어 장려하다 **cede** v. 마지못해 양도하다 **supplant** v. 대신[대체]하다 **address** v. 다루다, 처리하다 **common-sense** n. 상식, 양식 **safety measure** 안전조치 **intertwine** v. 뒤얽히다 **disturbing** a. 불안한 **realization** n. 깨달음, 실현 **hold sway over** 지배하다, 마음대로 하다

34 저자의 태도 ②

| 분석 |

이 글을 통해서 필자는 인공지능이 인간을 대체하는 새로운 지배 종으로 등장하게 될지도 모른다는 전망에 대해서 불안감을 드러내면서 그에 대한 대책을 촉구하고 있다. 그러므로 인공지능에 대한 필자의 태도는 ② '우려하는' 태도이다.

AI에 대한 글쓴이는 태도는?

① 체념하는
② 우려하는
③ 축하하는
④ 반항적인
⑤ 감상적인

35 빈칸완성 ①

| 분석 |

빈칸 Ⓐ는 빈칸 앞의 문장, 즉 '가장 효율적인 시스템을 채택해야 한다는 강력한 경제적 압력은, 인간이 통제될 수 없는 인공지능 시스템에 점점 더 많은 권한을 넘겨주게 되고, 결국 우리가 지구의 지배적인 종으로서 인공지능에 의해 대체되는 길로 접어들게 된다는 것을 의미한다.'라는 단서로부터 우리 인류가 AI로 인해 '곤경'에 처해있음을 추론할 수 있다. 따라서 predicament나 dilemma가 적절하다. 한편, 빈칸 Ⓑ는 AI와 관련된 대부분의 연구가 '암흑 속에서 진행되고 있다'는 단서로부터 AI에 대한 '감시'가 부족하다는 것을 유추할 수 있다. 따라서 oversight가 적절하다.

빈칸 Ⓐ와 빈칸 Ⓑ 각각에 들어가기에 가장 적절한 정답을 선택하시오.

① 곤경 — 감시
② 위업 — 고려
③ 진퇴양난 — 자율
④ 회피 — 절차
⑤ 관성 — 동기부여

36~38

교육, 보육, 의료 서비스, 정치, 그리고 글로벌 시민성 등 공적인 것과 사적인 것을 아우르는 다양한 영역에서의 도덕적 탐구로 확장된 돌봄의 윤리는 원래 페미니스트 심리학 이론으로 고안된 개념이었다. Carol Gilligan은 남성적 자유주의 정의 전통에 의해 가려진, 대안적이지만 동등하게 정당한 도덕적 추론 형식으로서의 돌봄의 관점을 처음으로 옹호했다. <뒤이은 이론가들은 이 논쟁에서 힌트를 얻어 논쟁을 더욱 발전시켰다.> Virginia Held는 돌봄의

윤리가 칸트 윤리나 공리주의와 같은 기존의 도덕적 접근 방식과는 구별되는 도덕 이론이라고 주장한다. 지배적인 도덕 이론들과 달리, 돌봄의 윤리는 대인 관계와 사회 제도의 기초를 형성하는 핵심적인 도덕 가치로서 돌봄을 강조한다. 돌봄의 윤리는 인간의 조건을 근본적으로 상호 의존적인 것으로 여긴다. 그것은 관계적 자아를 존재론적으로 그리고 인식론적으로 기본된 것으로 전제한다. 따라서 그것은 합리적이고 자율적이며 자족적인 개인이라는 개념을 지지하는 전통적인 자유주의에 대한 비판을 제시한다.

| 어휘 |

ethics of care 돌봄의 윤리 **conceive** v. 상상하다, 마음에 품다 **indicate** v. 나타내다, 가리키다 **Kantian ethics** 칸트의 윤리학(의무의 윤리학) **utilitarianism** n. 공리주의 **presupposes** v. 추측[예상]하다 **relational self** 관계적 자아(독단적 자립적 자아의 반대) **ontologically** ad. 존재론적으로 **epistemologically** ad. 인식론적으로 **espouse** v. 신봉하다(= support) **autonomous** a. 자율적인, 자치의

36 문장삽입 ②

| 분석 |

주어진 문장은 '뒤이은 이론가들은 이 논쟁에서 힌트를 얻어 논쟁을 더욱 발전시켰다.'인데, '뒤이은 이론가들'이 앞에 어떤 이론가가 있음을 암시하므로 주어진 문장은 Carol Gilligan에 대한 언급이 끝난 다음인 Ⓑ에 들어가는 것이 적절하다. 첫 문장에서 돌봄의 윤리가 원래 페미니스트 심리학 이론으로 고안되었다고 했는데, 이것을 부연 설명하여 Carol Gilligan이 '남성적' 자유주의 정의 전통에 대한 대안으로서의 (페미니스트적인) 돌봄의 관점을 처음으로 옹호했다고 한 것이다.

37 빈칸완성 ③

| 분석 |

돌봄의 윤리가 관계적 자아를 '존재론적으로 인식론적으로 기본된 것으로 전제한다. 따라서 합리적이고 자율적이며 자족적인 개인이라는 개념을 지지하는 전통적인 자유주의에 대한 비판을 제시한다.'라는 단서로부터 돌봄의 윤리의 핵심이 인간의 상호의존적인 속성임을 알 수 있다.

빈칸에 들어가기에 가장 적절한 정답을 선택하시오.
① 독점적인
② 자기중심적인
③ 상호의존적인
④ 적대적인
⑤ 유익한

38 내용파악 ④

| 분석 |

돌봄의 윤리가 강조하는 것은 인간의 관계성과 상호의존성이다. 그리고 이 글에서는 바로 그 점을 시종일관 옹호하고 있다. 그러므로 ④ '그것은 정의를 주된 도덕적 가치로서 강조한다.'는 돌봄의 윤리학의 강조점이 아니다.

다음 중 돌봄의 윤리학에 관하여 사실이 아닌 것은?
① 그것은 민간 및 공공의 다양한 분야와 관련이 있다.
② 그것은 여성주의 도덕 이론에서 비롯되었다.
③ 그것은 전통적인 도덕적 접근법들에 반대한다.
④ 그것은 정의를 주된 도덕적 가치로서 강조한다.
⑤ 그것은 전통적인 자유주의에 의문을 제기한다.

39~41

링컨이 즉각적인 노예제 폐지를 추구하지 않은 것은 사실이다. 그는 급진적 평등주의자도 아니었다. 그는 오히려 노예 소유주에게 보상을 하고자 했던 점진적 노예 해방론자였다. 링컨은 반(反)흑인 편견이 일상화된 나라에서 태어났고, 그 나라를 이끌게 된 노예제 반대론자였다. 급진적인 시민적 평등을 약속하는 땅(이상화된 미국)에서 노예를 해방하고 새로 해방된 사람들에게 시민권을 확대하려는 강력한 정서의 흐름이 이 땅(현실적인 미국)에는 거의 없었다. <그러나 링컨을 노예세노에 반대하는 망설이는 전사로만 묘사하는 것은 그를 공정하게 다루는 것이 아니다.> 그는 노예제도가 "궁극적인 소멸"의 길로 나아가야 한다는 도덕적 정보에 근거한 주장을 굽히지 않았다. 그는 1850년대 내내 정치적 손해를 감수하면서까지 이 입장을 유지했으며, 하원 의원 한 번을 제외하고는 1860년 대통령에 당선될 때까지 주요 공직에 당선되지 못했다. 매우 중대하게, 1860~61년 (남부 주들의 연방) 탈퇴를 둘러싼 위기 상황에서도 — 순전히 정치인이라면 그랬을 수도 있는 — 반(反) 노예제 공약에서 후퇴하지 않았다. 그리고 그는 1862년 이후 노예해방을 지지하며, 파괴적인 전쟁(남북전쟁)을 끝내기 위해 남부 연방과 평화 협상을 추진하라는 압력에도 굴복하기를 거부했다. 그는 1864년 노예제 폐지 헌법 개정 운동을 벌이기도 했다.

| 어휘 |

abolition n. (법률 · 제도 · 조직의) 폐지 **egalitarian** a. 평등주의의 **emancipationist** n. 노예 해방론자 **Promised Land** (성서에 나오는) 약속의 땅(미국의 이상) **waver** v. 흔들리다, 꺾이다 **insistence** n. 주장, 단언 **extinction** n. 절멸 **detriment** n. 손해, 손실 **the U.S. House** 미 하원 **constitutional amendment** 헌법개정

39 문장삽입 ④

| 분석 |

'그러나 링컨을 노예제도에 반대하는 망설이는 전사로만 묘사하는 것은 그를 공정하게 다루는 것이 아니다.'라는 주어진 문장 다음에는 흑인노예해방을 위해 단호히 행동하는 링컨의 모습을 설명하는 내용이 와야 한다. 그러한 링컨의 모습이 등장하는 것인 D 이후이다. 따라서 주어진 문장은 D에 들어가는 것이 적절하다.

40 빈칸완성 ①

| 분석 |

링컨이 남부 주들의 연방탈퇴를 둘러싼 위기 상황에서도 반(反)노예제 공약에서 후퇴하지 않은 것과 파괴적인 전쟁(남북전쟁)을 끝내기 위해 남부 동맹과 평화 협상을 추진하라는 압력에도 굴복하기를 거부한 것은 개인적으로나 역사적으로 '매우 중대한' 사실이다.

빈칸에 들어가기에 가장 적절한 정답을 선택하시오.
① 매우 중요하게
② 미미하게
③ 관련하여
④ 명목상으로
⑤ 갑자기

41 내용파악 ③

| 분석 |

'그는 1850년대 내내 정치적 손해를 감수하면서까지 이 입장을 유지했으며, 하원 의원 한 번을 제외하고는 1860년 대통령에 당선될 때까지 주요 공직에 당선되지 못했다.'라는 단서로부터 ③ 중에 '주요 직책을 맡을 수 있었다.'고 한 것은 본문의 내용과 일치하지 않음을 알 수 있다. ⑤ his moral conviction은 본문 중의 a morally informed insistence에 근거한 것이다.

다음 중 링컨과 관련하여 사실이 아닌 것은?
① 링컨은 처음에는 즉각적인 노예제 폐지를 주장하지 않고 점진적인 노예 해방론자의 접근 방식을 지지했다.
② 급진적인 노예제 폐지론자는 아니었지만 링컨은 노예제 확대에 반대했고 노예제의 궁극적인 소멸을 주장했다.
③ 노예제 반대 입장으로 인해 정치적 좌절을 겪었지만 주요 직책을 맡을 수 있었다. 그러나 정치적 이익을 위해 타협하는 것을 거부했다.
④ 링컨은 1864년 캠페인 기간 동안 협상된 평화를 위한 압력에 저항하고 노예 해방을 위해 싸웠다.
⑤ 노예제도에 대한 링컨의 입장은 도덕적 신념과 점진적 노예제 폐지에 대한 확고한 의지에서 비롯된 것이었다.

42~44

만일 당신이 태어나서 성인이 될 때까지 한 집에서 살았다면 당신은 그 집이 당신 자신의 정신과 얽혀 있다는 것을 알게 될 것이다. 내가 어린 시절의 대부분을 보낸 집은 유난히 아름다웠다. 단순히 미적으로만 아름다운 것이 아니라 그 이상이었다. 건축가의 예술적 기준이 매우 높았다. 우리를 둘러싼 실내의 모든 표면과 공간은 건축자재와 솜씨 면에서 고상하게 균형 잡혀 있었고 멋스러우면서도 공간적으로 여유가 있었다. 세심하게 계획되고 즐거움을 주기 위해 의도된 집은, 그 안에 사는 사람, 무엇보다도 아이에게 영향을 미치기 마련인데, 아이에게 집은 거의 세상과 같기 때문이다.
B 만일 그 세상이 의도적으로 아름답게 만들어졌다면, 아이는 인간적인 척도와 인간적인 관점에서 아름다움에 대한 친숙함과 기대감을 갖게 될 수 있다.
A 그러한 일상적인 경험은 음악이나 시와 마찬가지로 마음을 움직이는 힘이 있다.
D 하지만 음악이나 시의 경험은 짧고 가끔씩 하는 것이다.
C 그 안에 사는 아이에게 집이 있다는 경험은 영구적이고 포괄적인 것이다.

| 어휘 |

maturity n. 성숙 **aesthetically** ad. 미학적으로 **proportioned** a. 균형이 잡힌 **handsome** a. 멋진 **generous** a. 공간적으로 여유가 있는 **material** n. 건축 자재 **workmanship** n. 솜씨, 장인의 기량

42 빈칸완성 ⑤

| 분석 |

태어나서 성인이 될 때까지 한 집에서 살았다면 그 집의 모든 것을 속속들이 알고 있고 느끼고 있을 것이므로 그 집과 그 사람의 정신은 분리될 수 없게 하나로 얽혀 있을 것이다. 따라서 빈칸에는 ⑤가 적절하다.

빈칸 Ⓐ에 들어가기에 가장 적절한 정답을 선택하시오.
① 환멸을 느끼다
② 양립할 수 없다
③ 분리하다
④ 넘쳐난다
⑤ 뒤엉켜 있다

43 빈칸완성 ②

| 분석 |

집이 그 집에 사는 사람에게 반드시 영향을 미치게 되어 있다면 좋은 영향, 바라는 영향을 미치도록 집 짓는 사람이 세심하게 계획하여 지을 것이므로 빈칸에는 ② '세심하게'가 적절하다.

빈칸 Ⓑ에 들어가기에 가장 적절한 정답을 선택하시오.
① 일시적으로
② 세심하게
③ 위험하게
④ 독단적으로
⑤ 게으르게

44 문장배열 ②

| 분석 |

앞에 주어진 글이 '아이에게 집은 거의 세상(the world)과 같기 때문이다'로 끝났으므로 that world로 받고 있는 B가 가장 먼저 오고, B에서 '아이는 아름다움에 대한 친숙함을 갖게 될 수 있다'고 한 것이 아이가 집에서 아름다움을 일상적으로 친숙하게 경험하는 것을 의미하므로 그러한 일상적 경험(Such daily experience)으로 시작하는 A가 그다음에 오고, A에 나온 음악이나 시의 경험의 단점을 말한 D가 그다음에 오고, 집의 경험의 장점을 말한 C가 마지막에 오는 것이 적절한 순서이다.

45~47

1828년 니콜라이 고골은 짜르(러시아 황제)의 수도 상트 페테르부르크를 향해 갔다. 처음에 그곳에서 일자리를 구하지 못한 그는 어머니의 주택 담보 대출금을 횡령해 독일 여행 경비를 마련했다. 그 후 그는 관료직을 얻었지만 곧 그만두었다. 1836년에 그는 러시아 관료제를 풍자하는 희극을 발표하여 스캔들을 일으켰고, 결국 러시아를 떠나 6년 동안 로마에서 살게 되었다. 이탈리아에서 그는 가장 유명한 소설인 『죽은 영혼』을 썼다. 그는 또한 점점 더 종교적이 되어갔고, 그의 경건함은 병적으로 변했다. 그 자신의 죄 많음에 사로잡힌 그는 원고를 불태웠고 끝내 굶어 죽었다. 고골은 현대 러시아 소설의 중요한 인물로 후대 작가들에게 막대한 영향을 끼쳤다. 그는 18세기 문학의 관습을 버리고 일상적인 삶에 대한 암울하고 희극적인 비전을 제시했다. 비평가들은 종종 그의 이야기가 현대 문학에 반(反)영웅을 도입했다는 점을 공로로 인정하는데, 반(反)영웅은 용기, 힘, 이상주의와 같은 영웅적 자질이 전혀 없는 주인공 유형이다.

| 어휘 |

set off ~를 향해 출발하다 **embezzle** v. 횡령[착복]하다 **mortgage payment** 주택담보대출 **satirize** v. 풍자하다 **morbid** a. 병적인 **bleakly** ad. 몹시 침울해진 **credit** v. (행위 · 공적을) (남에게) 돌리다 **antihero** n. 반(反)영웅

45 동의어 ⑤

| 분석 |

embezzle는 '횡령하다'는 뜻이므로, ⑤가 정답이다.

밑줄 친 단어 '<u>embezzled</u>'에 가장 가까운 의미를 가진 정답을 고르시오.
① 갚다
② 교환하다
③ 보상하다
④ 축척하다
⑤ 횡령하다

46 빈칸완성 ①

| 분석 |

고골이 후대 작가들에게 막대한 영향을 끼쳤고, 18세기 문학의 관습을 버리고 일상적인 삶에 대한 암울하고 희극적인 비전을 제시했으며, 비평가들은 종종 그의 이야기가 현대 문학에 안티히어로를 도입했다는 점을 공로로 인정한다는 등의 단서로부터 그가 중요하고 영향력 있는 작가임을 알 수 있다.

빈칸에 들어갈 말로 가장 적절한 것을 고르시오.
① 중요한
② 파악하기 어려운
③ 기묘한
④ 혐오감을 불러일으키는
⑤ 영향을 받은

47 내용파악 ⑤

| 분석 |

'그 후 그는 관료직을 얻었지만 곧 그만두었다. 1836년에 그는 러시아 관료제를 풍자하는 희극을 발표하여 스캔들을 일으켰고, 결국 러시아를 떠나 6년 동안 로마에서 살게 되었다.'라는 단서로부터 ⑤ '그는 관료로서 오랜 경력을 쌓았다'가 본문의 내용과 일치하지 않음을 알 수 있다.

다음 중 고골과 관련하여 사실이 <u>아닌</u> 것은?
① 그는 해외에서 망명생활을 했다.
② 그는 종교적 광신자가 되었다.

③ 그는 연약함을 지닌 평범한 사람들을 묘사했다.
④ 그는 18세기 문학으로부터 벗어났다.
⑤ 그는 관료로서 오랜 경력을 쌓았다.

48~50

폴란드에서는, 예상치 못한 유권자의 급증으로 포퓰리즘 연립 정부가 축출되고 친(親)유럽연합 정당이 의회 의석의 대부분을 차지했다. 일단 들어서고 나면, 새 정부는 (새 정부의) 지도자들이 약속하고 EU가 요구한 변화를 이루기 위해 노력할 것이다. 특히, 새 정부는 EU 규정에 따라 사법부와 언론의 정치적 독립성을 회복하기 위해 노력할 것이다. 이러한 개혁은 또한 EU가 (회원국의) 팬데믹 복구를 지원할 목적으로 회원국을 위해 챙겨둔 350억 유로에 달하는 기금을 폴란드가 최대한 많이 이용할 수 있게 도움을 줄 것이다. EU는 판사와 언론인을 정부 통제 하에 두려는 이전 정부의 시도에 대한 대응으로 해당 자금을 보류해왔다. 지난 몇 년 동안, 바르샤바의 (극우) 포퓰리즘 정부는 노조, 민주주의에 의거한 통치, 사회 정책을 악마화하여 인기를 높여왔다. 포퓰리즘 정부는 국영 언론 매체를 정부 선전의 도구로 전락시키고 법원을 정권의 측근으로 채웠다.

| 어휘 |

surge n. 급증 **oust** v. 축출하다 **coalition government** 연립정부 **judiciary** n. 사법부 **claim** v. 차지하다, 요구하다 **set aside** 챙겨두다 **bid** n. 시도 **boost** v. 부양하다, 활성화시키다 **state-media outlets** 국영언론매체 **propaganda** n. 정치선전 **stack** v. 채우다

48 빈칸완성 ④

| 분석 |

새로이 들어설 정부가 그 지도자들이 약속하고 EU가 요구한 변화를 이루기 위해 노력할 것이다, 라는 단서로부터 빈칸에 보기 ④ '~ 와 함께, ~에 따라'가 와야 함을 추론할 수 있다.

빈칸에 들어갈 말로 가장 적절한 것을 고르시오.
① ~와 불화하는
② ~때문에
③ ~이 필요한
④ ~에 따라
⑤ ~대신에

49 동의어 ⑤

| 분석 |

oust는 '내쫓다, 축출하다'는 뜻이므로, ⑤가 정답이다.

밑줄 친 단어 'ousted'에 가장 가까운 의미를 가진 정답을 고르시오.
① 안내하다
② 야기하다
③ 자극하다
④ 유혹하다
⑤ 추방하다

50 내용파악 ②

| 분석 |

'새 정부는 (새 정부의) 지도자들이 약속하고 EU가 요구한 변화를 이루기 위해 노력할 것이다. 특히, 새 정부는 EU 규정에 따라 사법부와 언론의 정치적 독립성을 회복하기 위해 노력할 것이다.'라는 단서로부터 ② '새 정부는 민주주의에 관한 유럽연합의 규칙을 어길 것이다.'가 본문의 내용과 일치하지 않음을 알 수 있다.

다음 중 폴란드와 관련하여 사실이 아닌 것은?
① 유권자들이 정치적 변화를 가져왔다.
② 새 정부는 민주주의에 관한 유럽연합의 규칙을 어길 것이다.
③ 폴란드와 유럽연합 사이의 분열의 근원이 이제 사라지고 있다.
④ 이전 포퓰리즘 정부는 사리사욕을 채우기 위해 국영 미디어를 악용했다.
⑤ 유럽연합은 폴란드 정부에 변화를 촉구하기 위해 전략적으로 폴란드에 대한 자금 지원을 보류했다.

KYUNG HEE UNIVERSITY

2023학년도 인문 · 체육계열

TEST p. 70~86

01	③	02	④	03	①	04	③	05	⑤	06	②	07	②	08	③	09	①	10	③
11	①	12	④	13	①	14	⑤	15	③	16	③	17	④	18	⑤	19	②	20	⑤
21	①	22	④	23	③	24	③	25	⑤	26	④	27	①	28	①	29	②	30	④
31	③	32	④	33	⑤	34	②	35	⑤	36	①	37	②	38	④	39	②	40	⑤

01 동의어 ③

| 어휘 |

loom v. 어렴풋이 나타나다(= emerge) **repercussion** n. 영향 **glacial** a. 빙하의 **melting** n. 용해, 융해 **change** v. 변화하다 **increase** v. 증가하다 **expand** v. 확대하다 **threaten** v. 위협하다

| 해석 |

계속되는 지구 온난화의 결과가 멀리서 어렴풋이 나타남에 따라, 과학자들은 빙하가 녹는 것이 전 세계 사람들에게 미칠 영향을 고려하기 시작했다.

02 동의어 ④

| 어휘 |

promulgate v. 공표하다 **materially** ad. 크게, 현저하게 **unsolicited** a. 부탁하지도 않은(= unasked) **ubiquitous** a. 어디에서나 흔히 볼 수 있는 **junk** a. 쓰레기의 **indiscriminate** a. 무차별적인 **undeserved** a. 부당한 **irresponsible** a. 무책임한 **sophisticated** a. 세련된

| 해석 |

협회는 회원들이 지켜야 할 지침을 공표했다. 오늘날 인터넷 접속이 가능한 사람들과 마찬가지로, 우리 업계는 원치 않고, 대상이 불분명하며, 거의 어디서나 흔히 볼 수 있는, 그야말로 쓰레기 같은 메일의 급증으로 크게 피해를 보고 있다.

03 동의어 ①

| 어휘 |

moratorium n. 지급정지, 활동중단 **regardless of** ~와 관계없이 **bill** n. 법안 **specter** n. 망령, 유령, 귀신 **machination** n. 교묘한 책략(=scheme) **stall** v. 지연시키다 **transplantation** n. 이식(수술) **indefinitely** ad. 무기한 **impact** n. 영향 **initiative** n. 주도권 **turmoil** n. 혼란 **plan** n. 계획

| 해석 |

선의에서 비롯되었지만, 활동중단은 기간에 상관없이 브라운백 법안에 대한 만족스러운 대안이 아니다. 그것은 장기간의 논의와 정치적 책략이라는 망령을 불러와, 핵이식 연구를 무기한 지연시킬 것이다.

04 동의어 ③

| 어휘 |

sympathy n. 동정 **mingle** v. 섞이다 **compassion** n. 연민 **tinged with** ~의 기미가 있는 **repulsion** n. 혐오(= disgust) **amount to** ~와 마찬가지다 **fascination** n. 매력 **disillusion** n. 각성 **cynicism** n. 냉소 **presumption** n. 추정

| 해석 |

코니(Connie)는 그에 대한 갑작스럽고 낯선 동정심이 비약적으로 커지는 것을 느꼈는데, 그런 감정의 비약에는 연민이 혼재하고, 약간의 혐오감도 배어있었고, 거의 사랑에 가까웠다. 아웃사이더! 아웃사이더!

05 동의어 ⑤

| 어휘 |

expense n. 비용, 지출 **reimburse** v. 배상하다(= pay back) **purchase** n. 구매한 것 **admit** v. 시인하다 **redress** v. (손해 등을) 배상하다 **please** v. 비위를 맞추다 **assist** v. 돕다

| 해석 |

비용지출 보고서는 그 음료를 구매한 사람이 구매한 것에 대해 기업으로부터 배상을 받았다는 것을 보여주었다.

06 동의어 ②

| 어휘 |

come up with ~을 제안하다 **notable** a. 주목할 만한 **brainchild** n. 발명품; (독창적인) 아이디어, 생각(= idea) **seal** n. 도장 **sibling** n. 형제자매 **gift** n. 선물 **cognition** n. 인지 **argument** n. 주장

| 해석 |

만일 눈에 띄는 혜택은 전혀 없고, 중독성 있으며, 매년 35만 명의 미국인들의 사망원인으로 여겨질 수도 있는 신제품을 누군가가 제안한다면 무슨 일이 생길지 한번 상상해 보자. 미국식품의약국은 그 사람이 내놓은 독창적인 아이디어를 승인해 줄 것인가?

07 동의어 ②

| 어휘 |

chagrined a. 원통하게 여기는(= frustrated) **unperturbed** a. (마음이) 동요하지 않는 **undisturbed** a. (마음이) 흔들리지 않는 **disrespected** a. 경시되는 **manipulated** a. 조작된

| 해석 |

학창시절 내내, 특히 자랑스러워했던 논문을 내가 쓸 때마다, 나는 어머니가 그것을 절대로 읽을 수 없다는 것을 원통하게 여겼다.

08 논리완성 ③

| 분석 |

같은 종류의 농작물만 경작하면 토양에서 특정 영양분이 고갈된다고 했다. 따라서 다음번 농사를 지을 때는 토양이 이전보다 덜 '비옥한' 상태가 될 것이므로, 빈칸에는 ③의 fertile이 적절하다.

| 어휘 |

sequence n. 순서 **rotation** n. 회전; 〈농업〉 윤작 **cultivate** v. 경작하다 **all-year-round** ad. 일 년 내내 **crop** n. 농작물 **deplete** v. 고갈시키다 **nutrient** n. 영양분 **contagious** a. 전염성의 **decomposed** a. 분해된 **fertile** a. 비옥한 **stabilized** a. 안정된 **barren** a. 척박한

| 해석 |

일단 농부들이 최적의 윤작 순서를 확정하고 나자, 그들은 농지를 1년 내내 경작할 수 있었다. 윤작은 토양을 균형 있고 건강하게 유지시키는 데 도움을 주었기 때문에 효과적이었다. 같은 종류의 농작물을 경작하면 토양에서 특정 영양분을 고갈시켜, 다음번 농사를 지을 때 토양을 덜 비옥한 상태로 만든다.

09 논리완성 ①

| 분석 |

집단과 잘 어울리기 위해 대부분의 사람들이 하지 않는 행동에는 어떤 것이 있는지를 묻고 있다. 집단 내 다른 사람들과 '모순되는' 언행을 피하려고 노력한다고 했으므로, 같은 맥락으로 집단 내에서 특이한 것으로 관심 끌게 하는 '눈에 띄는' 말과 행동을 피하려고 할 것이다. 따라서 ①의 standing out이 빈칸에 적절하다.

| 어휘 |

normative a. 규범적인 **motivate** v. 동기를 부여하다 **fit in with** ~에 잘 들어맞다, ~와 잘 어울리다 **stand out** 눈에 띄다 **worry about** 걱정하다 **take notice of** 주목하다 **get aware of** 알아차리다 **get attracted to** ~에 끌리게 되다

| 해석 |

규범적 영향은 집단과 잘 어울리고자 하는 욕망에 의해 동기 부여된 행동으로 정의내릴 수 있다. 심리학자들은 이 과정이 어떻게 작동하는지를 보여주기 위해 수많은 실험을 수행했다. 각각의 실험에서, 대부분의 사람들은 집단에서 눈에 띄거나 다른 사람과 모순되는 것을 피하기 위해 비상한 노력을 기울이는 것으로 밝혀졌다.

10 논리완성 ③

| 분석 |

자연보호구역 지정으로 인해 그곳에 거주하고 있던 원주민들이 쫓겨났는데, 원주민들은 영양실조와 질병으로 목숨을 잃게 되었다고 했다. 따라서 쫓겨난 원주민들이 영양실조와 질병만큼 '열악한' 것으로 죽게 되었다고 해야 적절하다. ③의 exploitation이 정답이 된다.

| 어휘 |

conservationist n. 환경보호주의자 **be at odds with** ~와 사이가 나쁘다, 불화하다 **indigenous people** 원주민 **oust** v. 쫓아내다 **sanctuary** n. 보호구역 **succumb to** ~로 쓰러지다[죽다] **indulgence** n. 마음대로 하게 함 **extravagance** n. 낭비; 사치 **exploitation** n. (부당한) 착취 **bigotry** n. 심한 편견 **profligacy** n. 품행불량

| 해석 |

환경보호주의자들은 역사적으로 자연보호구역에 거주하는 사람들과 사이가 나빴다. 20세기 후반에 인간이 없는 자연보호구역을 지정하기 위해 수백 만 명의 원주민들이 고향에서 쫓겨났다. 그들은 대부분 영양실조, 질병, 그리고 착취로 목숨을 잃었다.

11 논리완성 ①

| 분석 |

개가 아이를 공격해서 항의했다고 했는데, 개가 아이를 공격했다면 보통은 개를 '도발하거나 화나게 했을 경우'에 그랬을 것이다. 따라서 개의 공격 원인으로 자연스러운 ①의 provocation이 빈칸에 적절하다.

| 어휘 |

provocation n. 도발, 화나게 함 **discernment** n. 통찰력 **approval** n. 승인 **ramification** n. 파문, 영향 **destitution** n. 극빈, 빈곤

| 해석 |

부모들은 이웃에게 불만을 제기했는데, 왜냐하면 어떠한 도발도 하지 않았는데 그 개가 그들의 아이를 공격했기 때문이었다.

12 논리완성 ④

| 분석 |

그들이 받은 교육수준보다 낮은 일이라고 했으므로, '교육수준 이하의 일'에 어울리는 ④의 menial이 빈칸에 적절하다.

| 어휘 |

to begin with 우선 **congruous** a. 적합한 **compliant** a. 고분고분한 **redemptive** a. 속죄하는 **menial** a. 비천한, 하찮은 **resumptive** a. 다시 시작하는

| 해석 |

이민자들은 우선 하찮은 일부터 시작해야 하는 경우가 많은데, 그런 일은 그들이 받은 교육수준 이하의 일이다.

13 빈칸완성 ①

| 분석 |

애완동물과 친밀한 관계를 형성한 아이들은 애완동물이 없는 아이들보다 애완동물의 감정과 같은 감정을 가지는 공감을 더 많이 할 것이다. 따라서 첫 번째 빈칸에는 empathy(공감)가 적절하다. 두 번째 빈칸에는 애완동물을 구매하는 부모들이 아이들에게 그 공감적 태도를 어떻게 하려는 믿음을 갖고 있는지를 묻고 있으므로, 아이들에게 공감적 태도를 '서서히 가르치려는(instill)' 믿음을 갖고 있다고 해야 문맥상 적절할 것이다.

| 어휘 |

pet n. 애완동물 **foster** v. 촉진하다, 조장하다 **personality** n. 성격, 인격 **empathy** n. 공감 **instill** v. ~에게 …을 서서히 가르치다, 주입하다, 심어주다 **pathos** n. 연민의 정을 자아내는 힘, 페이소스, 정념

| 해석 |

또 다른 연구에 따르면, 애완동물과 친밀한 관계를 형성한 아이들이 애완동물이 없는 아이들보다 더 큰 공감을 보였다. 하지만 이런 태도를 조장하는 것이 무엇인지는 불확실하다. 아마도 애완동물을 구입하는 부모들은 자녀에게 공감적 태도를 서서히 가르치려는 믿음이나 인격을 갖고 있을지도 모른다.

빈칸 Ⓐ와 Ⓑ에 들어가기에 적절한 것으로 짝지어져 있는 것은?
① 공감 — 서서히 가르치다
② 동정 — 예약하다
③ 정념 — 강화하다
④ 강조 — 고수하다
⑤ 느낌 — 악화시키다

14 빈칸완성 ⑤

| 분석 |

제어장치를 반대로 돌리면, 적응하려고 조정한 첫 번째 시도가 부적응을 악화시키는 악순환을 유발할 것이라고 한 다음, 제어장치를 끊임없이 조정하게 되는 상황을 예로 보여주고 있다. 빈칸은 예시문을 설명해야 하므로, 바로잡으려는 시도가 상황을 바로잡아 주기는커녕 실수를 계속해서 '증가시키고' 있다고 해야 적절하다. 따라서 빈칸에는 ⑤의 increases가 들어가야 한다.

| 어휘 |

complementary a. 상호보완적인, 보충이 되는 **schismogenesis** n. 분열생성 **practical joke** 짓궂은 장난 **dual-control** n. 이중 제어 장치 **electric blanket** 전기담요 **reverse** v. 반대로 하다 **set something off** 유발하다

| 해석 |

메리 캐서린 베이트슨(Mary Catherine Bateson)은 그레고리 베이트슨(Gregory Bateson)의 상호보완적 분열생성이라는 개념에 대해 다음과 같이 설명한다. 그가 묘사한 상황은 이중 제어 전기담요를 이용하여 할 수 있는 짓궂은 장난과 같다. 만일 당신이 그 제어장치를 반대로 돌리면, 어느 한 사람이 적응하려고 조정한 첫 번째 시도가 부적응을 악화시키는 악순환을 유발할 것이다. 즉, 내가 추워서 내 옆에 있는 제어장치를 높이면, 당신이 너무 더워서 제어장치를 낮추게 되고, 그러면 내가

더 추워지는 일이 계속 반복되는 것이다. 바로잡으려는 시도가 실제로는 실수를 증가시킨다.

본문의 주장을 완성하기 위해 어떤 동사가 Ⓐ에 적절한가?
① 희생시키다
② 조정하다
③ 경감시키다
④ 복제하다
⑤ 증가시키다

15 빈칸완성 ③

| 분석 |

억압적인 개념적 틀은 어떤 관계를 정당화한다고 했는데, 빈칸 다음 문장에서 그 개념적 틀이 가부장제일 경우, 남성에 의한 여성의 종속을 정당화한다고 했다. 따라서 '남성에 의한 여성의 종속', 즉 '지배와 종속'을 정당화한다고 해야 적절하다. 따라서 ③이 정답이 된다.

| 어휘 |

conceptual a. 개념적인 **framework** n. 뼈대; 틀 **oppressive** a. 억압적인 **justify** v. 정당화하다 **patriarchal** a. 가부장제의 **subordination** n. 종속

| 해석 |

일부 개념적 틀은 억압적이다. 억압적인 개념적 틀은 지배와 종속이라는 관계를 설명하고, 정당화하며, 유지시켜주는 틀이다. 억압적인 개념적 틀이 가부장제일 때, 그 개념적 틀은 남성에 의한 여성의 종속을 설명하고 정당화하며, 유지시켜준다.

빈칸 Ⓐ에 가장 적절한 것은?
① 지배와 평등
② 자유와 평등
③ 지배와 종속
④ 통치와 영향력
⑤ 겸손과 지배

16~17

지난 몇 년간, 우리는 동유럽의 고아원에서 입양된 아기들이 아동기로 성장하면서 미국인 엄마와 대화하는 데 장애가 있다는 것을 발견한 비극적인 사례를 보았다. 그것은 새로운 언어를 듣는 과정에서 혼란스러워진 결과가 아니었다. 그것은 고아원의 인력이 부족해서 일어난 것이었다. 아이들을 지켜보는 사람들은 아이들을 최소한으로만 돌보았고, 아이들과 대화할 시간은 전혀 갖지 않거나 거의 갖지 않았다. 그 아이들은 언어학적으로 결핍되어 있었고, 정상적인 언어 사용을 유도하는 언어자극을 받지 못했다. 유아기와 그 이후에 말을, 많은 말을 듣는 것이 인간의 두뇌에 건강한 활동이며, 그것은 얼마나 많은 언어와 관련 있는지에 관계없이 사실인 것처럼 보인다.
그러나 이야기는 훨씬 더 좋게 전개된다. 두 개 이상의 언어를 독립적으로 구사하도록 훈련하는 것에는 인지상의 이점이 있는 것처럼 보인다. 최근의 연구는 언어에 중요한 뇌 부위가 단일 언어 사용자보다 이중 언어 사용자에게서 더 발달한다는 것을 발견했는데, 특히 두 언어를 어려서 배울 경우 그러했다.

| 어휘 |

orphanage n. 고아원 **handicapped** a. 신체[정신]적 장애가 있는 **linguistically** ad. 언어학적으로 **starved** a. 굶주린; 결핍된 **verbal** a. 언어의, 말의 **stimulation** n. 자극 **infancy** n. 유아기 **bilingual** a. 이중 언어 사용자의 **monolingual** n. 단일 언어 사용자

16 내용파악 ③

| 분석 |

고아원에서 미국으로 입양된 아이들이 미국인 엄마와 대화하는 데 장애가 있다는 것을 발견했는데, 그 원인은 새로운 언어를 접해서가 아니라, 고아원의 인력 부족으로 아이들과 대화를 거의 나누지 못해 아이들이 언어학적으로 결핍되어 있었기 때문이라고 했으므로, ③이 정답이다.

왜 유럽에서 입양된 고아들은 자라면서 미국인 엄마와 영어로 말하는 데 어려움을 겪는가?
① 그들은 태어났을 때부터 정신적으로 장애가 있었다.
② 그들의 모국어가 영어를 적절하게 습득하는 것을 방해했다.
③ 그들은 고아원에서 언어에 거의 노출되지 않았다.
④ 그들에게 청각문제가 있어서, 영어를 제대로 들을 수 없었다.
⑤ 그들의 미국 엄마들이 그들과 충분한 시간을 함께하지 않았다.

17 내용일치 ④

| 분석 |

언어를 담당하는 뇌 부위의 경우, 단일 언어 사용자보다 이중 언어 사용자가 더 잘 발달된다는 연구결과가 있었다고 했는데, ④는 반대의 주장이므로, ④가 정답이다.

본문의 내용과 다른 주장은?
① 이중 언어 사용자들은 단일 언어 사용자들보다 인지 능력을 더 잘 발달시킬 수 있다.
② 아이가 언어에 더 많이 노출될수록, 아이들이 더 유창하게 언어를 구사할 수 있다.
③ 언어학적으로 결핍된 상황은 아이들이 언어를 듣는 데 충분한 시간을 가질 수 없는 상황이다.

④ 단일 언어를 사용하는 아이들은 이중 언어를 사용하는 아이들보다 보다 빠르고 쉽게 언어를 습득할 수 있다.
⑤ 태어났을 때부터 많은 대화를 듣는 것이 언어 습득에 꼭 필요한 전제조건이다.

18~19

아마도, 작가와 교사보다 글의 힘과 마법을 더 높이 평가하는 사람은 없을 것이다. 나는 이 두 가지 직업 모두에 해당되기 때문에, 어떠한 힘과 마법으로도 나의 어머니에게 글을 쓸 수 없다는 것이 내 인생에서 가장 오랫동안 지속되는 좌절감 중 하나이다. 나의 어머니는 내가 중국어로 글을 써 보내는 유일한 사람이다. 그녀는 중국에서 태어나고 자라서, 미국에서 태어난 4명의 그녀의 자녀들이 조금이라도 중국어를 알고 있는 것은 다 그녀 덕분이다. 비록 우리가 그녀의 언어로 대화를 할 수 있지만, 우리의 중국어 구사 능력은 초보적이다. 그녀는 항상 중국으로 돌아가고 싶어 했다. 결과적으로, 그녀는 영어를 배우려는 노력을 전혀 하지 않았다. 그래서 나는 한자 쓰는 것을 연습했고, 그녀에게 비록 서툴지만 한자로 편지를 써서 그녀에 대한 나의 사랑과 그녀의 깊은 감정을 이해하는 마음을 표현했다.
나는 항상 우리 사이에 놓인 언어 장벽에 좌절감을 느끼고 있어서, 정확하고 품위 있게 나의 생각을 그녀에게 전달하고 싶나. 하지만 불행하게도, 글에 있어 유창함은 내가 그녀에게 결코 드릴 수 없는 선물이다. 그러나 비록 내가 영어로 쓴 글을 그녀가 결코 직접 읽을 수는 없더라도, 그녀는 내가 전달하고 싶어 하는 가장 중요한 의미, 즉 그녀를 향해 내가 갖고 있는 감정은 알고 있는데, 그 감정은 중국어로 쓴 세련된 글을 통해서가 아니라, 그 글에 내가 쏟아 부은 많은 시간과 수고스러운 노력을 통해 보다 확실히 이해된 것이다. <따라서 나는 불완전하게라도, 글을 통해 그녀와 소통하는 데 성공했다는 것을 아는 데서 용기를 가져야 한다.>

| 어휘 |

enduring a. 오래 지속되는 **frustration** n. 좌절감, 불만 **rear** v. 기르다 **fluency** n. (외국어 실력이) 유창함 **elementary** a. 초급의 **Chinese character** 한자 **language barrier** 언어장벽 **yearn to do** 몹시 ~하고 싶어 하다 **phrase** v. 표현하다 **grace** n. 품위 **eloquence** n. 웅변 **firsthand** ad. 직접 **paramount** a. 가장 중요한 **come across** 이해되다 **polished** a. 세련된 **time-consuming** a. (많은) 시간이 걸리는 **painstaking** a. 수고를 아끼지 않는 **take heart** 용기나 자신감을 가지다

18 문장삽입 ⑤

| 분석 |

제시문은 "따라서 나는 불완전하게라도, 글을 통해 그녀와 소통하는 데 성공했다는 것을 아는 데서 용기를 가져야 한다."라는 뜻이므로, 제시문 앞에는 '그녀와의 소통'과 관련된 내용이 와야 한다. 따라서 그녀가 전달하고 싶어 하는 가장 중요한 의미는 그녀의 어머니가 알고 있다는 내용이 나온 다음인 Ⓔ에 제시문이 들어가야 문맥상 적절하다.

19 내용일치 ②

| 분석 |

네 번째 문장에서 '미국에서 태어난 4명의 그녀의 자녀들'이라고 한 것에서 저자는 3명의 형제자매를 갖고 있음을 알 수 있다. 따라서 ②가 정답이다. ④ 마지막 문장의 '그 글에 내가 쏟아 부은 많은 시간과 수고스러운 노력'이 저자가 중국어로 편지를 쓰려고 끊임없이 노력했음을 말해준다. ⑤ 항상 희망했다는 것은 결코 포기하지 않았다는 말이다.

본문에서 언급된 내용과 다른 진술은?
① 저자는 교사이자 작가이다.
② 저자와 4명의 형제자매는 어머니 덕택에 중국어를 어느 정도 알고 있다.
③ 저자와 그녀의 어머니 간에 놓인 언어 장벽은 그녀의 인생에서 가장 오랫동안 지속되는 좌절감 중 하나이다.
④ 저자는 그녀에게 중국어로 편지를 쓰는 노력을 끊임없이 해서 그녀의 어머니에 대한 그녀의 감정을 표현했다.
⑤ 저자의 어머니는 중국으로 돌아가는 것을 결코 포기하지 않았다.

20 내용추론 ⑤

| 분석 |

루시네 가족은 관심을 표현하기 위해 질문하는 경향이 있다고 한 다음, 최근에 만난 한 젊은이와 식사를 하게 된 캐롤이 '최선을 다했다'고 했다. 이 말은 '계속해서 질문을 퍼부었다'는 말로 이해될 수 있다. 그래서 저녁식사가 끝났을 때, 과묵한 성격의 남성이 "FBI와 저녁식사를 하게 되어 좋았다"고 말했는데, 이 말은 진짜 좋았다는 말이 아니라, 캐롤의 질문이 마치 경찰의 심문처럼 느껴져 '불편했다'는 말을 이렇게 표현했음을 추론할 수 있다. 따라서 ⑤가 정답이다.

| 어휘 |

reticent a. 과묵한, 말을 잘 안 하는

| 해석 |

루시(Lucy)네 가족은 관심을 표현하기 위해 질문하는 경향이 있는데, 많은 사람들은 리처드(Richard)네 가족에 보다 더 가깝다. 예를 들어, 루시의 언니 캐롤(Carol)은 최근에 만난 한 젊은이와 저녁식사를 같이 했다. 그는 약간 과묵해 보였지만, 캐롤은 대화가 계속 이어지게 하고 그에 대한 관심을 표현하기 위

해 최선을 다했다. 저녁식사가 끝날 무렵, 그 젊은이는 다음과 같이 말했다. "FBI와 저녁식사를 하게 되어 좋았습니다."

다음 중 위 글에서 추론할 수 있는 것은?
① 리처드네 가족은 다른 사람들의 이야기를 듣는 것을 좋아한다.
② 캐롤은 그 젊은이를 알게 되는 데 성공했다.
③ 캐롤은 FBI에서 일한다.
④ 그 젊은이는 캐롤과 저녁식사를 한 다음 행복해 했다.
⑤ 캐롤은 그의 과묵함에 대한 반응으로 더 많이 질문했다.

21 빈칸완성 ①

| 분석 |

인종차별주의자든, 성차별주의자든, 종차별주의자든 모두 자기가 속한 집단의 이익을 우선시한다는 동일한 패턴이 있으므로, 이 글의 결론에 해당하는 빈칸에는 ①이 들어가야 적절하다.

| 어휘 |

racist n. 인종차별주의자 **violate** v. 위반하다 **give weight to** ~을 중요시하다 **sexist** n. 성차별주의자 **favor** v. 선호하다, ~에 편들다 **speciesist** n. 종차별주의자 **override** v. ~보다 우선시하다

| 해석 |

인종차별주의자는 자신이 속한 인종의 이익과 다른 인종의 이익이 충돌할 때 그가 속한 인종의 이익을 중요시함으로써 평등의 원칙을 위반한다. 성차별주의자는 자신이 속한 성(性)의 이익을 선호함으로써 평등의 원칙을 위반한다. 마찬가지로, 종차별주의자는 자신이 속한 종의 이익을 다른 종의 구성원들의 이익보다 우선시한다. 이 패턴은 각각의 경우에 동일하다.

본문의 결론에 해당하는 Ⓐ에 가장 적절한 문장을 고르시오.
① 이 패턴은 각각의 경우에 동일하다
② 인간은 대부분 종차별주의자이다
③ 종차별주의자는 평등의 원칙을 위반한다
④ 종차별주의는 인종차별주의와 성차별주의와 다르다
⑤ 인종차별주의, 성차별주의, 종차별주의는 공통된 목표를 갖고 있다

22 내용일치 ④

| 분석 |

고통스러울 때 우리가 하는 행동인 몸부림치고 비명 지르는 것이 고통 그 자체는 '아니라고' 했으므로, ④가 정답이다.

| 어휘 |

lighted a. 불이 붙은 **stray** a. (애완동물이) 길을 잃은 헤매는, 방황하는 **consciousness** n. 의식, 자각 **as such** 따라서 **writhe** v. 몸부림치다, 몸부림치며 괴로워하다 **scream** v. 비명을 지르다 **draw away from** ~로부터 떼어놓다 **neurologist** n. 신경과의사

| 해석 |

인간 이외의 다른 동물들이 고통을 느끼는가? 우리는 어떻게 아는가? 인간이든 비인간이든 고통을 느끼는지 우리는 어떻게 아는가? 우리는 우리 자신이 고통을 느낄 수 있다는 것을 알고 있다. 예를 들어 누군가가 우리의 손등에 불이 붙은 담배를 대고 누를 때 우리가 겪는 직접적인 경험으로부터 우리는 이것을 알고 있다. 그러나 우리는 가장 친한 친구이든 길 잃은 개이든, 누군가의 고통을 직접적으로 경험할 수는 없다. 고통은 의식의 상태이자 정신적인 사건이며, 따라서 고통은 결코 관찰될 수가 없다. 몸부림치고 비명을 지르고 불이 붙은 담배에서 손을 빼내는 것이 고통 그 자체는 아니며, 뇌 안의 활동에 대해 신경과 의사가 하는 기록도 고통 그 자체에 대한 관찰이 아니다. 고통은 우리가 느끼는 어떤 것이며, 다른 사람들이 고통을 느낀다는 것을 우리는 오직 다양한 외부 징후로부터 추론만 할 수 있을 뿐이다.

본문에서 주장하는 것과 다른 진술은?
① 고통은 개인적인 정신적 사건이다.
② 다른 사람들이 고통을 느낀다는 것을 우리는 직접적으로 알지 못한다.
③ 고통은 외부적인 어떤 행동들을 수반한다.
④ 고통과 고통스러운 행동이 동일하게 취급된다.
⑤ 다양한 고통의 외부 징후들이 고통의 신호로 기능한다.

23 내용추론 ③

| 분석 |

자바섬 사람들이 초대를 수락하고 나서 저녁식사에 나타나면 그것은 정말로 오고 싶어서 수락했고 또 온 것이므로 모든 초대를 주인의 체면을 위해서 수락하는 것은 아니다. 따라서 ③이 추론할 수 없는 것이다. ④ 자바섬 사람들이 초대를 수락하고 저녁식사에 나타나지 않으면 그것은 주인의 체면을 위해 초대를 수락했다는 말이 되고 이것은 허용된다고 했다.

| 어휘 |

Javanese n. 자바섬 사람 **host** n. (손님을 초대한) 주인, 주최 측 **lose face** 체면을 구기다 **punctuality** n. 시간 엄수 **tardiness** n. 지체, 지각 **save face** 체면을 살리다

| 해석 |

얼마나 늦는 것이 '늦는' 것인가? 이것은 경우에 따라 매우 다르다. 영국과 미국에서는 사업 약속에 5분 늦는 것은 되지만, 15분이나 30분 늦는 것은 안 되는데, 이정도의 지각은 아랍 국가에서는 완전히 정상이다. 반면, 영국에서는 저녁식사 초대에

5~15분 늦는 것은 괜찮다. 이탈리아 사람은 2시간 늦게 나타나고, 에티오피아인은 그 이후에 나타나며, 자바섬 사람은 아예 나타나지 않는다. 그는 초대한 사람의 체면이 구겨지지 않도록 초대를 받아들였을 뿐이다.

다음 중 위 글에서 추론할 수 없는 것은?
① 문화마다 시간 엄수 기준이 다르다.
② 지각은 상황에 따라 다를 수 있다.
③ 자바섬 사람들은 초대한 사람의 체면을 살리기 위해 모든 저녁식사 초대를 수락한다.
④ 자바섬 사람들은 저녁식사에 오지 않도록 허용된다.
⑤ 최소 2시간 늦는 것은 이탈리아 사람과 에티오피아 사람들에게 허용된다.

24~25

초원에 사는 초기 대형 포유동물들 사이에서 발생하는 지능의 진화는 사냥하는 육식동물과 그들이 사냥하는 초식동물이라는, 생태학적으로 동시 작동되는 두 포유동물 집단 간의 상호작용에 상당 부분 기인한다. 포식자와 피식자(먹이) 간의 차이에서 발생하는 상호작용은 뇌기능의 전반적인 향상을 초래했다. 그러나 지능의 어떤 요소들은 다른 요소들보다 훨씬 더 향상되었다.
점점 더 영리하게 잡으려는 동물들과 점점 더 민첩하게 도망가려는 동물들 간의 상호작용이 선호하는 그런 종류의 지능은 주의에 의해, 즉 한 순간에서 다음 순간으로 의식을 나아가게 하는 마음의 측면에 의해 규정된다. 이 주의의 범위는 수동적이고 자유롭게 움직이는 인식에서부터 적극적이고 고도로 집중된 고정에 이르기까지 다양하다. 이런 상태들의 범위는 각성계가 조정한다. 보다 편안한 수준의 상태에서 보다 활발한 수준의 상태로 가면서 새로움에 대한 민감도는 증가한다. 유기체는 더 깨어 있고 더 경계한다. 이렇게 경계심이 증가하면 유기체는 주변 환경에 더욱 민감해짐에 따라, 더욱더 미묘한 신호까지 이해하게 된다. 각성은 처음에는 일반적이며, 뇌간에 수많은 자극이 쇄도한다. 그다음에 점점 활성화가 진행된다. 따라서 일관된 이미지를 유지하는 집중이 시작된다. 의식은 과거의 주의를 현재의 주의와 연결하고, 세부사항을 인지된 목표 및 목적과 통합할 수 있도록 해준다.
지능과 의식의 요소들은 놀라울 정도로 결합해 포식자와 피식자에게 서로 다른 스타일을 만들어낸다. 초식동물과 육식동물은 도망치거나 추격하는 것과 관련해 서로 다른 종류의 주의력을 발달시킨다. 비록 두 종류의 동물들에게, 각성은 부신에 의한 아드레날린과 노르에피네프린의 생성을 자극하지만, 초식동물들에게 그 효과는 주로 두려움인 반면, 육식동물들에게 그 효과는 주로 공격적이다.

| 어휘 |
mammal n. 포유동물 **interaction** n. 상호작용 **synchronize** v. 동기화하다 **carnivore** n. 육식동물 **herbivore** n. 초식동물 **predator** n. 포식자 **prey** n. 먹이, 피식자 **mediate** v. 조정하다 **arousal** n. 각성 **vigorous** a. 활발한 **vigilant** a. 바짝 경계하는 **apprehension** n. 이해 **brain stem** 뇌간 **activation** n. 활성화 **integration** n. 통합 **marvelously** ad. 놀라울 만큼 **adrenal gland** 부신

24 내용파악 ③

| 분석 |
동물들 간의 상호작용이 선호하는 그런 종류의 지능은 '주의'에 의해, 즉 한 순간에서 다음 순간으로 의식을 나아가게 하는 마음의 측면에 의해 규정된다고 했으므로, ③의 attention이 정답이다.

포유동물에게 있어 무엇이 뇌기능 향상을 유도하는가?
① 자극
② 초원
③ 주의
④ 의식
⑤ 새로움

25 내용일치 ⑤

| 분석 |
일관된 이미지를 유지하는 집중이 시작되도록 각성이 점점 더 활성화되면 편안한 수준에서 활발한 수준으로 가면서 새로움에 대한 민감도는 증가한다고 했으므로, ⑤가 정답이다.

위 글에 의하면, 다음 중 옳지 않은 것은?
① 경계심이 증가하면 주변 환경에 더욱 민감해지게 된다.
② 향상된 지능은 포식자와 피식자의 상호작용의 결과이다.
③ 각성된 상태에서, 초식동물과 육식동물은 특정 호르몬을 활성화시킨다.
④ 초식동물과 육식동물은 서로 다른 스타일의 주의를 발달시킨다.
⑤ 일관된 이미지를 유지하는 것은 새로움에 대한 민감도를 감소시킨다.

26~27

당연하게도, 심리적 요인들이 취약성을 결정하는 데 기여한다. 임신을 원하지 않았던 산모들은 아기를 원했던 산모들보다 가벼운 형태의 산후 질병에 걸릴 위험이 더 높다.

조산아를 낳거나 힘들게 아기를 낳은 경우도 산후 질병에 걸릴 위험이 높으며, 적절한 정서적·물질적 지원을 받지 못하고 있다고 산모가 느끼는 경우도 마찬가지이다.
캘리포니아 대학교 산타 바바라 캠퍼스(UCSB)의 인류학자 에드워드 하겐(Edward H. Hagen)은 산후 우울증에 대한 사회생물학 이론을 제시한다. 그는 자식에 대한 엄마의 투자 감소가 친밀감과 재원이 불충분한 상황에서는 적합한(적응을 돕는) 것일 수 있다고 주장한다. "유아는 엄청난 투자가 요구되기 때문에, 오래전의 산모들은 몇 년간 양육에 전념하기 전에 아이의 아버지와 가족 구성원들의 지원을 받을 수 있는지, 그리고 유아가 생존가능한지를 세심하게 평가해야 했습니다."라고 하겐이 주장한다.
산후 우울증과 그보다 더 악성인 증세를 무엇이 구분해 주는가? 나태, 슬픔, 절망, 그리고 파멸감과 같이 육아를 방해하는 증세뿐 아니라, 한 주 정도 지났는데도 사라지지 않는 고충이 있는지도 가족들이 세심히 살펴야 한다.
그러나 우리는 모든 정서적 불안 — 예를 들어, 어른들에게서 나타나는 수줍음 — 을 약물치료가 필요한 질환이라고 꼬리표 붙이는 최근의 경향에 저항해야 한다. 산후 우울증은 그 근본원인이 호르몬이든 심리적이든 간에 자연스러운 것이다. 대부분의 산모들에게 있어, 대부분 최고의 치료제는 도움이 되는 배우자, 힘이 되는 가족과 친구들 그리고 시간이다.

| 어휘 |

pregnant a. 임신한 **postpartum** a. 산후의 **premature** a. (아기가) 조산의 **labor** n. 진통, 산고 **anthropologist** n. 인류학자 **maternal** a. 어머니의, 모성의 **offspring** n. 자식 **intimacy** n. 친밀함 **infant** n. 유아 **ancestral** a. 조상의 **viability** n. 생존 능력 **nursing** n. 육아 **baby blues** 산후 우울증 **malignant** a. 악성의 **be on the lookout for** ~가 있는지 세심히 살피다 **distress** n. (정신적) 고충 **sluggishness** n. 게으름, 나태 **doom** n. 파멸 **label** v. 꼬리표를 붙이다 **medication** n. 약물 (치료) **doldrums** n. 침울, 의기소침 **underlying** a. 근본적인 **remedy** n. 해결책; 치료(약) **mate** n. 배우자

26 내용파악 ④

| 분석 |

이 글에서 저자는 모든 정서적 불안을 약물치료가 필요한 질환이라고 꼬리표 붙이는 최근의 경향에 저항해야 한다고 했으며, 산후 우울증은 자연스러운 것이라고 했다. 따라서 산후 우울증이 약물치료가 필요한 정신병이라고 한 ④가 저자의 입장과 다르다.

다음 중 저자의 입장을 반영한 것이 아닌 것은?
① 산후 우울증은 오랜 기간 유아를 돌봐야하기 때문에 자연스럽다.
② 산후 우울증은 산모의 가족의 정서적 지원이 필요하다.
③ 일부 산모들은 산후 우울증에 보다 취약하다.
④ 산후 우울증은 약물치료가 필요한 일종의 정신병이다.
⑤ 우울증 기간이 길어지는 것이 산후 우울증의 주요 증세이다.

27 빈칸완성 ①

| 분석 |

빈칸에는 자식에 대한 엄마의 투자 감소 원인으로 적절한 말이 들어가야 한다. 빈칸 다음에서 '아이를 키우는 데 엄청난 투자가 요구되므로 양육하기 전에 아이의 아버지와 가족 구성원의 지원을 받을 수 있는지를 아이의 엄마들이 평가해야 했다'고 했다. 따라서 빈칸에는 가족의 '지원'과 관련된 resources(재원)가 들어있는 ①이 적절하다.

빈칸 Ⓐ에 들어가기에 가장 적절한 추론되는 문구는?
① 친밀감과 재원이 불충분한 상황
② 장래의 유아 생존가능성 감소
③ 적절한 약물치료 부족
④ 심각한 단계의 산후 우울증 식별
⑤ 자연스러운 출산 조건

28~30

어딜 보나, 광고는 우리에게 바람직한 남성이나 바람직한 여성이 되는 것이 무엇을 의미하는지를 말해준다. 남성의 경우, 그 메시지는 다양한 의미를 갖고 있다. 즉 남성은 영향력이 있어야 하고, 부유해야 하며, 자신감이 있어야 하고, 몸이 탄탄해야 한다는 것이다. 여성의 경우, 그 메시지는 모두 한 가지 공통된 주제를 공유한다. 즉, 여성은 '아름다워야' 한다는 것이다. <물론, 여성이 장신구로서 소중히 다루어져야 한다는 개념을 광고가 만들지는 않았다. 여성은 항상 아름다움의 문화적 이상에 반하는 것으로 평가되어 왔다.> 그러나 광고는 성차별주의와 힘을 합하여 아름다움의 이상의 이미지들을 이전보다 훨씬 더 널리 보급시키고 훨씬 더 <달성가능 하도록> 만들었다.
그녀의 1991년 책인 『무엇이 아름다움을 강요하는가(The Beauty Myth)』에서 나오미 울프(Naomi Wolf)는 현대적인 아름다움의 이상과 아이언 메이든을 비교하는데, 아이언 메이든은 희생자를 쇠못이 촘촘히 박혀있는 여성 형상의 상자 안에 가두는 중세의 고문도구이다. 아이언 메이든처럼, 아름다움의 이상은 단일하고 엄격한 형태로 순응을 강요한다. 그리고 아이언 메이든과 아름다움의 이상은 모두 희생자의 고통과 심지어 죽음을 초래한다.
아이언 메이든의 완벽함은 사실 메이크업 아티스트, 사진작가, 그리고 사진 보정가가 만들어낸 환상이다. 각각의 이미지는 공을 들여가며 다시 만든 것이다. 치아와 안구는 하

얇게 탈색된 것이고, 피부의 잡티, 주름 그리고 흐트러진 머리는 에어브러시로 수정하여 없앤 것이다. 일부의 경우, 사진은 몇 명의 다른 모델들의 신체 부위를 하나로 합친 것이다. 입은 이 모델에서 가져 오고, 팔은 저 모델에서 가져오고, 다리는 또 다른 모델한테서 가져 온 것이다. 여성을 끌어들여 그들의 개선된 현실과 에어브러시로 수정된 아이언 메이든의 완벽함을 비교하게 함으로써, 광고는 (여성의) 자존감을 파괴한 다음, 그것을 값을 받고 되팔려고 내놓는다.

| 어휘 |

manifold a. 다양한 **athletic** a. 몸이 탄탄한 **sexism** n. (특히 여성에 대한) 성차별주의 **pervasive** a. 만연하는 **ornament** n. 장식품, 장신구 **myth** n. 근거 없는 믿음 **maiden** n. 처녀, 아가씨 **medieval** a. 중세의 **torture** n. 고문 **enclose** v. (틀에) 넣다 **spike** n. 못 **conformity** n. 순응 **illusion** n. 환상 **flawlessness** n. 흠잡을 데 없음 **illusion** n. 환상 **re-toucher** n. 보정가 **painstakingly** ad. 공들여 **bleach** v. 탈색하다 **blemish** n. (피부 등의) 잡티 **wrinkle** n. 주름 **stray** a. (머리카락이) 흐트러진 **amalgam** n. 혼합물 **air-brush** v. (사진을) 에어브러시로 수정하다

28 문장삽입 ①

| 분석 |

제시문은 "물론, 여성이 장신구로서 소중히 다루어져야 한다는 개념을 광고가 만들지는 않았다. 여성은 항상 아름다움의 문화적 이상에 반하는 것으로 평가되어 왔다."라는 뜻이다. 따라서 제시문 앞에는 장신구로서의 여성과 관련된 내용이 와야 하며, 광고를 언급했으므로 광고에 대한 내용이 제시문 다음에 이어져야 한다. 따라서 여성은 아름다워야 한다는 내용과 광고가 성차별주의와 손잡게 된 배경을 언급한 내용 사이인 Ⓐ에 제시문이 들어가야 적절하다.

29 글의 흐름상 적절하지 않은 표현 고르기 ②

| 분석 |

아름다움의 이상이 쉽게 달성되면 광고를 보고 제품을 굳이 사지 않아도 될 것이다. 오히려 '이상적'이라는 말에서 알 수 있듯이, 이상적인 아름다움은 쉽게 달성하기 힘들므로 광고의 제품을 보고 구매를 통해서만 달성될 수 있을 것 같이 광고가 제작될 것이다. 따라서 Ⓑ를 unattainable(달성하기 어려운)로 고쳐야 글의 흐름상 적절하다. 그다음 단락의 내용도 아름다움의 이상이 달성되기 어려움을 나타낸다.

30 빈칸완성 ④

| 분석 |

광고가 여성의 현실을 에어브러시로 수정된 아이언 메이든의 '완벽함'과 비교하게 한다고 했으므로, 그런 완벽한 여성의 이미지를 광고로 보게 되는 여성들은 '자존감'이 파괴될 것이다. 따라서 빈칸에는 ④의 self-esteem이 적절하다.

빈칸 Ⓕ에 들어가기에 가장 적절한 단어는?
① 자기기만
② 자기인식
③ 자기비하
④ 자존감
⑤ 자기정체성

31~33

올해 당신이 마음 느긋했던 적이 어디에도 없었다면, 당신만 그런 게 아니다. 대중에 노출된 삶과 개인적으로 겪는 어려움은 불끈 화를 내게 하기에 충분한 재료가 되는데, 이것은 당신의 멋진 모습을 잃게 만들뿐 아니라, 보다 심각한 악영향을 미칠 수도 있다. 즉, 장기화되는 극심한 분노는 우리가 특정 이슈에 반응하는 방식에 영향을 줄 뿐 아니라, 기존의 건강문제도 악화시킬 수 있다.

분노 반응은 신체 전체에 연쇄작용을 일으킬 수 있다. 심혈관계에서 신경계에 이르기까지, 그것은 모두 분노의 좋은 먹잇감이다. 이것들은 분노가 엉망으로 만들어버릴 수 있는 주요 기관계들 중 일부에 불과하다. 비트슈타인(Wittstein)은 "격렬한 분노가 심장에 혈액을 공급해주는 동맥에 영향을 미칠 수 있고, 언제 고동쳐야 하는지를 심장에게 알려주는 전기계에 영향을 미칠 수 있으며, 구체적으로 심근 그 자체에 영향을 미칠 수 있습니다."라고 주장한다. 만일 당신에게 심혈관계에 영향을 주는 질환이 있다면, 화를 내는 매 순간들이 당신을 더욱 취약하게 만들 것이다. 만일 당신이 격분해 있다면, 혈압이 상승할 수 있고, 혈관이 수축될 수 있으며, 염증 세포가 방출된다. 이것은 관상동맥 내부의 플라크 파열을 초래할 수 있다. 이것은 사람을 병원에 입원하게 만드는 심장마비를 일으킬 수 있다.

어떤 의미에서, 분노는 당신이 어떤 것을 하도록 동기부여해주는 데 도움을 줄 수 있다는 점에서 긍정적인 신체적 영향을 줄 수 있다. 우리가 화가 나거나 자극받을 때, 우리의 뇌는 빠른 반응을 하도록 준비된다. 만일 위험이나 어떤 사회적 위협이 분노의 상태를 촉발시킬 때, 우리는 그것에 다음과 같은 반응을 할 가능성이 더 높은데, 그것은 바로 투쟁-도피 반응이다. 이로 인해 치르게 될 한 가지 대가가 있다. 그렇게 흥분된 상태에서는, 우리가 훌륭한 판단을 할 가능성이 적으며, 중요한 다른 동기부여에 귀를 기울이고 적응할 가능성이 적다는 것이다.

| 어휘 |

chill n. 긴장 풀기, 느긋한 마음 **ample** a. 풍부한 **fodder** n. 먹이; 소재, 재료 **flare-up** n. 불끈 화를 냄 **exacerbate** v. (문제를) 악화시키다 **ripple effect** 파급효과, 연쇄작용 **cardiovascular system** 심혈관계 **fair game** (농담이나 비판의) 만만한 대상; 놀림감 **rage** n. 격노 **artery** n. 동맥 **beat** v. (심장이) 고동치다 **enrage** v. 격분하게 만들다 **blood vessel** 혈관 **constrict** v. 수축되다 **inflammatory cell** 염증 세포 **rupture** v. 파열시키다 **coronary artery** 관상 동맥 **prime** v. 준비시키다 **trigger** v. 촉발시키다 n. (총의) 방아쇠; 계기[도화선] **fight-or-flight response** 투쟁-도피 반응 **trade-off** n. 거래; 대가 **agitated** a. 흥분한 **be attuned to** ~에 적응하다

31 동의어 ③

| 분석 |

take a toll은 '피해를 주다, 악영향을 미치다'라는 뜻이므로, Ⓐ의 take a more serious toll은 '보다 심각한 악영향을 미칠 수도 있다'는 뜻이 된다. 따라서 ③의 cause a worse problem이 정답이다.

Ⓐ와 의미상 가장 가까운 것은?
① 기원을 보여주다
② 현실을 드러내다
③ 더 심각한 문제를 일으키다
④ 결과를 초래하다
⑤ 현상을 일으키다

32 빈칸완성 ④

| 분석 |

첫 번째 단락에서 장기화되는 극심한 분노는 건강문제를 악화시킬 수 있다고 했고, 두 번째 단락에서 분노에 대한 반응이 신체 전체에 연쇄작용을 일으킬 수 있으며, 심혈관계와 신경계가 모두 분노의 좋은 먹잇감이라고 했다. 따라서 분노는 기관계를 '망가뜨리는' 역할을 한다는 것을 알 수 있으므로, ④가 정답이다.

빈칸 Ⓑ에 들어가기에 가장 적절한 단어는?
① ~을 떠올리다
② ~을 능가하다
③ ~의 자리를 마련해주다
④ ~을 엉망으로 만들다
⑤ ~을 보상하다

33 내용일치 ⑤

| 분석 |

"당신이 격분해 있다면, 혈압이 상승할 수 있고, 혈관이 수축될 수 있다."라고 했으므로, ⑤가 정답이다.

위 글에 의하면 다음 중 옳지 않은 것은?
① 분노는 추가적인 긍정적인 임무수행에 동기부여가 될 수 있다.
② 사회적 환경은 흥분상태를 일으키는 도화선이 될 수 있다.
③ 화가 난 상태는 당신이 중요한 동기부여를 망가뜨리게 할 수 있다.
④ 분노는 심장박동에 영향을 미칠 수 있다.
⑤ 화가 났을 경우, 혈관은 팽창한다.

34~36

컨베이어 벨트 여성들은 대부분이 텍사스에서 온 이주 여성으로, 나의 십대 시절 여름철에 함께 일했던 사람들이었다. 나는 그들을 컨베이어 벨트 여성이라고 부르는데, 왜냐하면 우리의 모든 관계가 컨베이어 벨트에서 토마토를 분류하는 동안 이루어졌기 때문이었다.

우리는 모든 연기(演技)가 하나의 무대장치에서 일어나는 연극의 출연배우 같았다. 우리는 매일 똑같은 배역을 연기하기 위해 돌아왔고, 여기서의 무대는 야채를 포장하는 작업장이었을 뿐이며, 공연시즌이 끝나도 박수갈채가 없었다. 연기자들은 일련의 암울한 실생활 무대에서 똑같은 지루한 역할을 기대할 수 있을 뿐이었다.

이들 여성들은 대부분 밭에서 일을 시작했다. 야채를 포장하는 작업장은 한 단계 위로 올라선 것으로, 밭에서 요구하는 등골 빠지고 기진맥진하게 하는 일보다 훨씬 쉬웠다. 그 일은 힘이 많이 드는 일이라기보다는 지루한 일이었으며, 급여를 더 많이 받았고, 작업시간이 상당히 일정했으며, 화장실이 깨끗했다. 무엇보다도, 당신은 비바람을 맞지 않아도 되었다.

나는 농업 노동력(일꾼)의 일원이 된 것이 기쁘지 않았다. 그러나 나에게는 돈이 많이 들어가는 꿈이 있었는데, 그것은 바로 대학이었다. 그리고 실제로 이 일이 내가 할 수 있는 가장 보수가 높은 일이었다.

그러나 나를 괴롭혔던 것은 일이 아니었다. 나는 오직 멕시코인들만 포장 작업장에서 일하고 있다는 것에 당황했다. 나는 작업장의 '못생기고 뚱뚱한 멕시코 여성들'에 대해 학교 친구들이 농담하는 것을 들었다. 그들은 멕시코 여성들의 옷 입는 방식을 비웃었고, 멕시코 여성들의 '재미있는 대화방식'을 비웃었다.

그러나 그 여성들을 좋아하지 않기란 어려운 일이었다. 그 여성들은 사교적이고, 재미있는 집단으로, 야한 유머와 흥미로운 잡담, 그리고 창의적인 한탄으로 길고 단조로운 근무시간을 수월하게 해주었다.

| 어휘 |

migrant n. 이주자 **sort** v. 분류하다 **cast** n. 출연진 **shed** n. 작업장 **applause** n. 박수 (갈채) **a string of** 일련의 **grim** a. 암울한; 엄격한 **back-breaking** a. 허리를 휘게 하는, 등골 빠지는 **grueling** a. 기진맥진하게 하는 **tedious** a. 지루한, 싫증나는 **steady** a. 고정적인 **bother** v. 괴롭히다 **gregarious** a. 사교적인 **monotonous** a. 단조로운 **bawdy** a. 야한 **spicy** a. 흥미로운 **gossip** n. 소문 **lament** n. 한탄

34 저자의 태도 ②

| 분석 |

본문에서 저자는 그 여성들을 좋아하지 않기란 어려운 일이라고 했으며, 사교적이고 재미있는 집단으로 단조로운 근무시간을 수월하게 해준다고 '긍정적인' 평가를 하고 있다. 따라서 ②가 정답이다. '그 여성들을 좋아하지 않기란 어려운 일'이라고 한 것에서 다분히 주관적인 태도이지 객관적이고 평가적인 태도는 아님을 알 수 있다.

그녀의 동료들에 대한 저자의 태도는 무엇인가?
① 낙관적인
② 긍정적인
③ 객관적인
④ 평가하는
⑤ 존경하는

35 빈칸완성 ⑤

| 분석 |

동일한 대상의 성향을 비교할 때는 음절수와 무관하게 more ~ than 표현(~라기 보다는 …한)을 사용한다. 따라서 빈칸 Ⓐ가 들어있는 문장은 '~라기 보다는 지루한 것이었다'는 내용이 되어야 하는데, 빈칸 앞 문장에서 야채 포장하는 일은 밭의 '등골 빠지는' 일보다 훨씬 쉬웠다고 했으므로, 빈칸에는 '힘이 많이 드는' 일을 의미하는 ⑤의 strenuous가 적절하다. ① 괴로운 ② 지나치게 요구하는 ③ 수확이 많은 ④ 압도적인

36 재진술 ①

| 분석 |

be subjected to는 '~을 당하다', the elements는 '비바람, 악천후'를 각각 의미하므로, 밑줄 친 Ⓑ는 "당신은 비바람을 맞지 않았다."는 뜻이 된다. 따라서 이 문장을 재진술한 ①이 정답이다.

밑줄 친 Ⓑ를 다른 말로 바꾸어 표현한 것 중에서 가장 적절한 것은?
① 당신은 날씨에 영향을 받지 않았다
② 당신은 물리적인 힘에 좌우되지 않았다
③ 당신은 사회적 관계에 영향 받지 않았다
④ 당신은 가벼워진 작업량에 끌렸다
⑤ 당신은 규칙적인 작업시간으로 바빴다

37~38

온혈동물들은 외부환경에 상관없이 내부온도를 높게 유지시키는 데 도움을 주는 효과적인 단열 외층을 발전(진화)시켜 왔다. 이 단열 외층은 다운(down), 언더퍼(underfur), 블러버(blubber)라는 3가지 주요 범주로 구분될 수 있다. 예를 들어, 새들은 다운 형태의 단열재를 갖고 있다. 다운 깃털은 내층에 있는 매우 짧고, 부드러우며, 아주 가는 깃털이다. 새끼 새들에게는 외부 깃털이 전혀 없다는 사실에서 알 수 있듯이, 보다 크고 질긴 외부 깃털은 대체적으로 다른 기능을 하며, 체온조절에 중요하지 않다.
포유동물들은 또한 체온조절을 돕기 위해 단열층을 발전시켰다. 육상 포유동물에게 가장 중요한 단열재는 모피, 즉 털이다. 새의 깃털의 경우와 마찬가지로, 육상 포유동물들에게 추위로부터 단열을 제공해 주는 것은 바로 짧고 조밀하고 평평한 언더퍼라는 내층이다. 대부분의 육상동물들에게서 볼 수 있는 모피의 외층은 일반적으로 훨씬 더 거칠고, 추위로부터 거의 보호해 주지 않는다.
반면, 모피는 해양 포유동물에게는 그리 중요하지 않은 역할만을 하며, 대신 해양 포유동물들은 블러버로 알려진 피부 아래에 축적된 두터운 지방층에 의존한다. 블러버는 해양 포유동물들에게 필수적인 단열재인데, 왜냐하면 모피와 달리 블러버는 심지어 극심한 압력에도 효과적이어서, 해양 포유동물들이 먹이를 찾아 해수면 아래로 깊이 잠수할 수 있도록 해주기 때문이다.

| 어휘 |

endothermic a. 온혈성의 **insulate** v. 단열처리하다 **regardless of** ~에 상관없이 **down** n. 다운(새의 솜털 혹은 잔털) **underfur** n. (짧고 부드러운) 잔털 **blubber** n. (고래 등) 해양 동물의 지방 **thermal** a. 열의 **insulation** n. 단열처리 **fine** a. 아주 가는 **thermoregulation** n. 체온조절 **mammal** n. 포유동물 **dense** a. 빽빽한 **coarse** a. (피부가) 거친

37 글의 제목 ②

| 분석 |

이 글은 온혈동물들이 외부환경에 상관없이 내부온도를 높게 유지시켜 주는 데 도움을 주는 방식을 발전시켰다고 했으며, 그

것을 3가지 범주로 나누어 설명하고 있으므로, ②의 '동물들과 열 단열'이 제목으로 적절하다.

이 글의 제목으로 가장 적절한 것은?
① 온혈동물들
② 동물들과 열 단열
③ 새들의 다운 깃털
④ 언더퍼의 역할
⑤ 모피와 포유동물

38 내용일치 ④

| 분석 |

모피는 해양 포유동물에게 그리 중요하지 않은 역할만을 한다고 했으므로, 모피가 심해에서 '효과적인' 단열재라고 보기는 어려우며, 블러버가 해양 포유동물들에게 필수적인 단열재라고 했으므로, ④에서 'fur' 대신 'blubber'라고 고쳐야 옳은 진술이 된다.

본문의 내용 중 사실이 아닌 것은?
① 내부 깃털은 체온조절의 중요한 역할을 담당한다.
② 다운은 새의 단열 수단이다.
③ 해양 포유동물들은 체온유지를 위해 모피와 지방에 의지한다.
④ 모피는 심해에서 효과적인 단열재다.
⑤ 모피의 외층은 단열 효과가 별로 없다.

39~40

아이들은 놀이의 달인이다. 놀이는 아이들이 하는 것이다. 또한 놀이는 아이들의 학습방식이기도 하고, 아이들이 인지 능력과 운동 능력을 획득하는 방식이기도 하다. 어른이 되어서도, 우리는 여전히 놀지만, 덜 자발적이다. 우리는 놀이 시간 계획을 잡는 경향이 있다.
사실, 여가시간은 최근 수십 년 동안, 주당 대략 16.5시간으로 급격하게 줄어들었다고 『Harvard Health Letter』의 편집자들이 보고했다. 이것은 한 부모 가정과 맞벌이 가정이 늘어나 출근이 혼란스러워진 것이 부분적인 원인이다. <그러나 그것은 또한 많은 사람들이 더 많이 일하고 있기 때문이기도 하다.>
50년 전만 해도, 논평가들은 '자동화 혁명'으로 발생한 모든 추가적인 여가시간을 우리가 어떻게 활용할 것인지 궁금해 했다. 그러나 기술면에서의 풍요로운 삶은 오히려 과로와 스트레스, 그리고 너무 적은 휴식이 전국적으로 유행하는 결과를 초래했다. 미국인의 30%는 거의 매일 엄청난 스트레스를 받는다고 말한다. 수면 장애와 극도의 피로는 너무나 흔한 것이 되어버렸다.
현대 직장의 빨라진 속도 및 불안정과 결합된 우리의 첨단 기술 생활은 항상 일하고, 항상 서두르며, 항상 (적어도 전자적으로는) 연결된 것처럼 보이는 문화를 촉진했다. 이러한 환경에서, 놀이는 하찮은 일이 되어 버린다. 그러나 우리는 용케 놀고 있다. 인간이기 때문에, 우리는 놀지 않을 수 없다. 정신과의사인 레노 테르(Lenore Terr)는 인생의 모든 단계에서 놀이가 매우 중요하다고 주장한다. 놀이에서, 우리는 즐거움을 발견하고, 성취감을 기르고, 소속감을 얻는다. 우리가 놀 때, 우리는 배우면서 성숙해지고 — 이건 결코 작은 일이 아니다 — 스트레스의 배출구를 발견한다.

| 어휘 |

motor skills 운동능력 **erode** v. 약화되다 **single-parent** n. 한부모 **wage-earner** n. 임금 노동자 **epidemic** n. 유행병; (흔히 나쁜 것의) 급속한 확산 **sleep disorder** 수면장애 **exhaustion** n. 기진맥진, 극도의 피로 **accelerated** a. 가속화된, 속도가 붙은 **insecurity** n. 불안정 **rush** v. (너무 급히) 서두르다 **frivolous** a. 하찮은 **manage to V** 용케 ~해내다 **can't help it** 어쩔 수가 없다 **psychiatrist** n. 정신과의사 **cultivate** v. (관계를) 구축하다 **outlet** n. 배출구

39 문장삽입 ②

| 분석 |

제시문인 "But it's also because a lot of us are working more."에 also because가 있으므로, 제시문은 어떤 주장에 대한 '추가적인 이유'로 언급되어야 한다. 따라서 여가시간이 급격하게 줄어든 이유가 언급된 다음인 에 제시문이 들어가야 문맥상 적절하다.

40 내용일치 ⑤

| 분석 |

정신가의사인 레노 테르는 인생의 모든 단계에서 놀이가 매우 중요하다고 했다. 따라서 인생의 '특정' 단계가 아니라 '모든' 단계에서 놀이를 필요로 한다고 해야 하므로, ⑤가 정답이다. ① 마지막 단락에서 '인간이기 때문에, 우리는 놀지 않을 수 없다'고 했다. ② 셋째 단락에서 50년 전의 예상과 달리 자동화 혁명으로 오히려 과로와 적은 휴식이 유행하게 되었다고 했다. ③ 마지막 단락 첫 문장에서 현대 직장의 불안정이 항상 일하는 문화와 연관 있음을 알 수 있다. ④ 둘째 단락에 언급되어 있다.

위 글에 의하면 다음 중 옳지 않은 것은?
① 어떠한 인간도 놀이 없이는 살 수 없다.
② 자동화 혁명은 여가시간 감소를 초래했다.
③ 늘어난 근무시간은 부분적으로 불안정해진 직장 때문이다.
④ 줄어든 휴식은 한 부모 가정과 맞벌이 가정이 늘어난 것과 관련 있다.
⑤ 인생의 특정 단계들에서 놀이를 필요로 한다.

KYUNG HEE UNIVERSITY

2023학년도 한의학과(인문)

TEST p. 88~107

01	⑤	02	④	03	②	04	⑤	05	①	06	③	07	⑤	08	①	09	③	10	②
11	④	12	①	13	②	14	①	15	④	16	⑤	17	①	18	④	19	②	20	④
21	⑤	22	③	23	⑤	24	③	25	①	26	③	27	②	28	④	29	①	30	⑤
31	④	32	①	33	②	34	①	35	②	36	⑤	37	③	38	②	39	①	40	④
41	③	42	②	43	③	44	④	45	②	46	④	47	③	48	⑤	49	③	50	⑤

01 동의어 ⑤

| 어휘 |

crouch v. 웅크려 앉다 **leafy** a. 잎이 무성한 **undergrowth** n. 덤불, 관목 **swab** v. (면봉으로) 바르다, 채취하다, 소독하다(= dab) **cap** v. 씌우다, 덮다

| 해석 |

올 봄에, Amanda Goldberg는 버지니아(Virginia) 주 남서부 숲의 잎이 무성한 덤불속에 웅크려 앉아 생쥐에게 코로나바이러스 검사를 위한 분비물 면봉 채취를 시도했다.

02 동의어 ④

| 어휘 |

constantly ad. 계속해서 **vaxxed-to-the-brim** a. (신조어) 넘쳐나도록 백신 접종을 한 **abstraction** n. 추상(= generalization) **stability** n. 안정, 부동

| 해석 |

거의 3년 동안 코로나바이러스에 대해 끊임없이 생각하고 난 다음, 내가 그것에 대한 생각을 얼마나 쉽게 멈출 수 있는지 놀랍다. 사실은, 이미 코로나바이러스에 걸린 적이 있는 건강하고 백신을 넘쳐나게 접종한 젊은이로서, 이제 팬데믹은 위기보다는 하나의 추상에 더 가까운 것으로 느껴질 때가 종종 있다.

03 동의어 ②

| 어휘 |

ramp up ~을 늘리다, 증가시키다(= augment) **medical supplies** 의료용품 **sterilizer** n. 살균제, 살균[소독] 장치 **thermometer** n. 체온계 **unprecedented** a. 전례 없는 **outbreak** n. 발생, 발병 **install** v. 설치하다 **embark** v. 탑승하다; 시작하다

| 해석 |

북한은 전례 없는 코로나바이러스 발병에 맞서 싸우면서, 한국 전통 의약품의 사용을 장려할 뿐 아니라 살균제와 체온계를 포함한 의약품과 의료용품의 생산을 증가시키고 있다.

04 동의어 ⑤

| 어휘 |

healer n. 치료사 **restore** v. 회복하다 **complementary** a. 상호보완적인 **yin and yang** 음과 양 **pervade** v. 만연하다; 스며들다 **breakdown** n. 고장; 실패 **equilibrium** n. 균형(= counterpoise) **volatility** n. 휘발성; 변덕 **fluctuation** n. 동요, 변동 **tension** n. 긴장

| 해석 |

중국 전통 치료사(한의사)는 우주 전체에 만연해 있는 것처럼 인간의 신체에도 두루 퍼져있는, 두 가지의 상호 보완적인 힘인 '음'(수동적)과 '양'(능동적) 사이의 역동적인 균형을 회복하려고 노력한다. 이 두 가지 힘이 조화를 이룰 때 사람은 건강하다; 반면에 질병은 '음'과 '양'의 균형이 깨어지는 것에서 생겨난다.

05 동의어 ①

| 어휘 |

nebulous a. 흐린; 막연한, 모호한(= vague) **term** n. 용어; 조건; 기간 **hard-to-measure** a. 측정하기 어려운 **corporate** a. 회사의 **colleague** n. 동료 **negligible** a. 하찮은, 무시해도

되는 **resounding** a. 반향하는, 메아리치는 **thorough** a. 철저한, 완전한 **inquisitive** a. 탐구적인, 호기심이 넘치는

| 해석 |

문화는 회사(집단) 생활의 모든 측정하기 어려운 부분들을 설명하기 위해 1980년대 무렵에 등장한 모호한 용어다. (그런 부분들에는) 직원들이 느끼는 업무와의 연관성, 동료들을 좋아하는 정도, 회사가 자신들의 가치를 대변한다고 믿는 정도 등이 있다.

06 동의어 ③

| 어휘 |

flooding n. 홍수 **displace** v. 치환하다, 대신하다, 바꿔놓다 **sand mining** 모래채굴 **riverbank** n. 강둑, 강기슭 **exacerbate** v. 악화시키다(= aggravate) **arrange** v. 정렬하다, 배열하다 **allay** v. 완화하다, 진정시키다 **abrogate** v. 폐기하다, 무효화하다 **alienate** v. 멀리하다

| 해석 |

내가 10살이었던 2008년 우리가족은 홍수로 인해 (우리의 고향인) 동부 우간다의 Butaleja 지구(지역)를 떠나야 했다. 강둑을 따라 자행된 불법적인 모래 채굴은 기후 변화로 인해 이미 악화되어 버린 홍수를 더욱 악화시켰다.

07 동의어 ⑤

| 어휘 |

underscore v. 강조하다(= underline) **devalue** v. 평가절하하다, 가치를 낮춰 보다 **estimate** v. 추산하다, 추정하다 **incorporate** v. 통합하다, 결합하다 **endanger** v. 위험에 빠트리다

| 해석 |

(연구를 통한) 이번 발견들은 오류들이 만들어지는 곳에 대해 그리고 의사들이 그러한 오류들을 피하는 데 도움이 될 수 있는 의료 교육, 기술, 그리고 지원에 대해 더 자세히 살펴봐야 할 필요성을 강조한다.

08 동의어 ①

| 어휘 |

perpetuation n. 영속, 영구화, 불후화 **subsequent** a. 다음에, 차후에 **erroneous** a. 잘못된, 틀린 **vitiate** v. 망치다, 손상시키다, 무효화하다(= invalidate) **intimidate** v. 겁을 주다, 위협하다 **incarnate** v. 구현하다, 화신이 되다 **incubate** v. 품다, 배양하다 **incarcerate** v. 감금하다, 투옥하다

| 해석 |

세 저자는 모두, 후속 연구가 무효화한 수많은 오류투성이인 전설들의 영속화가 입증하듯이, 오닐의 전기(傳記)에 과도하게 기대었으며, 셋 중 그 누구도 오닐의 논법을 확장시키지 못했다.

09 동의어 ③

| 어휘 |

side effect 부작용 **loom** v. 급박한 양상을 보이다, 임박하다(= impend) **advocate** n. 옹호자 **assert** v. 주장하다 **remedy** n. 치료약; 해결방안 **remit** v. (부채 등을) 면제해주다 **fade** v. (색깔이) 바래다, 시들해지다 **crack** v. 갈라지다 **solve** v. 해결하다

| 해석 |

이런 치료법들이 더 많은 인정을 받으려고 함에 따라, (그 치료법들의) 부작용 문제들 또한 급박하게 나타나고 있다. 중국인 옹호자들은 전통적인 한의학 치료법이 안전하다고 주장하는 경향이 있다.

10 동의어 ②

| 어휘 |

primary substance (원자와 같은) 근본물질 **stoutly** ad. 강경하게; 단호하게(= firmly) **maintain** v. 주장하다 **cosmic ray** 우주방사선 **radio wave** 전파; 파장 **brilliantly** ad. 뛰어나게, 눈부시게 **miserably** ad. 비참하게; 우울하게 **pathetically** ad. 애절하게, 감상적으로 **slyly** ad. 교활하게

| 해석 |

테슬라(Tesla)는 모든 물질이 우주공간을 가득 채우고 있는 근본물질(실체)로부터 왔다고 믿고 있었으며, 그는 우주방사선과 전파가 때때로 빛보다 빨리 이동한다고 단호하게 주장했다.

11 논리완성 ④

| 분석 |

Hua Tuo가 대마와 와인으로 만든 약의 목적은 통증에 대한 환자의 감각을 무디게 하는 것이다. 통증에 대한 환자의 감각을 무디게 한다는 것은 곧 '마취'를 의미한다. 따라서 ④ anesthetics가 정답이다.

| 어휘 |

surgeon n. 외과의사 **prescription** n. 처방 **points for acupuncture** 침을 놓기 위한 혈자리 **preparation** n. 조제, 조합 **hemp** n. 대마 **insensitive** a. 무감각한 **placebo** n. 위약(僞藥) **cupping** n. 부항법(俯缸法) **anesthetics** n. 마취약 **antibiotic** n. 항생제

| 해석 |

젊은 외과의사로서, Hua Tuo는 몇 가지 처방과 침을 놓기 위한 몇몇 혈 자리만을 사용하는, 단순함을 믿었다. 대마와 포도주로 만든 조제약을 사용해서, 그는 환자들을 통증에 무감각하게 만들 수 있었다. 따라서 Hua는 마취의 발견자였다.

12 논리완성 ①

| 분석 |

아체베가 (장편)소설, 단편소설, 희곡, 그리고 다른 (장르에 속하는) 작품들을 썼다는 단서로부터 ① '다작의(prolific)'가 빈칸에 들어가야 함을 추론할 수 있다.

| 어휘 |

work n. 작품 **rest on** ~에 의존하다 **overwhelmingly** ad. 압도적으로 **fall apart** 무너져 내리다 **prolific** a. 다작의 **indentured** a. 고용계약을 맺은 **introverted** a. 내성적인 **illegible** a. 읽기 힘든 **pecuniary** a. 금전상의, 재정상의

| 해석 |

비록 아체베(Achebe)가 장편소설, 단편소설, 희곡, 그리고 다른 (장르에 속하는) 작품들을 쓴 다작의 작가였지만, 그의 국제적 명성은 1958년에 발표된 그의 첫 번째 소설인 『모든 것이 무너져 내리다(Things Fall Apart)』에 압도적으로 의존해 있다.

13 논리완성 ②

| 분석 |

prevent~from being damaged and becoming more~" 라고 했다. 즉 폴리페놀이 'being damaged'와 'becoming more~'를 막아주는 효능을 가지고 있는 것이다. 그러므로 빈칸에는 'damaged'와 유사한 뜻을 갖는 표현인 ②가 와야 한다.

| 어휘 |

polyphenol n. 폴리페놀 **aging** n. 노화 **irrevocable** a. 돌이킬 수 없는 **vulnerable** a. 취약한, 연약한 **voracious** a. 게걸스러운, 탐욕스러운 **intelligible** a. 쉽게 이해할 수 있는 **indubitable** a. 의심의 여지가 없는

| 해석 |

연구자들은 녹차에 폴리페놀이 풍부하게 들어 있다는 것을 발견했는데, 폴리페놀은 세포가 손상되지 않도록 그리고 노화나 암 같은 질병에 취약해지지 않도록 막아주는 일종의 화학물질이다.

14 논리완성 ①

| 분석 |

but 뒤의 요지는 우르두어가 무슬림 침략이후 페르시아와 아랍으로부터 많은 문자와 어휘를 빌려왔다는 것이다. 그러므로 but 앞은 우르두어가 고유한 토착언어임을 강조하는 진술이 와야 한다. 따라서 빈칸에는 ① '토착적인'이 오는 것이 논리적으로 타당하다.

| 어휘 |

Urdu n. 우르두어(파키스탄의 공용어로 인도에서도 널리 사용됨) **composite** a. 합성의, 복합의 **syntax** n. 구문론, 통사론 **script** n. 서식; 문자 **indigenous** a. 토착의, 원산지의 . **ingenious** a. 기발한, 독창적인 **ingenuous** a. 순진한, 천진한 **inconclusive** a. 결정적이 아닌 **incandescent** a. 강렬한, 열정적인

| 해석 |

우르두어는 복합 언어다. 그것의 문법과 구문은 인도에 토착적인 것이지만, 그것의 문자 — 상당 부분의 어휘와 함께 — 는 무슬림의 침입에 뒤이은 페르시아와 아랍의 영향으로부터 얻어내고 있다.

15 논리완성 ④

| 분석 |

고전적인 과학로맨스 장르를 현대적인 공상과학 소설로 변화시켰다는 것은 큰 성취이다. 즉 공상과학 소설의 발전에 있어서 H. G. 웰스가 한 역할은 '중추적'이라고 할 수 있으므로, ④가 정답이다.

| 어휘 |

figure n. 인물 **corrosive** a. 신랄한, 부식하는 **inflexible** a. 확고한, 굳은 **notorious** a. 악명 높은 **pivotal** a. 중추적인, 중요한 **ruinous** a. 파괴적인

| 해석 |

H. G. 웰스는 과학 로맨스가 현대 공상과학 소설로 진화하는 데 있어서 중추적인 역할을 한 인물이다.

16 문장배열 ⑤

| 분석 |

이 글은 인과적인 방식으로 구성되어 있는데, 일반적인 진술에서 구체적인 진술로 이어지는 설명문이다. 글의 시작은 이 글의 소재인 '사산'에 대한 유니세프의 정의를 나타낸 Ⓐ로 시작하고, '사산'이 산모와 그 가족에게 미치는 영향을 기술한 Ⓓ가 온 다음, 사산의 원인인 '대기오염'에 대한 연구의 미흡했다가 진척이

이루어진 Ⓔ와 Ⓒ로 이어지고, 이와 관련하여 종전에 밝혀진 '대기오염'과 '출산 이상'의 관계를 기술한 Ⓑ로 이어지는 것이 자연스러우므로 ⑤가 정답이다.

| 어휘 |

stillbirth n. 사산(死産) **neglected** a. 방치된, 방기된 **detect** v. 찾다, 발견하다 **placenta** n. 태반 **miscarriage** n. 자연유산 **premature birth** 조산 **low birth weight** 저체중아 **disturbed** a. 정신적 장애가 있는, 불행한 **revelation** n. 폭로, 드러난 사실, 계시 **toxic** a. 유독성의 **fetus** n. 태아 **boost** v. 북돋우다, 신장시키다 **epidemiological** a. 유행[전염]병학의

| 해석 |

Ⓐ 유니세프가 발표한 2020년 보고서에서, 사산(死産)은 "방치된 비극"으로 묘사되었다.

Ⓓ 사산이 산모와 가족에게 미치는 영향이 크다는 것은 사산을 예방하기 위한 조치가 여성의 건강과 평등을 증진시켜줄 것이라는 것을 의미할 것이라고 새로운 연구를 주도한 과학자들은 말했다.

Ⓔ 역학(전염병학) 연구는 미세입자에 의한 오염이 어떻게 사산을 유발할 수 있는지에 대해서는 조사하지 않았다.

Ⓒ 그러나 10월의 발표에 뒤이어 독성 대기 오염 입자가 태아의 폐와 뇌에서 발견되었다.

Ⓑ 대기 오염 입자는 2018년에 태반에서 처음 발견되었으며, 그 당시에는 이미 더러운 공기가 유산, 조산, 저체중아 출산, 뇌 발달 장애와 밀접한 상관관계에 있는 것으로 알려져 있었다.

17 문장삽입 ①

| 분석 |

'정당성을 확보하기까지는 긴 여정이 기다리고 있다'는 의미의 주어진 문장(정당성에 이르는 길은 멀다.)은 본문 전체 내용을 압축해서 보여주고 있는 주제문이다. 즉 이 글 전체는 주제문인 주어진 문장을 구체화시킨 것이라고 할 수 있다. 그러므로 주제문인 주어진 문장이 이 글 맨 앞에 위치해서 전체 글을 이끌어야 한다. 따라서 Ⓐ에 들어가는 것이 적절하다.

| 어휘 |

home turf 홈 경기장 **therapeutic trial** 시험적 치료 **strict** a. 엄격한 **regulation** n. 규정 **Taoist** a. 도교의 **acupuncture** n. 침술 **derive** v. 유래하다 **Confucianism** n. 유교 **traverse** v. 가로지르다 **construct** n. 구성물 **rationale** n. 이유, 근거 **legitimacy** n. 정당성, 합법성

| 해석 |

〈정당성에 이르는 길은 멀다.〉 3,000년 이상 자기나라에서 시도되고 검증되어 온 중국 전통의학(한의학)은 치료를 위한 실험에 대해 보다 엄격한 규정과 요건이 존재하는 서구에서 주류(의학)로 인정받기 위해 열심히 노력하고 있다. 도교(道敎) 학자들로부터 물려받은 다양한 치료법과 침술에 기초한 한의학은 유교에서 유래되었다. 그러나 현재 공식적으로 한의학(TCM)으로 알려진 것이 수 세기 동안 변함없이 이어져 왔다고 가정하는 것은 실수(오해)라고 할 수 있다. "한의학은 1949년 (중국 공산)혁명 이후, 1950년대부터 시작된 정치적 구성물입니다."라고 Paul Unschuld 교수는 말한다. "그것은 역사적 중국 의학의 일부 측면을 포함하지만 동시에 현대 과학의 근거와 개념의 영향을 받기도 합니다."

18 부분이해 ④

| 분석 |

"하지만 몇 달 동안 오픈 노트로 작업하다 보면, (의사들은) 일반 독자들이 자신의 글에 더 쉽게 접근할 수 있게 된다는 것을 알게 된다."라는 단서로부터, 오픈 노트 프로그램을 이용하여 환자들이 전문용어들로 가득 찬 의사들의 처방전을 쉽게 이해해서 설명하는 시간을 절약할 수 있다는 것을 알 수 있다.

| 어휘 |

transition n. 전환 **open notes** 진료기록을 공개하자는 운동 **unpack** v. 해독하다; 고백하다; 풀다 **jargon** n. 특정 분야의 전문용어 **spell out** 판독하다, 설명하다 **acronym** n. 두음문자(頭音文子), 약어 **macro** n. 매크로(프로그래밍 언어의 명령의 일종으로 같은 프로그래밍 언어의 복수 명령으로 치환됨) **provider** n. 의료 서비스 제공자 **chunk** n. 덩어리, 뭉치 **clinician** n. 임상의(직접 환자를 상대하는 의사) **guarded** a. 조심성 있는, 신중한 **documentation** n. 서류, 문서화 **accessible** a. 접근 가능한 **lay** a. 속인(俗人)의, 평신도의; 전문가가 아닌, 풋내기의, 문외한의 **medical note** 진료기록 **order** n. 순서

| 해석 |

컨설팅 회사인 Medical Advantage의 부사장인 Chad Anguilm은 의사들이 오픈 노트로 전환하도록 돕고 있다. 의사가 사용하는 두음문자(頭音文子, 약어)를 자동으로 판독해주는 받아쓰기 프로그램처럼, 때로는 기술이 (의사들이 사용하는) 전문 용어를 해독하는 데 도움이 될 수 있다. Anguilm은 자신의 팀이 의료진이 자주 하는 설명과 같은 텍스트를 (오픈) 노트에 빠르게 추가할 수 있는 매크로(프로그램)를 만들기도 한다고 말했다. "많은 임상의들이 처음에는 자신들이 작업하는 문서에 대해 매우 조심스러워합니다."라고 Anguilm은 말했다. 하지만 몇 달 동안 오픈 노트로 작업하다 보면, (의사들은) 문외한인 읽는 사람들이 자신의 글에 더 쉽게 접근할 수 있게 된다는 것을 알게 된다. Anguilm은 그것(오픈 노트)이 진료 기록 정보를 재구성하여, (진료한) 순서가 방문 시 일어난 일과 일치하도록 하는 것에도 도움이 될 수 있다고 말했다.

밑줄 친 문장 "때때로 기술은 전문 용어를 해독하는 데 도움이 될 수 있다"에서 추론할 수 있는 것은 무엇일까?
① 의사는 잠재적인 정보 유출을 방지할 수 있다.
② 의사들은 서로 간에 처방전을 공유할 수 없다.
③ 의사들은 환자들에게 처방전을 알릴 필요가 없다.
④ 의사들은 처방전을 환자들에게 설명하는 데 시간을 절약할 수 있다.
⑤ 의사들은 처방전을 받아쓰게 하기 위해 접수 직원이나 간호사를 고용할 수 없다.

19~21

동물성 코로나 바이러스 문제를 완화하고 다른 동물성 질병이 인간에게 전염되는 것을 막기 위해 우리가 취해야 할 조치는, 비록 현재 그런 일이 일어나지 않는 것 같아도, 명확하다. 야생동물이 판매되는 웻 마켓을 없애는 것은 명백한 예방 조치이긴 하지만, 특히 전 세계 남반구 지역의 많은 사람들의 생계와 식단이 웻 마켓에 의존하기 때문에, 그러한 조치를 실행하기가 어려웠다. 기후 변화와 토지 개발로 더 많은 서식지가 파괴됨에 따라, 야생동물은 인간과 더욱 밀접한 (관계를 맺는) 공간으로 어쩔 수 없이 밀려날 것이며, 이것은 종(種)들 사이의 바이러스 교환이 더욱 효율적으로 이루어지도록 조장할 것이다. 마스크 착용이나 다른 간단한 방법으로 코로나 바이러스의 인간 확산을 억제하는 것과는 달리, 동물들에게로 전염, 동물들로부터의 전염, 그리고 동물들 간의 전염을 막으려면 우리 사회의 운영 방식에 있어서의 대격변이 필요하며, 이는 우리가 기꺼이 감당할 수 있는 수준보다 훨씬 더 엄청나게 큰 격변일 것이다. 인간들은 마치 코로나 바이러스가 종간의 긴 사슬을 통해 이동한 후 마침내 인간을 감염시킨 것처럼 행동하는 경향이 있다. 하지만 그렇게 생각하는 것은 지구가 우주의 중심으로 여겨지던 중세 시대에 사는 것과 같다. 그 후에 우리가 깨달았다시피, 우리는 그렇게 중요하지 않다. 인간은 바이러스가 여러 방향으로 이동하는 거대한 종의 네트워크에서 하나의 마디(교차점)에 지나지 않는다. 동물 바이러스가 인간을 감염시키는 것처럼 인간 바이러스도 동물에게 전염될 수 있다(예를 들어, 홍역은 다양한 유인원들을 죽인다.) 동물 코로나바이러스 보다 더 큰 문제가 분명히 존재한다. — 재채기 하는 사슴이 두려워 쭈그리고 앉아 숨을 필요는 없다 — 하지만 동물들이 계속 감염되는 한, 우리는 그것이 우리에게 무엇을 의미하는지 간과해선 안 된다.

| 어휘 |

take a step 조치를 취하다 **mitigate** v. 감소시키다 **zoonotic** a. 동물원성(動物原性) 감염증의 **wet market** 웻 마켓(아시아에 있는 신선한 생선과 농산물을 파는 시장으로, 육류는 그 자리에서 도축해 주기도 함) **preventive measure** 예방 조치 **implement** v. 실행하다 **livelihood** n. 생계 **decimate** v. 대량을 죽이다; 심각하게 훼손하다 **habitat** n. 서식지 **closer quarters** 비좁은 장소 **foster** v. 조장하다, 촉진하다 **straightforward** a. 간단한; 솔직한 **curb** v. 억제하다 **transmission** n. 전염, 전달 **commit to** 할당하다, 전념하다 **afflict** v. 괴롭히다, 피해를 주다 **measles** n. 홍역 **a variety of** 다양한 **great ape** 유인원 **hunker down** 쪼그려 앉다

19 동의어 ②

| 분석 |

decimate는 '훼손하다, 대량으로 죽이다'는 뜻으로 쓰이므로, ②의 smash가 동의어로 적절하다. ① 개발하다 ③ 위조하다 ④ 획득하다 ⑤ 주조하다

20 빈칸완성 ④

| 분석 |

인간은 마치 코로나 바이러스가 인간만을 겨냥하고 있다고 생각하지만, 그런 생각은 커다란 착각이다. 생태계 전체로 퍼져나가는 코로나 바이러스에게 인간은 생태계에 존재하는 무수한 종들 가운데 한 종에 지나지 않는다. 달리 말해 무수한 종들이 연결된 네트워크(그물망)에서 가로줄과 세로줄이 교차하는 하나의 '마디'에 불과하므로, ④가 정답이다. ① 벽 ② 끝 ③ 핵심 ⑤ 난국

21 내용추론 ⑤

| 분석 |

"야생동물이 판매되는 웻 마켓을 없애는 것은 명백한 예방 조치이긴 하다"라는 단서로부터 ⑤ '인간과 동물 사이의 거리는 인간의 코로나 확진을 낮추는 데 도움이 될 수 있다.'의 진술은 본문과 일치함을 알 수 있다. ④ 병든 애완동물이 반드시 동물 코로나바이러스에 감염된 것은 아니며, 사슴이 재채기 한다고 해서 숨을 필요는 없다고 했다.

다음 중 이 글로부터 추론할 수 있는 것은?
① 웻 마켓을 금지하는 것이 코로나 확산을 막는 가장 좋고 가장 빠른 방법이다.
② 동물들이 착용할 수 있는 마스크가 곧 발명되어야 한다.
③ 가축은 동물성 감염질병을 옮길 가능성이 낮다.
④ 인간은 병든 애완동물과의 접촉을 피해야 한다.
⑤ 인간과 동물 사이의 거리는 인간의 코로나 확진을 낮추는 데 도움이 될 수 있다.

22~23

지금까지의 가장 포괄적인 연구에 따르면, 인류가 만든 약물은 전 세계의 강을 오염시켰으며 "환경과 인류 건강에 대한 세계적인 위협"을 초래하고 있다. 인간이 사용하는 의약품 및 기타 생물학적 활성 화합물은 야생동물에게 해를 끼치는 것으로 알려져 있다; (그리고) 환경 내에 있는 항생제는 인류에게 가장 큰 위협 중 하나인 항생제 내성 위험을 증가시킨다. 과학자들은 모든 대륙을 아우르는 104개국 258개 강을 따라가며 1,000개 이상의 지점에서 61개의 활성 제약 성분(API)의 농도를 측정했다. 오염되지 않은 곳은 아이슬란드와 원주민이 현대 의약품을 사용하지 않는 베네수엘라의 한 마을, 단 두 곳뿐이었다.
가장 자주 검출된 API는 항간질제인 카르바마제핀, 당뇨병 치료제인 메트포르민, 그리고 카페인이었다. 세 가지 모두 최소 절반 이상의 장소들에서 발견되었다. 항생제는 5곳 중 1곳에서 위험한 수준으로 발견되었다. 그리고 많은 장소들에서 야생동물에게 유해한 것으로 간주되는 수준의 API가 하나 이상 발견되었는데, 물고기를 암컷화시키는 것과 같은 결과도 낳았다. API는 사람과 가축이 섭취한 다음 하수도로 배출되거나 환경으로 직접 배출되어 강으로 흘러들어가지만, 일부는 제약 공장에서 누출될 수도 있다.

| 어휘 |

pose a threat 위협하다 **comprehensive** a. 포괄적인, 종합적인 **pharmaceutical** n. 약, 제약 **compound** n. 화합물 **antibiotics** n. 항생제 **drive up** 증가시키다 **concentration** n. 농도 **active pharmaceutical ingredients(APIs)** 활성제약성분 **indigenous** a. 토착의 **carbamazepine** n. 카르바마제핀(간질 치료용의 항(抗)경련제) **epileptic** n. 간질발작 **diabetes** n. 당뇨병 **metformin** n. 메트포르민(당뇨병 치료제) **feminize** v. 여성화하다

22 동의어 ③

| 분석 |

excrete은 '배설하다, 배출하다'는 뜻으로 쓰이므로, ③의 oozed가 동의어로 적절하다. ① 집착하다 ② 흠뻑 젖다 ④ 움켜쥐다 ⑤ 빨아들이다

23 내용추론 ⑤

| 분석 |

마지막 문장에서 'API는 사람과 가축이 섭취한 다음 하수도로 배출되어 강으로 흘러들어간다'고 했는데, 사람과 가축이 섭취한 API가 배출되는 하수도에 하수 정화 시설을 갖추면 API가 강으로 흘러들어가 오염시키는 것을 막을 수 있을 것이므로 ⑤가 추론할 수 있는 것이다. ④ 여성화나 남성화는 유전자 변형보다는 내분비계의 교란으로 인한 호르몬 분비 이상이 원인이다.

다음 중 이 글을 통해 추론할 수 있는 것은?
① 우리는 원주민들의 생활 방식을 본받아야 한다.
② 강 오염은 인류와 야생동물에게 위협이 되지 않는다.
③ 항생제는 물고기와 같은 야생동물에게 해를 끼칠 수 없다.
④ 여성화된 물고기는 종종 유전적으로 변형된 물고기이다.
⑤ 선진적인 하수도 시스템은 강 오염을 줄일 수 있다.

24~26

현대 식품의 역사에서, 감미료는 감미료를 판매하는 사람과 소비하는 사람 모두에게 '공짜 점심'과 같은 존재였다. 대형 식품 회사의 경우, 감미료는 제품의 수익성과 맛을 유지하는 데 핵심적인 역할을 해왔다. 감미료는 설탕보다 훨씬 저렴한 재료일 뿐만 아니라, 식품 업계가 더 많이 구매하고 소비하도록 우리를 설득하는 핵심 메커니즘 중의 하나였다. <대부분의 성인은 하루에 약 2,000~2,600칼로리만 섭취하면 된다.> 이것(이런 칼로리의 양)은 지속적인 성장을 원하는 기업에게는 문제이다. 감미료는 다국적 기업들이 일일 칼로리 한도를 초과하지 않으면서도 우리가 필요한 것보다 더 많은 음식과 음료를 구매하도록 유도할 수 있는 수단으로 사용되었다.
수백만 명의 사람들에게, 다이어트 음료는 대처 메커니즘을 제공한다. 그것은 힘든 하루를 마무리하는 죄책감 없는 작은 즐거움의 순간을 만끽하게 해준다. 역사학자가 되기 전, Carolyn은 미국의 대형 청량음료 회사에서 기업 브랜딩 업무를 담당했었다. Carolyn이 그녀의 저서 『공허한 즐거움』에서 설명한 것처럼, Carolyn의 과제 중 하나는 하루에 6~8캔의 다이어트 탄산음료를 마시는 '다이어트 브랜드 X 충성 고객' — 대부분이 직장 여성임 — 을 인터뷰하는 것이었다. Carolyn은 이들 모두가, 그것이 육아에 대한 부담감이든 혹은 지루하고 저임금인 직장에서의 좌절감이든, 일상 속에서 얼마나 지쳐있는지에 대해 이야기하는 것을 발견했다. 이 여성들은 "공통적으로 다이어트 X를 마시는 시간을 이러한 일상과는 별개의 시간, 즉 세상이 그들을 홀로 내버려두는 짧은 시간이라고 표현했다."

| 어휘 |

sweetener n. 감미료 **palatable** a. 맛있는; 마음에 드는 **ingredient** n. 재료 **means** n. 수단 **the multinationals** 다국적 기업 **coping** a. 대처[대응]하는 **fizzy drink** 탄산음료 **consume** v. 마시다, 먹다 **frustration** n. 좌절

24 문장삽입 ③

| 분석 |

C 다음에 온 "이것(이런 칼로리의 양)은 지속적인 성장을 원하는 기업에게는 문제이다."와 D 다음에 온 "감미료는 다국적 기업들이 일일 칼로리 한도를 초과하지 않으면서도 우리가 필요한 것보다 더 많은 음식과 음료를 구매하도록 유도할 수 있는 수단으로 사용되었다."라는 단서로부터 제시문인 '대부분의 성인은 하루에 약 2,000~2,600칼로리만 섭취하면 된다.'는 C에 와야 함을 추론할 수 있다.

25 빈칸완성 ①

| 분석 |

빈칸 바로 앞에서 "수백만 명의 사람들에게, 다이어트 음료는 대처 메커니즘을 제공한다."라고 했는데, 대처 메커니즘이란 직장에서의 스트레스에 대한 대처로 이 음료를 마시는 것을 의미한다. 따라서 스트레스 많은 상태와 반대되는 '아무 죄책감 없는' 즐거움이라는 말이 되게 빈칸에는 ① '죄책감 없는'이 적절하다. ② 무가당의 ③ 생각이 없는 ④ 부담 없는 ⑤ 무지방의

26 내용일치 ③

| 분석 |

"이 여성들은 공통적으로 다이어트 X를 마시는 시간을 이러한 일상과는 별개의 시간, 즉 세상이 그들을 홀로 내버려두는 짧은 시간이라고 표현했습니다."라는 마지막 문장으로부터 ③의 "여성들은 다이어트 음료를 마실 때 자유를 느낀다."가 본문의 내용과 일치함을 알 수 있다.

다음 중 이 글의 내용과 일치하는 것은?

① 여성이 남성보다 알코올음료를 더 많이 소비한다.
② 여자들은 남자들보다 외로움을 더 느끼는 경향이 있다.
③ 여성들은 다이어트 음료를 마실 때 자유를 느낀다.
④ 감미료는 다이어트 음료의 비용을 줄여준다.
⑤ 우리의 하루 칼로리는 엄격하게 규제되어야 한다.

27~28

제브라피시의 마음을 들여다보면, 뇌를 이해하려는 과학의 탐구에서 가장 흥미로운 새로운 분야 중 하나를 엿볼 수 있다. 그 분야는 망각의 생물학이다.
우리는, 지갑을 어디 두었는지 잊어버렸을 때나 혀끝에서 뱅뱅 도는 이름을 잊어버렸을 때처럼, 망각을 종종 좌절감으로 경험하곤 한다. 꽤나 최근까지, 신경과학계에서 널리 퍼져 있는 통념은 망각이 단순한 기억 시스템의 결함이라는 것이다. 뇌의 역할은 정보를 수집하고 저장하는 것이다. 그리고 이러한 기억을 유지하거나 불러낼 수 없다는 것은 신경학적 또는 심리적 메커니즘의 실패라고 여겨졌다.
그러나 지난 10여 년 혹은 그 이상 동안, 과학은 망각이 단순한 기억의 실패가 아니라 기억 자체의 고유한 힘이라는 사실을 밝혀냈다. 망각에 대한 새로운 과학의 '유레카(발견)'라고 할 수 있는 근본적인 통찰은 우리의 뉴런(신경단위)에 완전히 별개의 메커니즘이 부여되어 있다는 것이다. 즉, 능동적 망각에 전념하는 메커니즘을 부여받았다는 것이다.
뇌는 신경전달물질, 단백질, 탄수화물 및 기타 세포로 구성된 복잡한 도구 키트의 도움으로 기억을 형성한다. 망각 또한, 더 이상 의미가(관련이) 없는 것(기억)을 지우기 위해 작동하는 전용 분자 도구 세트를 가지고 있다. 결국 망각은 기억 시스템의 가장 근본적인 측면 중 하나이다. 망각이 없다면 아무것도 작동하지 않을 것이다.
망각은 우리에게 유익하다. 우리는 망각을 통해 쓸모없는 정보를 걸러내고 의미(관련) 있는 정보에 집중할 수 있다. 망각이 없다면 사소한 일로 인한 분노나 슬픔의 고통도 사라지지 않을 것이며, 사랑과 호감의 감정 또한 사라지지 않을 것이기 때문에 우리가 기존의 관계들에서 벗어나 새로운 관계로 나가는 것은 불가능하게 될 것이다. 기억은 우리를 형성한다. 그리고 망각은 불필요한 것을 깎아내어 우리 자신과 세상을 바라보는 방식을 만들어 나간다.

| 어휘 |

glimpse n. 얼핏 봄 **zebrafish** n. 제브라피시(줄무늬가 있는 열대어) **illuminate** v. 설명하다, 밝히다 **convention** n. 관행 **neuroscience** n. 신경과학 **glitch** n. 결함; 작은 문제 **retrieve** v. 회수하다, 되찾다 **neurological** a. 신경학적인 **distinct** a. 고유한, 별개의 **eureka** int. 알았다! **neuron** n. 뉴런 **be endowed with** 부여 받다 **tool kit** 도구, 수단; 연장키트 **neurotransmitter** n. 신경전달물질 **carbohydrate** n. 탄수화물 **relevant** a. 관련 있는, 적절한, 유의미한 **clear away** 지우다 **chisel away** 깎아내다 **excess** n. 지나침, 과도함

27 글의 제목 ②

| 분석 |

"망각이 없다면 사소한 일로 인한 분노나 슬픔의 고통도 사라지지 않을 것이며, 사랑과 호감의 감정 또한 사라지지 않을 것이기 때문에 우리가 기존의 관계들에서 벗어나 새로운 관계로 나가는 것은 불가능하게 될 것이다. 기억은 우리를 형성한다. 그리고 망각은 불필요한 것을 깎아내어 우리 자신과 세상을 바라보는 방식을 만들어 나간다."라는 단서로부터 우리는 이 글의 주제가 망각의 중요성임을 알 수 있다.

이 글의 제목으로 가장 적절한 것은?
① 망각은 기억 시스템의 결함이다
② 망각은 기억만큼이나 중요하다
③ 망각은 정보를 기억으로 바꾼다
④ 기억과 망각은 무관하다
⑤ 기억은 좋은 감정만 간직한다

28 내용일치 ④

| 분석 |

"우리는, 지갑을 어디 두었는지 잊어버렸을 때나 혀끝에 뱅뱅 도는 이름을 잊어버렸을 때처럼, 망각을 종종 좌절감으로 경험하곤 한다."라는 단서로부터 추론할 수 있듯이 우리는 일상생활을 하면서 망각을 경험할 때 좌절한다.

다음 중 이 글의 내용과 일치하지 않는 것은?
① 뇌의 일은 단지 정보를 수집하고 저장하는 것으로 믿어졌다.
② 기억을 되살릴 수 없는 것은 신경학적 메커니즘의 실패로 간주되었다.
③ 망각은 기억 시스템의 가장 근본적인 측면 중 하나이다.
④ 사람들은 더 이상 망각을 좌절감으로 경험하지 않는다.
⑤ 망각은 더 이상 관련성이 없는 것을 제거하기 위해 작동하는 전용 분자 도구 세트를 가지고 있다.

29~31

2022년 11월 15일, 전 세계 인구는 80억 명을 돌파했다. 이는 길어진 기대수명, 낮아진 모자 사망률, 더 나아진 의료 서비스의 결과로서, 여러 면에서 세계적인 성공담이다. 그러나 이러한 (기념비적인) 이정표가 등장할 때마다, 우리는 그 숫자가 너무 많다는 것을 경고하는 선동적인 헤드라인을 목격하게 된다.
그러나 만일 우리가, 기후 변화, 불평등, 그리고 기타 세계적인 위기를 직접적으로 해결하는 대신 인구 추세에 집중함으로써 잘못된 방향으로 치우치게 된다면, 우리는 잘못된 해결책을 내놓을 위험에 처하게 된다. 그 잘못된 해결책이란 출산 여부와 시기를 선택할 수 있는 사람들의 권리를 침해할 수 있는 해결책이다.
궁극적으로 우리 시대에 주어진 이 엄청난 난제들의 해결은 그 어떤 완벽한(최적의) 인구수에서도 발견되지 않을 것이다. 만일 우리가 지금 올바른 투자를 한다면 — 즉, 모든 청소년이 그들의 생식 선택(낙태/출산 여부의 선택)을 해나가고, 학교에 다니고, 직장에 들어갈 수 있도록 하는 것을 확실히 하기 위해 (우리 모두가) 노력한다면 — 80억 명의 사람들은 더 평화롭고 번영하며 지속 가능한 사회를 건설할 수 있는 80억 개의 기회를 의미하게 될 것이다.

| 어휘 |

maternal a. 모성의, 어머니의 **milestone** n. 이정표, 중요한[획기적인] 단계[사건] **inflammatory** a. 선동적인; 염증을 일으키는 **sidetrack** v. 곁길로 새게 하다 **address** v. 처리하다, 다루다 **run the risk of** 위험에 처하다 **come up with** 생각해내다, 내놓다 **fix** n. 해결책 **infringe on** 침해하다 **tackle** v. 처리하다, 해결하다 **navigate** v. 탐색하다 **reproductive choice** 생식 선택(성과 임신에 대한 자기 결정권) **sustainable** a. 지속하는

29 글의 어조 ①

| 분석 |

이 글의 기조를 알 수 있는 결정적인 대목은 마지막 단락이다. 현재의 어려운 문제들의 해결이 인구수를 줄이는 데 있지 않으므로 비록 너무 많다고 하는 80억 인구라 해도 인류 모두가 노력한다면 "80억 명의 사람들은 더 평화롭고 번영하며 지속 가능한 사회를 건설할 수 있는 80억 개의 기회를 의미하게 될 것이다."라고 글쓴이는 주장하고 있다. 이 단서로부터 글의 전반적인 어조가 낙관적임을 추론할 수 있다.

이 글의 전반적인 어조는 무엇인가?
① 올바른 선택에 의해 생명이 거주할 수 있는 지구를 건설하기를 희망하는 것에 대해 여전히 다소 낙관적인
② 인류 전체의 미래 멸종에 대해 경고하는
③ 인구 폭증과 자원 부족에 대해 비관적인
④ 천연자원의 과도한 개발(착취)에 대해 격하게 탄식하는
⑤ 인간 문명 이슈에 대해 인간 혐오적인 그리고 (그에 대한) 주장을 밝히기를 주저하는

30 동의어 ⑤

| 분석 |

본문에서 inflammatory는 '선동적인', infringe는 '침해하다'는 뜻으로 쓰였으므로, ⑤의 provocative와 encroach on이 각각 동의어로 적절하다. ① 퇴행적인 — 개선하다 ② 무책임한 — 탄핵하다 ③ 출산의 — 침해하다 ④ 치료할 수 없는 — 초월하다

31 내용추론 ④

| 분석 |

"만일 우리가 지금 올바른 투자를 한다면 — 즉, 모든 청소년이 그들의 생식 선택(낙태/출산 여부 결정권)을 해나가고, 학교에 다니고, 직장에 들어갈 수 있도록 하는 것을 확실히 하기 위해 (우리 모두가) 노력한다면 — 80억 명의 사람들은 더 평화롭고 번영하며 지속 가능한 사회를 건설할 수 있는 80억 개의 기회를

의미하게 될 것이다."라는 단서로부터 ④ '우리는 우리의 미래 세대에게 지구상의 인구수를 증가시키지 말라고 요청해야 한다.'를 본문의 내용으로부터 추론할 수 없다는 것을 알 수 있다.

다음 중 이 글로부터 추론할 수 없는 것은?
① 세계 인구의 증가는 더 긴 기대 수명, 더 적은 모자 사망, 그리고 더 나은 의료 서비스의 결과다.
② 인구수보다 기후 변화, 불평등, 그리고 다른 세계적 위기에 초점을 맞추는 것이 더 좋다.
③ 우리 지구는 여전히 80억 이상의 인구를 유지할 수 있다.
④ 우리는 우리의 미래 세대에게 지구상의 인구수를 증가시키지 말라고 요청해야 한다.
⑤ 우리는 아직 인구 폭발이라는 재앙적인 도전에 직면하지 않았다.

32~35

직업에 관계없이, 특정 유형의 사람들은 그들 자신에게 과도한 심리적 요구를 하는 것으로 보이며, 그 결과 심장병에 걸릴 위험이 더 커진다. '관상동맥 질환에 걸리기 쉬운 행동 패턴'이라고 하며 일반적으로 A형이라고 불리는 특정 성격 스타일을 가진 사람들은, 특히 심장 질환에 걸리기 쉬운 것으로 밝혀졌다. A형 사람들은 열심히 일하고 경쟁적이며 공격적이다. 그들은 시간에 대한 압박감이 심하고 항상 더 적은 시간에 더 많은 일을 하려고 노력한다. 이와 반대되는 성격을 가진 사람들을 B형이라 하고, 그 외의 사람들은 그 중간쯤으로 분류된다.
많은 연구에 따르면, A형 성격의 사람들이 B형 성격의 사람들보다 심장병에 더 취약한 것으로 입증되었다. (그렇게 된) 한 가지 가능한 이유는, A형 사람들이 B형 사람들보다 그들 자신에게 더 많은 것을 요구하고, 스트레스가 많은 상황에 노출되는 경향이 있기 때문이다. 예를 들어, 대학 미식축구 선수를 대상으로 한 한 연구에 따르면, 부상을 당했을 때, A형 선수가 코치로부터 B형 선수보다 더 열심히 뛰는 것으로 평가받았다. 또한 A형 사람들은 스트레스와 마주쳤을 때 비정상적으로 강렬한 생리적 반응을 보이는 경향이 있다. 어려운 상황에 직면했을 때, 이들은 B형 사람들보다 혈압이 더 높아지고, 심박수와 혈중 에피네프린의 수치 또한 더 크게 증가하는 경향이 있다. 일부 연구자들은, 이러한 더 큰 스트레스에 대한 생리적 반응성 — 때로는 '과민 반응성'이라고도 불리는 — 이 A형 패턴과 심장 질환 사이에 존재하는 연관성의 핵심이라 믿고 있다.

| 어휘 |

run risk of 위험해지다 **coronary** a. 관상동맥의 **prone** a. 걸리기 쉬운 **aggressive** a. 공격적인 **confirm** v. 입증하다 **expose** v. 노출하다 **intense** a. 강렬한 **challenging** a. 힘든, 도전적인 **manifest** v. 분명해지다 **epinephrine** n. 에피네프린(부신 호르몬) **reactivity** n. 반응성

32 빈칸완성 ①

| 분석 |

두 개의 빈칸 Ⓐ의 앞과 뒤에 있는 문장은 A형 사람들이 B형 사람들에 비해 심장병에 걸리기 쉬운 이유들이 열거되고 있다. 즉 A형 사람들이 B형 사람들에 비해 여러 가지 이유로 인해, 심장 질환에 더 취약하다는 것이다. 따라서 빈칸에는 보기 ① '영향[감염]을 받기 쉬운'이 들어가야 한다.

다음 중 빈칸 Ⓐ에 들어가기에 가장 적절한 것은?
① 영향[감염]을 받기 쉬운
② 적합하지 않은
③ 하기 싫은
④ 불편한
⑤ 면제된

33 빈칸완성 ②

| 분석 |

글의 흐름상 빈칸에는 A형 사람의 성격을 묘사하는 표현이 와야 한다. A형 사람들은 "B형 사람들보다 그들 자신에게 더 많은 것을 요구하고 스트레스가 많은 상황에 노출되는 경향이" 있다. 따라서 빈칸에는 보기 ② '항상 더 적은 시간 안에 더 많은 것을 하려고 노력한다.'가 오는 것이 적절하다.

다음 중 빈칸 Ⓑ에 들어갈 표현으로 가장 적절한 것은?
① 점점 더 적은 시간에 점점 더 많은 일을 하려고 거의 노력하지 않는다
② 항상 점점 더 적은 시간에 점점 더 많은 일을 하려고 노력한다
③ 항상 점점 더 많은 시간에 점점 더 적은 일을 하려고 노력한다
④ 더 많은 시간과 더 적은 시간에 더 많은 일과 더 적은 일을 하려고 거의 노력하지 않는다
⑤ 항상 더 적은 시간과 더 많은 시간에 더 적은 일과 더 많은 일을 하려고 노력한다

34 글의 제목 ①

| 분석 |

제목은 글의 전체 내용과 글의 주제를 포괄하고 있어야 한다. 이 글의 내용과 주제는 A형 성격의 사람들이 심장병에 잘 걸리는 이유다. 그러므로 이 글에 적절한 제목은 ① 'A형 성격과 심장병 사이의 상관관계'이다.

다음 중 이 글의 제목으로 가장 적절한 것은?
① A형 사람들의 성격과 심장병 사이의 상관관계
② A형 사람들이 어려운 상황에서 일하기를 멈춰야 하는 이유
③ A형 사람들은 직업적인 분위기 속에서 더 성공적이다

④ A형 사람들은 대개 혈액형 A를 가진 사람들이다
⑤ B형 사람들은 덜 정력적이고, 덜 경쟁적이고, 그리고 덜 공격적이다

35 내용추론 ②

| 분석 |

"예를 들어, 대학 미식축구 선수를 대상으로 한 한 연구에 따르면, 부상을 당했을 때, A형 선수가 코치로부터 B형 선수보다 더 열심히 뛰는 것으로 평가받았다."라는 단서로부터 모든 대학 미식축구 선수들이 A형인 것은 아니라는 것을 알 수 있다. 따라서 ②가 정답이다. ④ B형 사람들을 가리킨다.

다음 중 이 글에서 추론할 수 없는 것은?
① '관상동맥 질환에 걸리기 쉬운 행동 패턴'을 가진 사람들은 정력적이고, 경쟁적이며, 공격적이다.
② 대학 미식축구 선수들은 보통 다른 사람들보다 더 열심히 경기하기 때문에 A형으로 평가된다.
③ A형 사람들은 더 높은 혈압과 더 큰 심박수 증가를 나타내는 경향이 있다.
④ 어떤 사람들은 직업에 상관없이 그들 자신에게 심리적인 요구를 덜 한다.
⑤ 더 높은 혈압과 더 큰 심박수의 증가는 심장병과 밀접한 관련이 있다.

36~39

10월 5일, Nicole Mann은 우주 정거장을 향해 발사된 (우주선에 승선한) 최초의 아메리카 원주민 여성이 되었다. 그녀는 AP 통신과의 첫 인터뷰에서 우주 비행사가 우주에서 지구를 내려다보며 느끼는 경외감에 대해 이야기했다.
그녀는 (그 광경이) '구름과 땅, 그리고 색들이 어우러진 놀라운 장면'이라며 "하루 종일 큐폴라(우주 정거장)에 머물면서 우리 지구라는 행성이 얼마나 아름다운지를 보지 않는 것은 어려운 일"이라고 말했다.
이러한 관점은 우크라이나에서 전쟁이 계속되고 있는 상황에서 특별히 중요하다. 우주 정거장에 탑승한 승무원은 러시아 우주비행사 3명, 미국 우주비행사 3명, 일본 우주비행사 1명 등을 포함하고 있다.
Mann은 이러한 국제 협력의 힘을 잘 이해하고 있다. 그녀는, "이 프로젝트가 하는 것은 우리의 다양성과, 우리가 함께할 때 얼마나 놀라운 힘을 발휘하는지를 강조하는 것"이라고 말한다.

| 어휘 |

blast off 발사되다, 솟아오르다 **awe** n. 경외 **cupola** n. 둥근 지붕 **perspective** n. 관점 **rage a war** 전쟁을 벌이다 **aboard** prep. 탑승한 **cosmonaut** n. 우주비행사 **collaboration** n. 협력 **be lost on** ~에게 영향을 미치지 못하다, 효과를 내지 못하다; 이해되지 않다

36 빈칸완성 ⑤

| 분석 |

빈칸 다음에 오는 문장, 즉 그녀는 (그 광경이) '구름과 땅, 그리고 색들이 어우러진 놀라운 장면'이라면서 "하루 종일 큐폴라(우주 정거장)에 머물면서 우리 지구라는 행성이 얼마나 아름다운지를 보지 않는 것은 어려운 일이라고 말했다."로부터 빈칸에 ⑤ '경외'가 와야 함을 추론할 수 있다. ① 공포 ② 유머 ③ 분노 ④ 상실

37 지시대상 ③

| 분석 |

아름답다고 표현되는 '그녀'가 이 문장에서 가리키는 것은 사람이 아니라 지구라는 행성이다.

밑줄 친 Ⓑshe가 가리키는 것은 무엇인가?
① Nicole Mann
② 우주
③ 지구
④ 여성 우주비행사
⑤ 아메리카 원주민

38 내용추론 ②

| 분석 |

우주 정거장에 탑승한 승무원은 러시아 우주비행사 3명, 미국 우주비행사 3명, 일본 우주비행사 1명으로 구성되어 있다고 했으므로 우크라이나인이 없는 것은 사실이지만 ② '러시아가 우크라이나인을 원하지 않아서 우크라이나인이 없다'고 볼 근거는 없다.

다음 중 이 글에서 추론할 수 없는 것은?
① Nicole Mann은 최초의 아메리카 원주민 여성 우주비행사다.
② 러시아가 우크라이나인을 원하지 않았기 때문에 우주정거장에는 우크라이나인이 없다.
③ 우주정거장의 승무원들은 러시아인, 미국인, 그리고 일본인으로 구성되어 있어서 다양성을 보여준다.
④ Nicole Mann은 국제적인 협력의 중요성을 인식하고 있다.
⑤ Nicole Mann이 우리 행성이 얼마나 아름다운지를 보지 못하기는 어렵다.

39 글의 제목 ①

| 분석 |

글의 제목은 글의 주제나 글의 토픽을 드러내야 한다. 이 글의 토픽은 최초의 우주비행사가 된 아메리카 원주민 여성이다. 이로부터 이 글의 제목이 ① '우주에 간 최초의 아메리카 원주민 여성'이 되어야 함을 알 수 있다.

이 글의 제목으로 가장 적절한 것은 무엇인가?
① 우주에 간 최초의 아메리카 원주민 여성
② 우주정거장에서의 우주전쟁의 공포
③ 우크라이나를 위한 국제 우주 정거장
④ 미국 우주비행사와 러시아 우주비행사
⑤ 아메리카 원주민 여성에 의한 우주 전쟁

40~42

Ⓑ 호수가 생성되자마자 자연의 힘은 호수를 채워나가기 시작한다. 이 과정은 몇 년에서 몇 세기까지 걸릴 수 있지만, 시간이 지나면 모든 호수는 마른 땅이 될 수밖에 없다.
Ⓓ 물이 땅의 움푹 파인 곳을 채우면, 호수가 만들어진다. 새로 태어난 호수에 가장 먼저 들어오는 생물은 작은 부유성 수생 식물과 보통 플랑크톤이라고 불리는 동물이다. 시간이 지나면, 플랑크톤의 개체수가 증가하여 (호수는) 홍합, 곤충, 물고기, 새와 같은 더 큰 동물들의 군락을 부양하기 시작한다.
Ⓒ 동물들이 여러 세대에 걸쳐 대를 이어감에 따라, 일부 식물과 동물의 유해는 청소 동물들에 의해 재활용되지만, 일부 유해는 불가피하게 호수 바닥에 떨어진다. <그것들은 물살의 흐름을 느리게 만들면서, 호수 바닥에 잔해가 쌓이는 속도를 빨라지게 한다.> 이렇게 쌓여서 호수 바닥은 한 세기에 1~2 피트씩 높아진다. (이에 따라) 호수는 점점 더 얕아져간다.
Ⓔ 일단 호수가 얕아지고 나면, 호수 바닥이 가장 많이 높아진 부분에 수중 식물이 뿌리를 내리기 시작한다. 동시에 부들개지, 부들, 갈대와 같은 식물들이 물가에서 싹을 틔우기 시작한다.
Ⓐ 시간이 지남에 따라 (호수바닥에 쌓여서) 올라오는 잔해와 물가의 식물이 만난다. 결국 그것들은 힘을 합하여 호수를 습지로 변화시킨다.

| 어휘 |

debris n. 잔해 **be bound to** ~할 수밖에 없다 **remains** n. 유해, 유물 **scavenger** n. 청소 동물 **depression** n. 움푹 파인 곳 **colony** n. 군집 **submerged** a. 물에 잠긴 **cattail** n. 부들개지 **bulrush** n. 부들(수생식물) **burr reed** 갈대(흑삼릉) **sprout** v. 싹트다

40 단락배열 ④

| 분석 |

이 글은 호수가 만들어지고, 호수 안에 생물들이 서식하고, 결국에 호수가 말라버려 육지(습지)로 변해가는 과정을 시간 순으로 서술하고 있는 설명문이다. 때문에 이 모든 과정을 한 단락으로 설명하고 있는 단락 Ⓑ가 가장 먼저 와야 하고, 좀 더 구체적으로 처음부터 설명하는 Ⓓ가 그다음에 오고, 동식물의 유해가 쌓여 호수바닥이 높아지고 호수가 얕아진다고 한 Ⓒ가 그다음에 오고, 호수가 얕아지고 난 후를 설명한 Ⓔ가 그다음에 오고, 마지막에는 호수가 습지로 변했다고 서술하고 있는 Ⓐ가 오는 것이 자연스러운 순서이다.

41 문장삽입 ③

| 분석 |

여기서 'They'는 호수에 살고 있는 동식물의 유해를 가리킨다. 동식물의 유해가 수세기에 걸쳐 호수 바닥에 쌓인다는 내용이 들어 있는 단락은 Ⓒ 단락이다. 그러므로 주어진 문장은 Ⓒ 단락 안에 있는 [C] 자리에 들어가야 한다.

42 글의 제목 ②

| 분석 |

이 글은 '호수가 생겨나서, 결국에는 육지로 변화하게 되는 과정'을 기술하고 있다. 그러므로 이 글의 제목으로 가장 적절한 것은 ②의 '호수가 육지가 되는 방식'이다.

이 글의 제목으로 가장 적절한 것은?
① 플랑크톤이 호수에 해로운 이유
② 호수가 육지가 되는 방식
③ 모든 호수가 불모지가 되는 이유
④ 호수가 비옥해지는 방식
⑤ 건조한 땅이 호수가 되는 방식

43~44

접촉은 존재의 근본적인 조건인 인간과 비인간을 막론한 타자(他者)의 불가피성에 우리를 새로 순응시킨다. 만질 때 우리는 가장 취약한데, 항상 도로 만져지고 있는 것이기도 하기 때문이다. 메를로퐁티(프랑스의 철학자, 현상학자)가 사후(死後)에 출간된 저서 『보이는 것과 보이지 않는 것』(1964)에서 사용한 비유는 다음과 같다. 내 한 손이 다른 손을 만질 때, 어느 손이 만지고 있고 어느 손이 만져지고 있는 것일까? 우리에게는 눈꺼풀이 있다. 코를 두 손가

락으로 집어 막고 귀를 막을 수 있다. 그러나 피부를 막는 천연 덮개는 없다. 우리는 촉각을 끌 수 없다. 세상에서 인간이 된다는 것은 촉각이 있다는 것이며, 우리 몸의 모공 하나하나가 항상 만지고 만져진다는 것이다.
자연과의 접촉이 종(種) 사이의 경계를 메울 수 있다는 생각은 직관적으로 타당하다. 그리고 식물계에서 이끼와 이끼과(科)에 속하는 선태식물보다 촉각을 더 잘 구현하는 존재가 있을까? 이끼는 촉각 그 자체이다. 이끼는 자신이 만지는 존재의 피부를 찌르지 않는다. 그리고 이끼는 접촉하는 숙주로부터 거의 아무것도 빼앗지 않는다. 기생충이 아닌 것이다. 그러나 이끼는 나무를 부드럽게 하고, 토양 침식을 방지하며, 우리가 알아차리기에는 너무 작은 동물들을 보호한다. 이끼는 지구와 그리고 우리를 포함한 지구의 모든 존재와 끊임없이 접촉(소통)하고 있다. 열대 우림 속에서와 도시 포장도로에서 이끼는 우리를 향해 손짓한다.

| 어휘 |

reorient v. ~의 방향을 바꾸다; 새로 순응시키다 **being** n. 존재 **inevitability** n. 불가피성, 필연성 **posthumously** ad. 사후(死後)에, 유작으로서 **pinch** v. 꼬집다, 쥐어짜다 **skin-cover** n. 동물의 피부가죽 **interspecies** a. 이종(異種) 간의 **border** n. 경계, 국경선 **intuitively** ad. 직관적으로 **family** n. (동식물의 분류에서) 과(科)(목(order)과 속(genus)사이) **embody** v. 구현하다 **bryophyte** n. 선태식물, 이끼식물 **host** n. 숙주 **soil erosion** 토양침식 **shelter** v. 보호하다 **beckon** v. 손짓하다

43 내용추론 ③

| 분석 |

예를 들어, 사람들이 찾지 않는 열대우림 속의 이끼는 사람들의 인식 여부와 관계없이 존재하므로 ③은 추론할 수 없다. ① 눈을 가리고 코를 막고 귀를 막을 수 있어도 피부는 노출되어 있다. ⑤ 촉각을 가장 많이 구현하고 있고 이끼는 촉각 그 자체라고 했다.

다음 중 이 글에서 언급되거나 암시되지 않은 것은?
① 인간은 그들의 모든 감각을 차단할 수는 없다.
② 인간은 (무언가를) 만질 때 (그 무언가에 의해) 만져진다.
③ 이끼는 인간이 인식할 때만 존재한다.
④ 매우 작은 동물들은 그들 자신을 이끼 속에 숨길수도 있다.
⑤ 이끼는 지구에서 가장 많이 만져지는 종이다.

44 빈칸완성 ④

| 분석 |

이 문제를 푸는 단서는 빈칸 바로 다음에 오는 구절, 즉 " 우리 몸의 모공 하나하나가 항상 만지고 만져진다는 것이다."이다. 이 단서로부터 인간이란 존재가 ④ '촉각'하는 존재임을 추론할 수 있다. ① 민감한 ② 들을 수 있는 ③ 볼 수 있는 ⑤ 지각의

45~47

(윌슨 대통령이 제1차 세계 대전의 종식을 선언하는 자리에서 행한) "14개 조항" 연설은 단숨에 제1차 세계대전을 상징하는 단 하나의 위대한 선언문이 되었다. 이 연설은 국제 공산주의와의 첫 번째 전면적인 논전에서 서구 민주주의가 내놓은 답변이었다. 이것(연설)은 독일을 포함한 모든 국가의 선의를 가진 사람들이 결집할 수 있는 기준을 제시했다. 이것은 우선 먼저, 자유주의 평화 프로그램이라고 할 수 있는 것을 종합하는 데 윌슨이 놀라울 정도로 성공했기 때문에 사실이었다. 14개 조항 중 단 하나도 독창적이지 않았다. 모든 조항들은 모두 주요 교전국들 내에 존재하는 다양한 이상주의자들과 평화주의자들의 그룹들이 제안하고 논의했던 것들이었다.
그러나 윌슨은 자유주의 평화 프로그램을 (단순히) 요약(정리)하는 것 이상의 일을 했다. 그는 또한 독일이 예고한 많은 평화 목표들을 (자유주의 평화 프로그램에) 동화시키는 데도 성공했다. 벨기에의 영토 회복, 해양의 자유(전쟁 중 독일은 대서양을 지나가는 배를 상대로 무차별 잠수함 공격을 했다.), 무역 장벽의 파괴, 독립 폴란드의 수립은 모두 연합국의 목표인 동시에 독일의 목표이기도 했다.

| 어휘 |

point n. 조항, 항목 **manifesto** n. 선언, 선언문 **full-dress** a. 전면적인 **communism** n. 공산주의 **original** a. 독창적인 **idealist** n. 이상주의자 **pacifist** n. 평화주의자 **belligerent** a. 호전적인 **assimilate** v. 동화시키다 **announced** a. 예고한 **objective** n. 목적 **restoration** n. 복원

45 글의 요지 ②

| 분석 |

이 글은 미국 대통령 윌슨이 제1차 세계대전을 승리로 이끌고 나서, '14개 조항' 연설을 통해 국제 공산진영에 대해 자유주의 평화 프로그램으로 답변하고 독일이 예고한 많은 평화 목표들을 (자유주의 평화 프로그램에) 동화시킨 공적을 설명한 글이다.

이 글의 요지는 무엇인가?
① 윌슨의 '14개 조항' 연설은 독창적이지 않았다.
② 윌슨은 자유주의적 평화 프로그램을 다시 강조했고 독일의 평화 목표를 동화시켰다.
③ 윌슨의 평화 목표는 독일의 그것과 근본적으로 달랐다.
④ 윌슨의 '14개 조항' 연설은 국제 파시즘에 대한 답변이었다.
⑤ 윌슨의 '14개 조항' 연설은 평화를 사랑하는 국가들만이 모일 수 있는 기준을 제시했다.

46 동의어 ④

| 분석 |

밑줄 친 Ⓐ의 belligerent는 '호전적인'이라는 뜻으로 쓰였으므로, ④의 hostile이 동의어로 적절하다. ① 사랑스러운 ② 귀신들린 ③ 증여하는 ⑤ 이질적인

47 빈칸완성 ③

| 분석 |

"14개 조항 중 단 하나도 독창적이지 않았다. 모든 조항들은 모두 주요 교전국들 내에 존재하는 다양한 이상주의자들과 평화주의자들의 그룹들이 제안하고 논의했던 것들이었다."라는 단서로부터 "14개 조항" 연설이 독창적인 것이 아니라 그때 까지 논의되었던 다양한 견해들을 요약, 반복한 것이라는 사실을 추론할 수 있으므로, ③의 recapitulate가 정답이다. ① 목을 베다 ② 분해하다 ④ 추억에 잠기다 ⑤ 인간성을 빼앗다

48~50

우리는 다음과 같은 것은 자명한 진리라고 생각한다. 즉 모든 사람은 평등하게 태어났다는 것, 모든 사람은 창조주(조물주)로부터 양도할 수 없는 권리들을 부여받았다는 것, 그 권리 중에는 생명과 자유와 행복을 추구할 권리가 포함되어 있다는 것, 이 권리들을 확보하기 위해 피통치자들의 동의로부터 정당한 권한을 도출하여 정부가 조직된다는 것 등이다. 따라서 어떠한 형태의 정부든, 이러한 목적을 파괴할 때는, 언제든지 그런 정부에 대한 충성을 거부하고, 인민의 안전과 행복을 가장 효과적으로 보장할 수 있는, 그러한 원칙에 기초를 두고 그러한 형태의 기구를 갖춘, 새로운 정부를 조직하는 것이, 그 정부로부터 고통 받는 자들(인민)의 권리인 것이다.

| 어휘 |

self-evident a. 자명한 **endow** v. 부여하다 **inalienable** a. 양도할 수 없는 **pursuit** n. 추구 **secure** v. 지키다, 보호하다 **institute** v. 도입하다, 조직하다 **derive** v. 유래하다 **the consent of the governed** 피통치자들의 동의 **end** n. 목적 **allegiance** n. 충성 **lay foundation** 기반을 다지다

48 글의 제목 ⑤

| 분석 |

미국독립선언문의 초반부를 발췌한 이 글에서 가장 중요한 부분은 생명과 자유와 행복의 추구가 '양도할 수 없는 권리'라는 것이다. 보다 정확히 말하자면, 모든 인간이 성을 불문하고 이러한 양도할 수 없는 권리를 갖고 태어났다는 것이다. 정부가 존재하는 이유도 바로 이러한 모든 인간이 갖고 태어난 양도할 수 없는 권리를 지키고 더 나아가 증진시키기 위함이다.

다음 중 이 글의 제목으로 가장 적절한 것은?

① 모든 인간이 평등하게 태어난 것은 아니다
② 남자와 여자는 서로 다른 권리를 가지고 있다
③ 양도할 수 있는 인간의 권리와 양도할 수 없는 인간의 권리
④ 정부가 존중받아야만 하는 이유
⑤ 양성 모두는(모든 사람은) 양도할 수 없는 권리를 가지고 있다

49 내용일치 ③

| 분석 |

③은 least가 아니라 not at all이라 했으므로 정부무용론, 정부폐지론에 가깝다. 본문에서는 국민 개개인의 기본 권리를 보호하고 신장하기 위해 정부가 조직된다고 하여 정부의 역할을 인정하고 있다. 따라서 ③이 사실이 아닌 진술이다. ① 남성과 여성 모두에게 주어지므로 여성에게 주어진다고 한 것은 틀린 진술이 아니며 이것은 여성도 남성과 동등한 권리를 가졌음을 암시한다.

다음 중 이 글의 내용과 일치하지 <u>않는</u> 것은?

① 양도할 수 없는 권리는 창조주에 의해 여성에게 주어진다.
② 생명, 자유, 행복 추구는 양도할 수 없는 권리다.
③ 전혀 통치하지 않는 정부가 최선의 정부다.
④ 정부가 조직되는 이유는 양도할 수 없는 권리를 확보하기 위해서이다.
⑤ 정부의 정당한 권력은 국민의 동의에서 비롯된다.

50 동의어 ⑤

| 분석 |

본문에서 inalienable은 '양도할 수 없는', allegiance는 '충성'이라는 뜻으로 각각 쓰였으므로, ⑤의 unalienable — loyalty가 동의어로 적절하다. ① 거주할 수 없는 — 왕정 ② 거주할 수 없는 — 충성 ③ 부인할 수 없는 — 왕정 ④ 양도할 수 없는 — 단언

2022학년도 인문 · 체육계열

TEST p. 110~127

01	①	02	③	03	④	04	⑤	05	②	06	④	07	③	08	③	09	②	10	③
11	①	12	①	13	③	14	④	15	③	16	①	17	④	18	④	19	⑤	20	①
21	④	22	⑤	23	①	24	⑤	25	②	26	⑤	27	②	28	④	29	②	30	⑤
31	⑤	32	②	33	①	34	②	35	③	36	④	37	①	38	③	39	①	40	④

01 동의어 ①

| 어휘 |

chlorofluorocarbon n. 염화불화탄소 화합물, 프레온가스 **imminent** a. 금방이라도 닥칠 듯한, 임박한(= impending) **feel compelled to** ~를 꼭 해야 한다, ~하지 않으면 안 된다고 생각하다 **distant** a. 거리가 먼 **delayed** a. 지연된 **avoidable** a. 피할 수 있는 **belated** a. 늦은, 뒤늦은

| 해석 |

그 발견은 프레온 가스 생산을 중단시키기 위한 강력한 정치적 조치가 임박했음을 암시했는데, 다행스럽게도 화학업계는 더 이상 그러한 조치에 반대해야 한다고 생각하지 않았다.

02 동의어 ③

| 어휘 |

exceedingly ad. 대단히, 매우, 몹시 **like-minded** a. 같은 생각[의견, 취미]의 **ordinarily** ad. 통상시에는, 보통은, 대개는 **dissolve** v. (환영 · 공포 따위가) 점점 사라지다(= dissipate) **emerge** v. 나타나다 **increase** v. 증가하다 **conflict** v. 모순되다, 양립하지 않다 **oscillate** v. 동요하다

| 해석 |

인터넷 덕분에 우리 각자가 생각이 맞는 유형의 사람을 찾는 것은 매우 쉬운 일이다. 단순히 사회적 지지가 없어서 대개는 사라지고 말 견해들을 인터넷에서는 매우 많이 찾아볼 수 있다.

03 동의어 ④

| 어휘 |

tenuous a. 보잘것없는, 빈약한(= fragile) **representation** n. 표현, 묘사 **critical** a. 비평의; 비판적인 **contextualization** n. 맥락화 **florid** a. 화려한, 현란한 **dense** a. 밀집한, 밀도가 높은 **substantial** a. 실질적인; 상당한, 꽤 많은 **idiosyncratic** a. 특유한, 색다른 **solid** a. 견실한, 견고한

| 해석 |

그러나 성인이 된 나는 현실을 묘사한 것의 빈약한 본질에 대한 자의식, 현란한 세부묘사의 비판적 맥락화, 그리고 우리의 삶에서 이데올로기의 역할에 대한 자기인식을 정말로 "위대한" 모든 책으로부터 요구하게 되었다.

04 동의어 ⑤

| 어휘 |

quilt n. 누비이불 **functional** a. 기능의, 기능본위의 **elaborate** a. 공들인, 정교한 **parsimonious** a. 인색한, 지극히 검소한(= frugal) **scrap** n. 작은 조각; 토막 **itinerant** a. 순회하는 **notorious** a. 유명한, 악명 높은 **capricious** a. 변덕스러운 **rancorous** a. 원한을 품은

| 해석 |

가장 초기의 누비이불은 비교적 단순한 디자인으로 만들어졌으며, 정교한 예술적 표현의 수단이라기보다는 기능에 중점을 두고 제작되었다. 매우 검소한 여성들은 대단히 값비싼 재료 조각들을 재활용하여 누비이불을 만들고 수선했다.

05 동의어 ②

| 어휘 |

dispute n. 토론; 말다툼 **illuminate** v. 조명하다; (문제 따위를) 설명[해명]하다(= elucidate) **hurdle** n. 장애물; 곤란, 난관 **eliminate** v. 제거하다, 배제하다 **coal** n. 석탄 **energy mix** 에너지 믹스(전력을 어떤 방법[원천]으로 생산하는지를 나타내는 비율) **exclude**

v. 제외하다, 배제하다 **disguise** v. 변장하다, 가장하다 **obfuscate** v. (마음 · 머리를) 어둡게 하다, (판단 등을) 흐리게 하다 **distort** v. 왜곡하다

| 해석 |

그 토론의 세부사항들은 전 세계 국가들이 에너지 믹스로부터 석탄을 제거할 때 직면하게 될 주된 장애들을 설명한다.

06 동의어 ④

| 어휘 |

ponderous a. 묵직한, 육중한 **labyrinth** n. 미궁, 미로 **impregnable** a. 난공불락의(= invincible) **fortress** n. 요새 **impressive** a. 인상적인 **vulnerable** a. 공격받기 쉬운, 약점이 있는; (유혹 · 설득 따위에) 약한 **dilapidated** a. 황폐한; 남루한 **archaic** a. 고풍의, 낡은

| 해석 |

그것은 볼트, 자물쇠, 철문으로 이루어진 육중한 미로여서 거의 난공불락의 요새가 되었다.

07 동의어 ③

| 어휘 |

intestine n. 장(腸), 내장 **permeable** a. 침투성의, 투과할 수 있는(= porous) **inflame** v. 염증을 일으키게 하다 **infectious** a. 전염성의 **toxic** a. 유독한 **substance** n. 물질 **leak** v. 새다, 새어나오다 **lining** n. (인체 부위의) 내벽 **blood stream** 혈류 **palpable** a. 손으로 만질 수 있는; 매우 뚜렷한, 명백한 **enlarged** a. 확대된, 넓어진 **relaxed** a. 이완된 **intact** a. 손대지 않은, 완전한

| 해석 |

내장이 투과할 수 있는 상태이며 염증이 발생하면, 감염성 물질이나 독성 물질이 내벽을 통해 혈류로 '새어' 들어간다.

08 논리완성 ③

| 분석 |

특정 예술을 국가의 공식적인 양식으로 지정한 것은 그 만큼 그 예술이 사회 전반에 '깊이 자리 잡은' 상태에 있었기 때문일 것이다. 그러므로 빈칸에는 ③이 들어가야 한다.

| 어휘 |

prevailing a. 우세한; 유력한; 일반적인, 보통의 **accessibility** n. 접근 (가능성), 접근하기 쉬움; 이해하기 쉬움 **identity** n. 동일성; 정체성 **declare** v. 선언하다, 포고하다 **embellish** v. 아름답게 하다, 꾸미다 **magnificent** a. 장대한, 장엄한; 당당한 **anteroom** n. 곁방; 대기실 **degrade** v. ~의 지위를 낮추다, 격하하다 **confine** v. 제한하다; 감금하다 **entrench** v. (관례 따위를) 확립하다, (변경이 어렵도록) 단단히 자리 잡게 하다 **antithetical** a. 정반대의 **distinct** a. 별개의, 다른

| 해석 |

일반적으로 널리 접할 수 있었기 때문에, 바로크 예술은 17세기 말 무렵 유럽의 정체성에 너무나 깊이 자리 잡게 되어서 루이 14세는 바로크 예술을 프랑스의 공식적인 양식으로 선포했고, 자신의 베르사유 궁전을 바로크 풍으로 꾸몄으며, 웅장한 응접실, 궁전, 대기실을 지었다.

09 논리완성 ②

| 분석 |

아이의 부족한 실력을 이야기하는 데 있어서 부모가 상처받길 원하지 않는다면, '재치나 요령을 발휘해서' 전달하려고 노력할 것이다.

| 어휘 |

pronounce v. 단언하다; 공표하다 **void of** ~이 없는[결핍된] **tone deaf** 음감이 없는, 음치의 **lay out** 배열하다, 펼치다, 늘어놓다 **offend** v. 기분을 상하게 하다 **indiscreet** a. 무분별한 **tactful** a. 재치 있는, 요령 있는 **audacious** a. 대담한, 철면피의 **vigorous** a. 원기 왕성한, 활발한 **ignorant** a. 무지한; 예의를 모르는

| 해석 |

내가 피아노를 배운 첫 달이 끝날 무렵, 해리(Harry) 양은 내가 리듬감이 부족하고 음감이 거의 없는 것이나 마찬가지라고 단언했지만, 엄마의 기분을 상하게 하고 싶지 않아서 내 결점을 요령 있게 늘어놓으려고 애썼다.

10 논리완성 ③

| 분석 |

작물에 병충해가 생길 경우, 그 작물은 '먹을 수 없는' 것이 될 것이다. 그러므로 빈칸에는 ③이 적절하다.

| 어휘 |

swell v. 부풀다; (수량이) 증대하다 **cultivation** n. 재배, 경작 **resident** n. 거주자, 거류민 **consist of** ~로 구성되어 있다 **blight** n. (식물의) 마름병 **resilient** a. 탄력 있는; 쾌활한 **ripened** a. 익은; 원숙한 **inedible** a. 식용에 적합하지 않은, 먹을 수 없는 **impeccable** a. 죄를 범하는 일이 없는; 흠 잡을 데 없는 **untarnished** a. 흐리지 않은, 더러움이 없는

| 해석 |

19세기에, 아일랜드의 인구는 증가했고, 그 나라는 감자 재배에 의지하여 국민들을 먹여 살렸다. 40%나 되는 주민이 거의 전적으로 감자로만 이루어진 식단으로 생존했다. 그러나 1845년부터 1849년까지 지속된 마름병으로 인해, 감자는 날 것이든 익힌 것이든 먹을 수 없는 것이 되었다.

11 논리완성 ①

| 분석 |

제한속도를 초과해서 달리는 것이 관행이고 시민들의 정서에도 맞는 것이라면, 의원들은 속도위반에 대한 처벌 강화를 당연히 거부했을 것이다.

| 어휘 |

exceed v. (수량 · 정도 · 한도 · 범위를) 넘다, 초과하다 **cherish** v. 소중히 하다 **legislator** n. 법률제정자, 국회의원 **accede to** (요구 등에) 동의하다, 응하다 **reject** v. 거절하다 **encounter** v. 우연히 만나다 **exploit** v. 개발[개척]하다; 착취하다 **isolate** v. 고립시키다, 격리시키다 **commemorate** v. 기념하다, 축하하다

| 해석 |

인간의 본성 및 먼 거리로 인해 제한속도를 초과하는 것이 그 주(州)의 소중한 전통이 되었기 때문에, 의원들이 대중들의 요구에 응하여 속도위반에 대한 처벌 강화를 거부했을 때 아무도 놀라지 않았다.

12 논리완성 ①

| 분석 |

삭막하고 척박한 풍경이 사람들이 상상했던 화성의 모습과 거리가 멀었다고 했으므로, 사람들은 화성을 '삭막하고 척박하지 않은' 곳으로 생각해 왔다고 할 수 있다. 따라서 빈칸에는 stark and barren과 상반되는 의미를 가진 표현이 들어가야 할 것이므로, ①이 정답으로 적절하다.

| 어휘 |

harbor v. 은신처를 제공하다; 숨기다 **probe** n. 무인 우주 탐사선 **stark** a. 뚜렷한, 두드러진; 삭막한, 황량한 **barren** a. 불모의, 메마른 **a far cry** 심한 격차[차이] **envision** v. 마음속에 그리다, 상상하다 **fertile** a. 비옥한, 기름진 **desolate** a. 황폐한; 황량한 **feasible** a. 실행할 수 있는, 가능한 **secular** a. 세속의; 비종교적인 **eclectic** a. 취사선택하는, 절충의; (취미 따위가) 폭넓은

| 해석 |

생명체가 살고 있을 가능성이 있는 곳으로서의 화성의 이러한 이미지는 1965년 7월에 마리너(Mariner) 탐사선이 화성 표면을 찍은 22장의 근접촬영 사진을 보내올 때까지 지속되었다. 이 사진들은 많은 사람들이 상상하는 비옥한 화성과는 크게 다른 삭막하고 척박한 풍경을 보여주었다.

13 단락배열 ③

| 분석 |

주어진 문장에 이어 '문제 해결'의 또 다른 사례를 언급하기 시작한 B가 가장 먼저 와야 하고, B에서 언급한 문제의 해결 방법으로 종이로 된 보관증을 준 것을 이야기하고 있는 D, 종이 보관증이 지폐의 탄생으로 이어진 것에 대한 내용인 C, 정부가 지폐의 발행을 맡게 된 것과 이것의 의미를 언급하고 있는 A의 순서로 이어지는 것이 가장 자연스럽다.

| 어휘 |

grind v. 빻다, 으깨다 **mash** n. 짓이긴 것, 갈아서 빻은 것 **mulberry** n. 뽕나무 **bark** n. 나무껍질 **rag** n. 넝마; 걸레 **monk** n. 수사(修士) **sacred** a. 신성한; 종교적인 **carve** v. 조각하다 **take over** (책임 등을) 떠맡다 **mechanize** v. 기계화하다 **breakthrough** n. (과학 · 기술 등의) 획기적인 약진[진전], 돌파구 **equivalent** n. 동등한 것, 상당하는 것 **grocery** n. 식품점 **claim check** (옷 · 주차 등의) 번호표, 예치표, 보관증 **in exchange** 그 대신, 답례로 **retrieve** v. 회수하다; 벌충하다

| 해석 |

서기 100년 경, 중국의 한 궁정 관리가 뽕나무 껍질을 으깬 것, 넝마, 그물을 갈아서 종이를 발명했다. 몇 세기 후에, 누군가 — 아마도 똑같은 경전을 반복해서 쓰는 데 싫증이 난 불교 승려 — 가 나무토막에 경전을 새기고 인쇄술을 발명했다.

B 몇 세기 후, 쓰촨성의 수도의 한 상인은 또 다른 문제를 해결하기 시작했다. 고객들이 사용하고 있던 돈이 끔찍했던 것이다. 돈은 주로 철로 만든 동전이었고, 소금 1파운드를 사는 데 1.5파운드의 철이 필요했다. 이는 오늘날로 치자면 페니 동전만을 갖고 장을 보러 가는 것과 마찬가지일 것이다.

D 그래서 그 상인은 고객들에게 그들의 동전을 자신에게 맡겨도 된다고 말했다. 대신에, 그는 동전을 되찾는 데 사용하도록 종이 한 장으로 된 보관증을 그들에게 주었다.

C 사람들은 그들 스스로 보관증을 사용하여 물건을 사기 시작했고, 그 결과 지폐가 탄생했다. 지폐는 큰 성공을 거뒀다.

A 얼마 지나지 않아, 정부가 지폐를 인쇄하는 일을 떠맡았고, 그것은 중국 전역으로 퍼져나갔다. 기계화된 수송수단이 전혀 없었던 시대에, 금속 동전으로 가득 찬 마차가 아닌 몇 장의 종이로 가치를 두루 이동시킬 수 있다는 것은 획기적인 진전이었다.

14 문장삽입 ④

| 분석 |

주어진 문장은 '그 결과, 그들은 상당히 높은 농도의 이산화탄소를 견딜 수 있다.'라는 의미이므로, 고농도의 이산화탄소를 견딜 수 있는 이유를 언급한 부분 뒤에 위치해야 한다. 따라서 '돌고래와 그 밖의 잠수 포유류의 경우, 호흡 중추가 다른 포유류보다 체액 속의 이산화탄소에 훨씬 덜 민감하다.'는 사실을 언급한 다음인 Ⓓ가 가장 적절한 위치다.

| 어휘 |

tolerate v. 참다, 견디다 **concentration** n. 농축, 농도 **carbon dioxide** 이산화탄소 **porpoise** n. 돌고래 **mammal** n. 포유류 동물 **equip** v. (~에 필요물을) 갖추다 **physiologically** ad. 생리학적으로 **capacity** n. 용량, 수용량; 용적 **oxygen** n. 산소 **transport** n. 수송, 운송 **respiratory** a. 호흡의, 호흡을 위한 **pigment** n. 색소 **muscle** n. 근육 **reserve** n. 비축; (석탄·석유의) 매장량 **regulate** v. 조절하다 **sensitive** a. 민감한, 예민한 **fluid** n. 유동체, 유체; 체액 **reptile** n. 파충류 **drastic** a. 맹렬한; 과감한, 철저한

| 해석 |

돌고래와 그 밖의 해양 포유류는 바다에서 매우 깊은 곳까지 잠수하기에 인간보다 생리적으로 더 잘 준비되어 있다. 이 동물들의 혈액은 인간의 혈액보다 산소 운반 저장 능력이 대략 30% 더 크다. 그 동물들은 또한 근육에 호흡 색소를 더 많이 가지고 있는데, 이는 산소를 비축하는 데 큰 도움을 줄 수 있다. 모든 포유류에서 호흡 운동을 조절하는 뇌의 호흡 중추는 주변 혈액의 이산화탄소에 의해 작동한다. 돌고래와 그 밖의 잠수 포유류의 경우, 이 호흡 중추가 다른 포유류보다 체액 속의 이산화탄소에 훨씬 덜 민감하다. 〈그 결과, 그들은 상당히 높은 농도의 이산화탄소를 견딜 수 있다.〉 게다가, 새에서 파충류, 포유류에 이르는 모든 잠수 동물들은 잠수할 때 심박수가 급격하게 느려지는 것을 경험한다. 해수 표면에서의 통상적인 심박수가 분당 70~80회인 바다표범의 경우, 잠수하자마자 심박수가 분당 6~10회까지 느려진다.

15 문장삽입 ③

| 분석 |

주어진 문장은 '그의 발견으로, 많은 부족들은 커피 열매를 이용하기 시작했다.'라는 의미이므로, 그가 발견한 것이 무엇인지를 구체적으로 언급한 곳 뒤에 와야 한다. 따라서 Ⓒ에 들어가는 것이 적절하다. 그다음에 그런 부족의 예가 이어진다.

| 어휘 |

tribe n. 부족, 종족 **take advantage of** 이용하다 **observe** v. 보다, 목격하다; 지키다, 준수하다 **prevalent** a. (널리) 보급된, 널리 행해지는; 유행하고 있는; 유력한 **shepherd** n. 목동 **energetic** a. 정력적인, 원기 왕성한 **conclusion** n. 결론 **livestock** n. 가축 **quest** n. 탐구, 추구 **cultivation** n. 경작; 재배

| 해석 |

서기 1000년 무렵에 발견된 커피 덤불의 효과가 어떻게 처음 관찰되었는지에 대한 이야기가 여럿 있다. 그중에서 가장 널리 퍼져 있는 것은 자신의 양 무리가 특정 덤불에서 열매를 뜯어먹은 후에 완전히 각성한 상태가 된 것을 알아챈 에티오피아의 한 목동에 관한 것이다. 그가 그 열매들을 직접 먹어봤을 때, 그는 자신 또한 각성이 되고 에너지가 넘쳐나게 된다는 것을 알게 되었다. 〈그의 발견으로, 많은 부족들은 커피 열매를 이용하기 시작했다.〉 예를 들어, 에티오피아의 갈라(Galla) 부족의 구성원들은 특정 열매를 동물 지방과 섞음으로써 에너지 상승효과를 창출했다. 이런저런 경로를 통해 사람들은 커피 열매가 가축들뿐 아니라 그들 자신에게도 일정한 영향을 미칠 것이라는 결론에 도달했다. 커피의 효과를 포착하고 사용하고자 하는 욕망으로 인해 전 세계적으로 커피의 재배와 생산에 대한 탐구가 시작됐다.

16 글의 요지 ①

| 분석 |

본문은 '서로 다른 종에 있는 분자의 현재 구조를 비교함으로써, 그 생물들이 유전적으로 얼마나 다른지, 그리고 그들이 서로 갈라진 이후로 얼마나 많은 시간이 경과했는지를 측정할 수 있을 것임'을 이야기하고 있는 글이므로, 요지로는 ①이 적절하다.

| 어휘 |

molecule n. 분자 **structure** n. 구조, 구성 **genetic** a. 발생의, 유전의 **mutation** n. 돌연변이, 변종 **derive** v. ~에서 파생하다 **identical** a. 아주 동일한 **diverge** v. 갈리다, 분기하다 **architecture** n. 건축술; 구조, 구성 **measure** v. 측정하다 **elapse** v. (때가) 경과하다 **fossil** n. 화석 **indicate** v. 나타내다, 보여주다 **evolutionary** a. 진화의

| 해석 |

다수의 혹은 모든 종(種)에서 발생한 분자가 하나 있으며 이 분자의 구조가 유전적 돌연변이로 인해 동일한 일정 속도로 서서히 변한다고 가정해 보자. 하나의 공통 조상으로부터 파생된 두 종은 동일한 종류의 분자로 시작하지만, 그들이 서로 그리고 조상으로부터 갈라짐에 따라 돌연변이가 그 분자를 변화시킬 것이다. 따라서 서로 다른 종에 있는 분자의 현재 구조를 비교함으로써, 우리는 그 생물들이 유전적으로 얼마나 다른지, 그리고 그들이 서로 갈라진 이후로 얼마나 많은 시간이 경과했는지를 측정할 수 있을 것이다. 예를 들어, 어떤 분자는 화석상의 증거를 통해 5백만 년 전에 갈라진 것으로 알려진 한 쌍의 종에서 서로 1% 다를지도 모른다. 만약 화석을 통한 역사가 알려져 있지 않

은 두 종 사이에 같은 분자가 2% 다르다면, 분자시계는 그 두 종이 1천만 년 전에 독자적인 진화의 길을 갔음을 보여줄 것이다.

위 글의 요지로 적절한 것은?
① 두 종이 공유하는 분자의 현재 구조는 그들이 서로 갈라진 이후 경과한 시간을 보여준다.
② 분자는 일정한 속도로 진화해 왔다.
③ 화석의 역사는 종의 분자시계를 연구하는 것과 무관하다.
④ 어떤 종들은 공통의 조상으로부터 진화했다.
⑤ 서로 다른 종은 약 1천만 년 전에 독자적인 진화의 길을 가기 시작했다.

17~18

마케팅 담당자들은 그들이 더 많은 선택지를 제공할수록 고객들이 구미에 맞는 물건을 더 잘 찾을 수 있을 것으로 추정한다. 예를 들면, 그들은 2가지 대신에 50가지 스타일의 청바지를 제공하면 쇼핑객들이 정말로 맘에 드는 청바지를 찾을 가능성이 커진다고 생각한다. 그럼에도 불구하고, 선택의 폭이 지나치게 넓어질 수도 있으며, 그런 경우에 소비자들은 무언가를 살 가능성이 더 낮고, 만약 실제로 구매한다고 하더라도 자신들의 선택에 덜 만족한다는 사실이 현재 연구 결과 드러나고 있다.
모든 것은 잼으로부터 시작됐다. 2000년에, 심리학자 쉬나 아이옌거(Sheena Iyengar)와 마크 레퍼(Mark Lepper)는 주목할 만한 연구결과를 발표했다. 어느 날, 한 최고급 식료품점의 쇼핑객들은 24가지 종류의 고급 잼이 진열된 테이블을 보았다. 펼쳐놓은 잼을 시식한 사람들은 어느 잼을 구입하든 1달러 할인 쿠폰을 받았다. 다른 날, 쇼핑객들은 6가지 종류의 잼만이 진열되어 있다는 점을 제외하면 크게 다른 점이 없는 테이블을 보았다. 많은 상품이 진열돼 있는 것이 적은 상품이 진열돼 있는 것보다 더 많은 관심을 끌었다. 그러나 구입할 시간이 되었을 때, 많은 상품이 진열돼 있는 것을 본 사람들은 적은 상품이 진열돼 있는 것을 본 사람들보다 구입할 가능성이 10분의 1에 불과했다.

| 어휘 |

assume v. 추정하다 **psychologist** n. 심리학자 **remarkable** a. 주목할 만한 **upscale** a. 부유층의, 고급품 시장 대상의 **gourmet** a. 미식가의; 미식가를 위한 요리용의

17 글의 제목 ④

| 분석 |

많은 종류의 잼을 진열했을 때보다 적은 종류의 잼을 진열했을 경우 실제 구매로 이어질 확률이 높았던 사례는 선택할 대상이 지나치게 많은 경우 고객들은 실제로 선택을 잘 하지 못한다는 것을 보여준다. 즉, '많은 선택지를 제시하는 것이 고객들에게 항상 도움이 되는 것은 아님'을 이야기하고 있다. 따라서 제목으로는 ④가 적절하다.

다음 중 위 글의 제목으로 가장 적절한 것은?
① 모두를 만족시키는 것은 불가능하다
② 반짝인다고 모두 금인 것은 아니다
③ 많을수록 더 즐겁다
④ 많을수록 항상 더 좋은 것은 아니다
⑤ 얻어먹는 주제에 찬밥 더운밥 가리랴

18 지시대상 ④

| 분석 |

진열대에 있던 잼을 시식한 사람들을 가리키므로, ④가 정답으로 적절하다.

밑줄 친 "Those"가 가리키는 것은?
① 마케팅 담당자들
② 연구원들
③ 심리학자들
④ 쇼핑객들
⑤ 제조업체들

19~20

우리 조상들이 처음으로 발견한 기분을 다루는 기술은 언어였다. 사람들은 인위적으로 행복을 유발하기 위해 다양한 방법으로 언어를 사용해 왔는데, 이러한 방법들은 유전적으로는 아무런 이익을 주지 않는 것들이다. 나는 위로, 즐겁게 함, 감정의 발산, 이 세 가지를 언급할 것이다. 처음 두 가지 방법은 듣는 사람에게 이익이 되고, 마지막 방법은 말하는 사람에게 이익이 될 것이다. 아마도 우리 조상들은 말하는 법을 배우기 훨씬 전에 포옹과 애무로 서로를 위로했을 테지만, 일단 언어가 발명되고 나자, 동정과 권고의 말을 함으로써 위로를 하는 새로운 방법을 발견했다. 그렇게 하는 과정에서, 그들은 말이 강력한 우울증 치료제가 될 수 있다는 것을 발견했다. 이렇게 하는 것은 너무나도 오래된 일이라서 이제는 거의 본능적인 것이 되었다. 기분이 가라앉아 있는 친구들을 마주하면, 우리 모두는 자연스럽게 말을 통해 그런 기분에서 벗어나게 만들려고 노력한다. 우리는 또한 자연스럽게 스스로에게도 동일한 언어적 치료약을 투여하고, 침울할 때 무언의 격려의 말을 스스로에게 속삭인다. 인지치료는 바로 이런 종류의 내적 독백을 기반으로 한다. 인지치료가 이러한 과정을 공식화하려는 방식에 있어서는 최초의 것일지도 모르지만, 자신에게 말을 하여 기분을 좋게 하는 관행은 언어 자체만큼이나 오래되었을 것이다.

| 어휘 |

ancestor n. 조상 **induce** v. 야기하다, 유발하다 **artificially** ad. 인위적으로 **genetic** a. 유전의 **benefit** n. 이익 v. ~에게 이롭다 **console** v. 위로하다 **entertain** v. 즐겁게 하다 **vent** v. (감정 등을) 드러내다 **caress** v. 애무하다, 어루만지다 **sympathy** n. 동정; 공감 **antidepressant** n. 우울증 치료제 **instinctual** a. 본능적인 **down** a. 의기소침한, 풀죽은, 우울한 **encouragement** n. 격려, 용기를 북돋움 **cognitive** a. 인지의 **therapy** n. 치료, 치료법 **monologue** n. 독백 **formalize** v. 격식을 차리다, 공식화하다 **talk up** 칭찬하다

19 글의 제목 ⑤

| 분석 |

기분에 영향을 줄 수 있는 언어의 기능으로 위로, 즐겁게 함, 감정의 발산을 언급했는데, 이 가운데 '위로'에 대해 주로 이야기하고 있다. 그러므로 제목으로는 ⑤가 가장 적절하다.

다음 중 위 글의 제목으로 가장 적절한 것은?
① 인지치료가 더 나은 삶을 위해 할 수 있는 것
② 언어 발달과 유전적 이점
③ 우울증 치료제와 인위적인 행복
④ 새롭게 발견된 언어의 이점
⑤ 잘 표현한 말은 위로를 줄 수 있다

20 빈칸완성 ①

| 분석 |

'말을 통해 침울한 기분에서 벗어나게 하는 것'에 해당하는 표현이 필요하므로, ①이 정답으로 적절하다. administer는 '약을 투여하다'는 뜻이다.

빈칸에 들어가기에 가장 적절한 답을 고르시오.
① 언어적인 치료약
② 어길 수 없는 맹세
③ 간단한 시험
④ 기술적인 실험
⑤ 재미있는 일

21~23

당신은 인간과 동물 사이의 차이점이 몇 가지에 불과하다는 사실을 알고 있었는가? 애완견을 보든, 동물원의 코끼리나 안데스 산맥의 산양을 보든, 당신은 그 동물들이 본질적으로 같은 행동을 한다는 것을 알 수 있을 것이다. 그들은 먹고, 자고, 은신처를 찾고, 번식한다. 그러한 것들은 모두 본능이다. 그것이 그들이 살아가는 방식이다. 그들의 유일한 목적은 생존하는 것이다. <그들은 우연한 사건에 반응하고 그들의 환경에 좌우된다.> 동물들을 훈련시키는 것이 매우 쉬운 것은 이런 이유에서다.

우리 인간은 어떻게 다른가? 인간의 신체 기관과 기능은 동물과 똑같다. 그리고 우리도 생존 본능과 함께 기본적인 욕구를 똑같이 가지고 있다. 동물들과 마찬가지로, 우리도 우리 주변에서 일어나는 일에 반응하고, 우리 자신이 환경에 좌우되도록 허용한다. 그리고 인정하고 싶든, 그렇지 않든, 우리 인간을 훈련시키는 것도 쉬운 일이다. 유일한 차이점은 우리의 경우 반드시 그런 식일 필요는 없다는 것이다. 우리는 본능 이상의 것을 가지고 있다. 우리에게는 선택할 수 있는 능력이 있다. 그것이 인간을 동물의 세계와 구별 지어 준다. 그리고 그 능력을 발휘하지 못한다면, 우리는 (동물보다) 형편이 더 낫지 않다. 우리가 하는 모든 것이 살아가는 것 대신 생존하는 것이라면, 우리는 단순히 존재하기만 하는 것이다.

| 어휘 |

shelter n. 은신처 **breed** v. 번식하다 **react** v. 반응하다 **condition** v. 제약하다, 좌우하다 **separate** v. 식별하다, 구별하다 **be better off** 형편이 더 낫다, 더 잘 지내다

21 글의 요지 ④

| 분석 |

'인간에게는 동물과 달리 선택할 수 있는 능력이 있으며, 그 능력을 발휘하지 못한다면, 우리는 동물에 비해 형편이 더 낫지 않다.'는 것을 이야기하고 있다. 그러므로 ④가 정답으로 적절하다.

위 글의 요지로 적절한 것은?
① 생존은 동물들의 궁극적인 목표다.
② 훈련은 행동의 변화를 위해 필수적이다.
③ 동물들은 서로 크게 다르지 않다.
④ 인간은 선택할 수 있는 능력을 발휘해야 한다.
⑤ 인간은 환경에 영향을 받는다.

22 빈칸완성 ⑤

| 분석 |

'먹고, 자고, 은신처를 찾고, 번식하는 것'으로서 인간과 동물이 모두 가지고 있는 욕구에 해당하는 것은 ⑤의 "본능"이다. ① 유사성 ② 행동 ③ 감각 ④ 습관

23 문장삽입 ①

| 분석 |

주어진 문장은 '그들은 우연한 사건에 반응하고 그들의 환경에 좌우된다'는 의미인데, 이는 동물들의 특징에 해당하므로 Ⓐ에 들어가는 것이 가장 적절하다.

24~26

19세기 건축가 유진 임마누엘 비올레르뒤크(Eugene-Emmanuel Viollet-le-Duc)는 12세기 후반에 지어진 파리의 노트르담 대성당이 처음부터 아치형 버팀벽 시스템 — 일련의 외부 아치(평단)와 지지대(버팀벽) — 에 의해 지탱됐으며, 이렇게 함으로써 이전보다 더 얇은 벽과 내부 지지대로 더 높은 아치형 건물을 건설할 수 있었다고 주장했다. 그러나 다른 논평자들은 노트르담에는 13세기 또는 14세기까지 아치형 버팀벽이 없었으며, 이 시기에 미적인 새로움을 더하고 구조적 결함을 바로잡기 위해 건물에 아치형 버팀벽이 <제거되었다고> 주장하고 있다. 12세기 이후에 이뤄진 보수와 개축으로 인해 이 논쟁을 해결하기 위한 노력이 복잡해지긴 하지만 — 15세기 이전의 모든 평단은 교체되었고, 버팀벽은 재건되거나 표면이 다시 만들어졌다 — 그럼에도 불구하고, 교회 안에서 중요한 두 장소인 신도석과 성가대석에는 항상 아치형 버팀벽이 있었다고는 말할 수 있다. 19세기의 페인트와 회반죽이 제거되었기 때문에, 성가대석 아래 부분의 버팀벽이 12세기의 것임은 확실하다. 게다가, 성가대석의 하부 평단에는 쉐브론(지그재그) 장식이 있다. 12세기 후반의 특징이었던 쉐브론 장식은 14세기에는 이미 사람들에게 인기가 없어진 것으로, 확실히 13세기로 거슬러 올라가는 그 건물의 보수에서는 완전히 배제된 것이다.

| 어휘 |

architect n. 건축가 **contend** v. 논쟁하다; 주장하다 **flying buttress** 아치형 버팀벽(고딕식 교회 건축의 특징적 요소의 하나로, 외벽을 지탱하는 반 아치형의 석조 구조물이다) **flyer** n. 〈건축〉(직선 계단의) 한 단; 평단 **buttress** n. 버팀벽 **construction** n. 건설, 건축 **vaulted** a. 둥근 천장이 있는, 아치형의 **commentator** n. 주석자, 해설[논평]자 **aesthetically** ad. 미적(美的)으로 **structural** a. 구조의, 조직의 **flaw** n. 결점, 결함 **modification** n. 수정, 변경, 개수 **renovation** n. 수리, 수선 **complicate** v. 복잡하게 하다, 까다롭게 하다 **resolve** v. (문제 · 곤란 따위를) 풀다, 해결하다, 해소하다; (의혹을) 풀다 **controversy** n. 논쟁, 논의 **replace** v. 대신하다, 대체하다 **resurface** v. (도로 등에) 표면 처리를 다시 하다; 다시 포장하다 **nave** n. (교회의) 신도석 **choir** n. 합창단; 성가대 **plaster** n. 회반죽, 벽토 **out of favor** 눈 밖에 나서, 미움을 사서 **confidence** n. 신뢰; 확신

24 글의 목적 ⑤

| 분석 |

노트르담 대성당에 사용된 건축술과 관련하여 다른 논평자들의 반론에도 불구하고 '신도석과 성가대석에는 항상 아치형 버팀벽이 있었다고는 말할 수 있다'라고 하거나 '성가대석 아래 부분의 버팀벽이 12세기의 것임은 확실하다'라고 하는 등, 비올레르뒤크의 의견에 동조하고 있는 내용이므로, ⑤가 정답으로 적절하다.

위 글의 목적은 무엇인가?

① 노트르담 대성당의 예술적 가치를 설명하는 것
② 아치형 버팀벽의 역할을 논의하는 것
③ 노트르담 대성당에 대한 보수를 제안하는 것
④ 평단과 버팀벽의 차이를 설명하는 것
⑤ 노트르담 대성당에 관한 논쟁적인 이슈에서 한 가지 입장을 지지하는 것

25 글의 흐름상 적절하지 않은 표현 고르기 ②

| 분석 |

13세기 혹은 14세기까지는 아치형 버팀벽이 없었다고 했으므로, 아치형 버팀벽은 이 시기에 새롭게 만들어진 것이다. 그러므로 Ⓑ의 eliminated는 적절하지 않으며, 이와 상반되는 의미의 added여야 한다.

26 내용일치 ⑤

| 분석 |

'쉐브론 장식은 14세기에는 이미 사람들에게 인기가 없어진 것'이라고 했으므로 ⑤가 본문의 내용과 일치하지 않는다.

위 글에 의하면 다음 중 옳지 <u>않은</u> 것은?

① 노트르담 대성당은 12세기에 건설되었다.
② 15세기 이전에 만들어진 모든 평단은 교체되었다.
③ 신도석과 성가대석은 성당에서 중요한 장소다.
④ 신도석 하단의 버팀벽은 12세기에 지어졌다.
⑤ 쉐브론 장식은 14세기에 번성했다.

27~28

오랫동안 기다려온 네 번째 "매트릭스" 영화의 등장은 적어도 플라톤 시대 이래 철학자들이 여러 각도에서 생각해온 문제에 대해 또 다른 생각을 분명히 불러일으킬 것이다. 그것은 우리의 세계가 실재한다는 것을 어떻게 아는가 하는 것이다. 물론, 오늘날 우리는 모의현실이 동굴 벽의 그

림자가 아닌 바이트(컴퓨터의 정보 저장단위)로 표현될 것이라고 생각할 가능성이 훨씬 더 높다. 게다가, 진행 중인 기술 진보와 기술 진보에 대한 사업적 추진, 둘 모두를 고려하면, 우리는 이전 세대의 사람들보다 가상세계에서의 삶이 가능하다고 받아들일 가능성이 훨씬 더 높다. 우리가 이미 그런 세계 안에 존재하고 있는 것일지도 모를 가능성뿐 아니라 그런 세계가 갖는 철학적인 함의도 철학자 데이비드 찰머스(David J. Chalmers)의 신간 서적『Reality+』의 주제이다. 뉴욕대학교의 철학과와 신경과학과 교수인 찰머스는 이 책에서 가상현실과 함께 할 미래의 삶에 대한 우리의 생각이 디스토피아적인 시각에 뿌리를 둘 필요는 없다고 주장한다. 찰머스는 "가상현실의 가능성은 물리적 현실의 가능성만큼 광범위합니다. 우리는 물리적 현실이 놀라운 것일 수도 있고 끔찍한 것일 수도 있다는 것을 알고 있습니다. 그리고 저는 가상현실에서도 그 범주가 똑같을 것이라고 전적으로 예상합니다."라고 말한다.

| 어휘 |

spur v. 박차를 가하다; 자극하다 **kick around** (문제 · 안 등을) 여러 각도에서 생각[검토, 논의]하다 **simulate** v. ~의 모의실험을 하다 **simulated reality** 모의현실 **render** v. ~로 만들다, ~이 되게 하다; 표현하다, 묘사하다 **given** prep. ~임을 감안하면, ~라고 가정하면 **predecessor** n. 전임자; 앞서 있었던 것 **neural science** 신경과학 **virtual** a. 실실석인; 가상의 **dystopia** n. 디스토피아, 암흑향(暗黑鄕)

27 빈칸완성 ②

| 분석 |

가상현실 기술이 진보하고 이 기술 진보를 사업적으로 추진한다면, 가상현실을 긍정적으로 보게 될 가능성이 크다. 그러므로 ②가 빈칸에 적절하다.

빈칸에 들어가기에 가장 적절한 답을 고르시오.
① 가상 환경에서 물리적 현실을 거부하다
② 가상세계에서의 삶이 가능하다고 받아들이다
③ 유토피아적 미래의 가능성을 의심하다
④ 가상현실의 기술적 진보를 부정하다
⑤ 물리적 세계의 과학과 기술을 한층 발전시키다

28 내용파악 ④

| 분석 |

찰머스의 생각을 담은 인용문이 글 후반부에 제시돼 있는데, ④가 그 내용을 요약하고 있는 진술이다.

다음 중 찰머스의 생각과 가장 가까운 것은?
① 미래에 우리가 겪을 가상의 삶은 암울할 것이다.
② 물리적 세계가 더 생생하고 흥미진진하다.
③ 가상세계는 플라톤의 동굴 벽의 그림자 개념과 닮지 않았다.
④ 가상세계는 우리의 물리적 세계와 비슷한 범위를 가질 것이다.
⑤ 가상현실 기술을 발전시키기 위해 기업가들이 더 많은 돈을 투자해야 한다.

29 빈칸완성 ②

| 분석 |

빈칸이 있는 마지막 문장은 앞 문장을 요약하여 재진술하는 역할을 해야 한다. 앞에서 마르크스는 '기차를 상부구조라 하고, 선로를 하부구조라 하며, 이 하부구조를 경제적 하부구조'라 했으므로, 이를 정리한 ②가 빈칸에 적절하다.

| 어휘 |

metaphor n. 은유 **influential** a. 영향을 미치는; 유력한 **term** n. 말; 용어 **claim** v. 주장하다, 공언하다 **consciousness** n. 의식, 자각 **superstructure** n. 상부구조 **infrastructure** n. 하부구조 **mine** n. 광산 **associate** v. 관련시키다; 결합하다

| 해석 |

철도 시대가 시작되고 있었을 때 정치철학자 칼 마르크스(Karl Marx)는 철도 기술의 은유를 세계관으로 사용했다. 19세기 중반의 유럽인이 철도의 은유를 사용하는 것은 오늘날 누군가가 정신을 컴퓨터에 비유하는 것을 듣는 것과 마찬가지로 놀랄만한 일이 아니었다. 매우 큰 영향력을 갖게 된 용어로, 마르크스는 인간 사회와 의식은 공장, 광산, 그리고 또 다른 생산 형태라는 소위 경제적 하부구조 위에 놓여있는 상부구조라고 주장했다. 이것들은 철도에서 직접 가져온 용어들이었다. 하부구조는 선로 및 그와 관련된 시스템을 의미한 반면, 상부구조는 기차였다. 간단히 말해, 마르크스에게 인간의 정신은 일련의 경제 선로 위를 달리는 기차였다.

빈칸에 들어가기에 가장 적절한 답을 고르시오.
① 인간의 정신은 신비로운 기계였다
② 인간의 정신은 일련의 경제 선로 위를 달리는 기차였다
③ 인간의 정신은 기술적 장치에 비유될 수 없었다
④ 철도는 19세기의 가장 중요한 발명품이었다
⑤ 인간 사회의 발전은 오로지 기술에 달려 있었다

30 빈칸완성 ⑤

| 분석 |

Ⓐ 앞 문장의 them은 교향곡 듣는 것을 좋아하는 사람들이므로 빈칸 Ⓐ에는 pleasure가 적절하고, 빈칸 Ⓑ를 포함한 문장

에서 설명하고 있는 사람들은 교향곡 듣는 것을 좋아하지 않는 사람들이므로 교향곡을 듣는 것이 페인트가 마르는 것을 지켜보는 것만큼이나 재미가 없다(재미가 그 정도밖에 안 된다)는 의미를 만드는 exciting과 '지루한'이라는 의미의 tedious가 들어갈 수 있다. 한편, 경박하고 부적절한 행동을 하는 것에서 느낄 수 있는 감정으로 빈칸 ©에 들어갈 단어로는 pain이 적절하다. 따라서 세 빈칸 모두를 만족시키는 ⑤가 정답이 된다.

| 어휘 |

associate v. 연상하다, 관련시키다 **valiant** a. 용감한, 씩씩한 **strain** n. 가락, 선율; 곡, 노래 **equal** v. ~과 같다; ~에 필적하다, ~에 못지않다 **a measure of** 꽤 많은 양[정도]의, 일정량의 **perceive** v. 지각하다, 감지하다, 인식하다 **outweigh** v. ~보다 무겁다; ~보다 중요하다; ~보다 가치가 있다 **frivolous** a. 경솔한, 들뜬; 하찮은, 보잘것없는 **inappropriate** a. 부적절한 **psychic** a. 마음의, 심적인 **negotiation** n. 협상, 타협 **constantly** ad. 항상; 끊임없이 **weigh** v. 무게를 달다; 숙고하다, 고찰하다

| 해석 |

당신이 점심시간에 베토벤 교향곡이 흘러나오는 공원을 걸어서 지나가고 있다고 가정해보자. 당신은 멈춰 서서 그 음악을 들을 텐가? 그것은 당신이 클래식 음악에 연관시키는 의미에 달려 있다. 어떤 사람들은 에로이카(Eroica) 교향곡의 힘찬 선율을 듣기 위해 하던 일을 무조건 중단할 것이다. 그들에게 베토벤은 순전한 즐거움과 같다. 그러나 다른 사람들의 경우, 어떤 종류의 클래식 음악을 듣든, 페인트가 마르는 것을 지켜보는 것 정도의 흥미를 준다. 그런 음악을 참는 것은 상당한 고통을 겪는 것과 마찬가지일 것이고, 그래서 그들은 서둘러 공원을 지나 일터로 돌아간다. 하지만 클래식 음악을 사랑하는 일부 사람들도 멈춰 서서 듣기로 하지 않을 것이다. 아마도 일터에 늦게 도착하는 경우에 느끼게 되는 고통이 익숙한 멜로디를 들으면서 얻게 되는 즐거움보다 더 클지도 모른다. 아니면 한낮에 멈춰 서서 음악을 즐기는 것은 소중한 시간을 낭비하는 것이고, 뭔가 경박하고 부적절한 것을 하는 고통이 음악이 가져다 줄 수 있는 즐거움보다 크다는 믿음을 가지고 있을지도 모른다. 우리의 삶은 매일 이런 종류의 심적인 협상으로 가득 차 있다. 우리는 우리가 제안한 행동과 그것이 우리에게 미칠 영향을 끊임없이 저울질하고 있다.

다음 중 Ⓐ, Ⓑ, ©에 들어가기에 가장 적절한 것은?

① 즐거움 — 혼란스러운 — 고통

② 고통 — 몹시 고통스러운 — 즐거움

③ 고통 — 지루한 — 즐거움

④ 즐거움 — 애처로운 — 고통

⑤ 즐거움 — 흥미진진한 — 고통

31 내용파악 ⑤

| 분석 |

본문 후반부에서 지붕에 있는 가열된 공기가 증류수를 만드는 데 이용되는 과정을 설명하고 있다. 그러므로 ⑤가 옳지 않은 진술이다.

| 어휘 |

access n. 접근, 출입; 접근[출입 · 입수 · 이용]하는 방법 **green house** n. 온실 **generate** v. 생기게 하다, 산출하다; (열 · 전기 등을) 발생시키다 **orient** v. (일정한 방향으로) 향하게 하다 **prevailing wind** 탁월풍, 항상풍, 우세풍(어느 한 지역에서 일정 기간 동안 가장 우세하게 나타나는 바람) **perforate** v. 구멍을 내다 **cardboard** n. 판지, 마분지 **moisten** v. 축축하게 하다, 축축해지다 **humidify** v. 축이다, 축축하게 하다 **accelerate** v. 가속화하다, 촉진시키다 **evaporate** v. 증발하다 **layer** n. 층(層) **reflect** v. 반사하다 **infrared light** 적외선 **visible** a. (눈에) 보이는 **absorb** v. 흡수하다 **moisture** n. 습기, 수분 **condense** v. 응축하다; (액체가) 고체화하다, (기체가) 액화하다 **distill** v. 증류하다 **irrigate** v. (토지에) 물을 대다; 관개하다

| 해석 |

바닷물을 이용할 수 있는 무더운 사막 지역의 경우, 새로운 온실 설계가 담수(淡水)와 시원한 공기를 만들어낸다. 구멍 뚫린 판지로 만든 전면(前面) 벽이 바닷물에 젖은 채로 항상풍(恒常風)을 향하게 되면, 불어오는 뜨거운 공기를 식혀 습하게 만든다. 이 시원하고 습한 공기는 식물의 성장을 촉진시키는데, 나뭇잎에서 증발하는 물이 거의 없기 때문이다. 온실은 대개 햇빛의 열을 붙잡아두지만, 내부 층이 적외선을 외부로 반사시키도록 코팅되어 있는 이중(二重) 층 구조의 지붕은 햇빛의 가시광선은 들어오게 하면서도 태양열은 두 층 사이에 가둬버린다. 이 가열된 공기는 지붕에서 끌어내려진 다음, 온실 뒤쪽에 있는 바닷물에 적신 두 번째 판지 벽에 닿으면서 온실 공기와 섞인다. 그 곳에서 그 공기는 습기를 더 많이 흡수한 후에 바닷물로 식힌 금속 벽을 만나서 또 다시 차가워지며, 이로 인해 공기 속의 습기가 응축된다. 이렇게 해서 식물에 물을 대는 데 쓰일 증류수가 모이게 된다.

다음 중 위 글의 새로운 온실 설계에 관해 옳지 않은 것은?

① 그것의 기능은 온실을 시원하게 유지하는 것이다.

② 이중 층 구조의 지붕은 식물들을 태양열로부터 보호할 수 있다.

③ 지붕은 햇빛의 가시광선이 온실 안으로 들어오게 한다.

④ 금속 벽은 공기 중의 수분을 응축시켜 식물에 물을 댈 수 있게 해준다.

⑤ 지붕에 있는 가열된 공기는 즉시 온실 밖으로 내보내진다.

32~33

윈스턴 처칠(Winston Churchill)은 짧은 시간 지속되면서도 주기적으로 재발하는 우울증으로 고통을 겪었다. 그는 그 우울증에 검은 개라는 이름을 지어주었는데, 이 이름은 처칠보다 먼저 사무엘 존슨(Samuel Johnson)이 사용했던 것으로, 그 이후로 다른 많은 사람들이 사용해 왔다. 때가 되면 우울증이 사라질 거라는 것을 알고 있었기 때문에, 우울증에 이름을 붙이는 것은 그가 우울증에 대처하고 우울증을 받아들이는 데 도움을 주었다. 그렇게 이름을 붙이는 행위는 우울증을 내 것으로 받아들여, 친구는 아니더라도, 적어도 당신이 알고 있고 아마도 약간의 애정마저 느끼는 적(敵)이 되도록 하는 데 도움을 준다.
상대적으로 짧은 시간 지속되면서도 주기적으로 재발하는 우울증이 찾아올 경우에는 그것을 차단하는 것, 즉 제한하거나 억제하는 것이 최선일 수 있다. 그렇게 하면 우울증은 최대한 짧게 머무를 것이다. 스스로에게 "아, 또 다시 우울증이 왔구나. 언제나 그랬듯이 곧 사라질 거야. 힘들더라도 나는 그저 계속 견뎌나가야 해."라고 말하도록 하라. 이렇게 하는 것은 우울증에 걸렸다는 사실에 대해 우울해 하는 사람들에게 특히 도움이 되는데, 우울증에 대해 우울해 하는 것은 매우 흔히 발생하는 문제로, 상황을 더 악화시키는 경향이 있다.

| 어휘 |

recurrent a. 재발하는; 정기적으로 되풀이되는 **short-lived** a. 단명하는, 짧게 지속되는 **depression** n. 의기소침, 침울; 우울증 **label** v. ~에 명칭을 붙이다 **cope with** ~에 대처하다, 극복하다 **in due course** 이윽고, 적절한 때에 **domesticate** v. (동물 따위를) 길들이다; (외국의 습관 · 말 따위를) 자기 집[나라]에 받아들이다 **affection** n. 애정, 호의 **contain** v. 견제하다; 억제하다 **depressed** a. 우울한, 의기소침한 **add insult to injury** 일이 더 꼬이게 만들다, 좋지 않은 상황을 더 안 좋게 만들다

32 글의 제목 

| 분석 |

짧은 시간 지속되다가 재발을 반복하는 우울증에 대해 어떻게 대처해야 하는가를 처칠의 경우를 예로 들며 설명하는 내용이다. 따라서 제목으로는 ②가 적절하다.

다음 중 위 글의 제목으로 가장 적절한 것은?
① 사무엘 존슨의 검은 개
② 우울증에 대처하는 방법
③ 우울증이 친구가 될 수 있다
④ 우울증의 다양한 얼굴들
⑤ 윈스턴 처칠의 지혜의 말

33 글의 어조 ①

| 분석 |

우울증을 '계속 버티다 보면 얼마 지나지 않아 자연히 사라질 것'이라 여기는 것이므로, 우울증이 자연히 나을 것으로 여기는 '낙관적인' 어조를 엿볼 수 있다.

다음 중 밑줄 친 문장의 어조를 가장 잘 설명하는 단어는?
① 낙관적인
② 낙담한
③ 씁쓸한
④ 짜증이 난
⑤ 비꼬는

34~35

"메타버스"라는 용어가 얼마나 모호하면서도 복잡할 수 있는지를 알게 되는 데 도움이 되도록, 시도해볼 과제를 하나 제시하겠다. 문장에 들어 있는 "메타버스"라는 구절을 마음속으로 "사이버 공간"으로 바꿔보라. 90퍼센트의 경우, 그 의미는 사실상 변하지 않을 것이다. 그 이유는 이 용어가 실제로 그 어느 하나의 특정 종류의 기술을 지칭하는 것이 아니라, 우리가 기술과 상호작용하는 방식에 있어서의 광범위한 변화를 지칭하기 때문이다. 그리고 한때 그 용어가 설명하던 특정 기술이 보편화되는 때조차도 그 용어 자체가 결국 그만큼 구식이 되고 마는 것은 전적으로 가능한 일이다.
넓게 말하면, 메타버스를 구성하는 기술에는 디지털 세계와 물리적 세계의 양상을 결합한 증강현실(AR) 뿐만 아니라 — 당신이 플레이하고 있지 않을 때에도 계속 존재하는 영속하는 가상 세계들이 특징인 — 가상현실(VR)도 포함될 수 있다. 그러나, 그 공간들을 오로지 VR이나 AR을 통해서만 접근해야 하는 것은 아니다. 개인용 컴퓨터, 게임 콘솔, 심지어 전화를 통해서도 접속할 수 있는 포트나이트(Fortnite) 게임이 가진 측면들과 마찬가지로, 가상 세계는 메타버스적일 수 있다.
그것은 또한 사용자들이 상품을 만들고, 사고, 판매할 수 있는 디지털 경제로도 해석된다. 그리고 보다 이상적인 모습의 메타버스에서는 상호 정보 교환이 가능하여, 옷이나 자동차와 같은 가상의 상품을 한 플랫폼에서 다른 플랫폼으로 가져갈 수 있다. 현실 세계에서는 쇼핑몰에서 셔츠를 구입하고 나서 그것을 입고 영화관에 갈 수 있다. 현재, 대부분의 플랫폼에는 하나의 플랫폼에만 연결된 가상 ID, 아바타, 물품 보관 장소가 있지만, 메타버스는 프로필 사진을 한 소셜 네트워크에서 다른 소셜 네트워크로 복사해 갈 수 있을 만큼 쉽게 어디로든 데려갈 수 있는 가상의 인물을 만들어내게 해줄지도 모른다.

| 어휘 |

vague a. 막연한, 애매한 **term** n. 용어 **metaverse** n. 메타버스(가공, 추상을 의미하는 Meta와 현실 세계를 의미하는 Universe의 합성어) **replace** v. ~에 대신하다, 대체하다 **substantially** ad. 본질상; 사실상 **interact** v. 상호작용하다, 서로 영향을 주다 **common place** a. 평범한; 진부한 **virtual reality** 가상현실 **characterize** v. ~의 특색을 이루다, 특징지우다 **augmented reality** 증강현실 **exclusively** ad. 배타적으로; 오로지 **access** v. 〈컴퓨터〉 (데이터에) 접근하다 **via** prep. ~을 경유하여, ~을 거쳐 **console** n. 〈컴퓨터〉 콘솔 **translate** v. 번역하다 **interoperable** a. 상호 정보 교환이 가능한, 공동으로 이용할 수 있는 **identity** n. 동일성; 정체성 **inventory** n. 물품 명세서, 목록 **persona** n. 페르소나; 외적 인격, 가상의 인물

34 동의어 ②

| 분석 |

antiquated는 '낡아빠진', '구식의'라는 의미이므로, '진부한', '구식의'라는 뜻의 obsolete이 동의어로 적절하다. ① 심원한 ③ 흉내 낼 수 없는 ④ 중대한 ⑤ 과시하는

35 내용일치 ③

| 분석 |

두 번째 문단 중반에서 '메타버스를 반드시 증강현실(AR)이나 가상현실(VR)을 통해 접근해야 하는 것은 아님'을 언급하였으므로, ③이 옳지 않은 진술이다.

위 글에 의하면 다음 중 옳지 않은 것은?

① "메타버스"라는 용어는 "사이버 공간"과 비슷하다.
② 메타버스는 기술과의 상호 작용에서의 변화를 지칭한다.
③ 메타버스는 가상현실과 증강현실을 이용함으로써만 접근할 수 있다.
④ 사용자들은 디지털 경제에서 제품을 사고 팔 수 있다.
⑤ 이상적인 메타버스 세계에서는 가상의 상품을 여러 플랫폼을 넘나들며 사용할 수 있다.

36~38

설계, 생산, 거래에 있어서, 영국은 현대 시계 산업의 선두주자였다. 정확하고 휴대하기 쉬운 시계를 만들려는 영국인의 성향은 늘어나는 유동 인구가 요구하는 바와 완벽하게 맞아 떨어졌고, 영국에서 철도가 조기에 발전한 것은 19세기 전반에 영국이 시장의 패권을 장악하는 데 기폭제가 되어주었다. 철도의 안전하고 예측 가능한 운행은 시간을 계속해서 파악하는 것에 크게 좌우되었기 때문에, 전체 철도 시스템 이곳저곳에 시계를 배치함으로써 기술자들이 그들의 정밀시계의 시간을 똑같이 맞출 수 있게 했고, 전신(電信) 서비스는 시계가 지속적으로 정확하게 맞춰질 수 있도록 철도 시스템의 모든 역에 주기적으로 시간을 타전했다. 이것은 사고를 예방하고 철도 회사가 더 빡빡한 스케줄을 유지하는 데 도움을 주었지만, 또한 여행객들이 더 정확한 도착, 출발, 연결을 예상하는 데도 도움을 주었다. 이러한 발전은 사회 전반에 걸쳐 싹트고 있던 시간의 중요성에 대한 자각을 강화시켰다. 그런 까닭에, 기차 여행은 시계에 대한 수요를 증가시켰고, 영국의 시계 산업 전체를 든든하게 받쳐주었다.

그러나 영국의 시스템에는 경쟁자에게 이용당할 결점이 있었다. 즉, 영국 시장은 오로지 수제 시계에만 전념했고, 자신들만 아는 기술을 통해 이익을 얻은 탐욕스런 장인들은 기계화를 위협으로 간주하면서 기계를 사용하여 "가짜 시계"를 만드는 것에 반대하는 로비를 적극적으로 벌였다. 그 결과, 영국의 시계들은 생산 비용이 여전히 매우 많이 들었다. 그러나 영국이 기계화에 대해 적대적이었던 반면, 기업들이 시계판과 톱니바퀴와 같은 개별 부품의 생산 자동화를 실험하기 시작한 스위스의 경우는 그렇지 않았다. 일부 부품을 만드는 데 기계를 사용함으로써, 영국보다 더 빠르고 저렴하게 시계를 제작할 수 있었다.

| 어휘 |

frontrunner n. 선두주자, 선구자 **penchant** n. 경향 **portable** a. 들고 다닐 수 있는, 휴대용의 **timepiece** n. 시계 **suit** v. 적합하게 하다, 일치시키다 **catalyst** n. 촉매; 기폭제 **hegemony** n. 패권, 주도권 **at intervals** 군데군데에, 여기저기에 **chronometer** n. 크로노미터, 정밀시계 **telegraph** n. 전신, 전보 **periodically** ad. 주기적으로, 정기적으로 **wire** v. 타전하다, 전송하다 **underpin** v. 기초를 보강하다; ~을 떠받치다 **burgeoning** a. 싹트기 시작한, 신흥의 **bolster** v. 지지하다, 보강하다, 후원하다 **drawback** n. 결점, 약점 **exploit** v. 개발하다; 이용하다 **competitor** n. 경쟁자, 경쟁상대 **namely** ad. 즉, 다시 말하자면 **devote** v. (노력 따위를) 바치다; 내맡기다, (전적으로) 쏟다 **craftsman** n. 장인(匠人) **esoteric** a. 비법의, 비전(秘傳)의; 비법을 이어받은 **mechanization** n. 기계화 **craft** n. 기교; 기술 **fake** a. 가짜의, 위조의 **manufacture** n. 제조, 제조업 **component** n. 성분, 구성요소; 부품 **fashion** v. 모양 짓다, 만들다 **fabricate** v. 제조하다; 조립하다

36 빈칸완성 ④

| 분석 |

안전한 철도의 운행을 위해 시간의 파악이 중요해진 시점에서 철도 관련 시설 곳곳에 시계를 배치한 것은 관련자들의 시계를 똑같은 시간으로 맞추게 하기 위함일 것이다. 그러므로 빈칸 Ⓐ에는 synchronize가 적절하다. 한편, '시계 산업을 든든하게

받쳐주는' 결과를 얻으려면 시계에 대한 수요가 늘어나야 할 것이므로 빈칸 Ⓑ에는 increased가 들어가야 한다. 끝으로, '영국 시장은 오로지 수제 시계에만 전념했고, 장인들은 기계화를 위협으로 간주하면서 기계를 사용하여 시계를 만드는 것에 반대하는 로비를 적극적으로 벌였다'는 내용을 통해 영국은 기계를 이용하여 시계를 만드는 것에 반대하는 입장에 있었다고 할 수 있다. 따라서 빈칸 Ⓒ에는 antagonistic이 적절하다.

다음 중 Ⓐ, Ⓑ, Ⓒ에 들어가기에 가장 적절한 것은?
① 조절하다 — 증가시켰다 — 희망적인
② 조절하다 — 감소시켰다 — 호의적인
③ 시간을 맞추다 — 증가시켰다 — 호의적인
④ 시간을 맞추다 — 증가시켰다 — 적대적인
⑤ 정상화하다 — 감소시켰다 — 적대적인

37 동의어 ①

| 분석 |

avaricious는 '탐욕스러운'이라는 의미이므로, '욕심 많은', '탐욕스러운'이라는 뜻의 rapacious가 동의어로 적절하다. ② 독창적인 ③ 적대적인 ④ 극악무도한 ⑤ 현저한

38 글의 제목 ③

| 분석 |

영국 시계 산업의 발전과 그 배경에 대한 내용이므로, 제목으로는 ③이 적절하다.

다음 중 위 글의 제목으로 가장 적절한 것은?
① 영국의 철도 시스템의 발전
② 영국의 시장 패권의 붕괴
③ 영국 시계 산업의 역사
④ 스위스 시계의 기계화
⑤ 시간의 중요성에 대한 인식 제고

39~40

자본주의는 영향력 혁명을 위한 준비가 되어 있다. 우리의 경제 시스템은 단순히 이윤을 창출하는 것을 넘어서 사람과 지구를 위한 진보를 이뤄내는 것을 지향할 필요가 있다. 이러한 변화는 세 가지 멈출 수 없는 힘이 이끌어내고 있다. 그 첫 번째 힘은 소비자와 인재가 가진 가치관에서의 큰 변화인데, 이것은 그들로 하여금 유해한 기업과 브랜드를 멀리 하도록 한다. 매우 영리한 사람들은 우리가 직면하고 있는 큰 난관에 대한 해결책을 만들어내는 기업을 위해 일하고 싶어 한다. 투자자들은 이와 같은 강력한 추세에 주목했고, 수익성 있는 투자를 하는 데 있어 그것이 미치는 영향을 이해했다. 수익뿐만 아니라 영향력을 달성하는 것을 목표로, 현재 40조 달러 이상의 환경, 사회, 지배구조(ESG) 투자가 유입되고 있다. 이것은 자산운용 전문가들의 수중에 있는 자본의 절반에 달하는 것이며, 이는 너무나도 엄청난 액수이기 때문에 반짝 성공으로 끝날 수 없다.
기술이 두 번째 힘이다. 인공지능, 기계 학습, 증강 현실 및 게놈을 통한 기술의 엄청난 발전으로 인해, 우리는 인류가 이전에 생각할 수 없었던 방식으로 전 세계에 영향을 미칠 수 있다. 기술은 또한 세 번째 강력한 힘을 뒤에서 밀어주고 있는데, 세 번째 힘이란 경영, 고용, 제품을 통해 기업이 사람들과 환경에 미치는 영향을 투명하게 측정하는 것이다. 엄청난 연산 능력과 빅 데이터를 통해 우리는 여러 영향들을 투자자, 소비자, 기업이 쉽게 이해하고 비교할 수 있는 금융 용어로 바꾸어 표현할 수 있다. 이 세 가지 강력한 힘이 함께 작용하여 우리 세상을 발전시키고 있다.

| 어휘 |

capitalism n. 자본주의 **be primed for** ~의 준비가 돼 있다 **revolution** n. 혁명 **generate** v. 낳다, 산출하다; (전기·열 등을) 발생시키다 **transition** n. 변이, 변천, 변화 **massive** a. 큰; 육중한, 대규모의 **talent** n. 재주, 재능; 인재 **solution** n. 해결, 해법 **implication** n. (행동·결정이 초래할 수 있는) 영향[결과] **governance** n. 통치, 관리, 지배 **amount** v. (총계·금액이) ~이 되다, 총계 (~에) 달하다 **asset** n. 자산, 재산 **artificial intelligence** 인공지능 **contemplate** v. 잘 생각하다, 심사숙고하다 **momentum** n. 타성; 힘, 여세 **transparent** a. 투명한 **measurement** n. 측정, 측량 **employment** n. 고용 **compute** v. 계산하다, 측정하다 **translate** v. 번역하다, 해석하다; 환언하다, 바꾸어 표현하다 **monetary** a. 화폐의; 금융의

39 내용일치 ①

| 분석 |

본문의 두 번째 문장에서 "우리의 경제 시스템은 단순히 이윤을 창출하는 것을 넘어서 사람과 지구를 위한 진보를 이뤄내는 것을 지향할 필요가 있다."라고 했으므로, ①이 옳지 않은 진술이다.

위 글에 의하면 다음 중 옳지 않은 것은?
① 경제 시스템은 오로지 이윤 창출에만 주력해야 한다.
② 가치관은 이제 사업에서 필수적이다.
③ 소비자들은 유해한 브랜드를 외면하고 있다.
④ 투자자들은 영향력 혁명의 중요성을 인식하고 있다.
⑤ 기술은 영향력 혁명에서 강력한 힘을 갖게 되었다.

40 동의어 ④

| 분석 |

a flash in the pan은 '일시적인 성공'이라는 의미이므로, '오래 지속되지 않는 것'이라는 뜻의 ④가 같은 의미를 가진다. ① 충격적인 폭로 ② 어쩔 수 없는 것 ③ 사건의 예상치 못한 전환 ⑤ 올바른 방향으로의 첫걸음

2021학년도 인문 · 체육계열

TEST p. 130~145

01	④	02	①	03	③	04	⑤	05	④	06	②	07	⑤	08	④	09	⑤	10	①
11	③	12	③	13	④	14	②	15	⑤	16	③	17	④	18	③	19	②	20	①
21	⑤	22	①	23	⑤	24	④	25	③	26	⑤	27	④	28	①	29	②	30	⑤
31	③	32	④	33	②	34	③	35	⑤	36	①	37	②	38	④	39	①	40	③

01 동의어 ④

| 어휘 |

replete a. 가득 찬, 충만한(= filled) **villain** n. 악인, 악한 **conflict** n. 충돌, 대립, 갈등 **resolution** n. 결심; 해결, 해답 **related** a. 관련된, 관계가 있는 **construct** v. 조립하다, 건설하다, 건조하다

| 해석 |

호모사피엔스(인류)는 숫자의 그래프가 아니라 이야기로 생각하는 이야기하는 동물이다. 우리는 우주 자체가 이야기처럼 움직이며, 영웅과 악당, 갈등과 해결, 절정과 해피엔딩으로 가득 차 있다고 믿는다.

02 동의어 ①

| 어휘 |

odds n. 가망, 가능성, 확률 **accidentally** ad. 우연히, 뜻하지 않게 **conversation** n. 대화, 회화 **device** n. 장치, 설비 **confirmation** n. 확정, 확인(= authorization) **advice** n. 충고 **connection** n. 연결, 결합 **privacy** n. 사생활, 프라이버시 **precaution** n. 조심, 경계

| 해석 |

가정용 (인공지능) 비서가 뜻하지 않게 대화를 녹음할 가능성은 낮으며, 그 장치는 제3자에게 정보를 보내기 전에 확인을 요청해야 한다.

03 동의어 ③

| 어휘 |

astronomer n. 천문학자 **detect** v. 발견하다; 탐지하다 **emit** v. (빛 · 열 · 냄새 · 소리 따위를) 내다, 방출하다(= release) **radiation** n. 방사선; 복사에너지 **interstellar** a. 별과 별 사이의, 항성(恒性) 간의 **expand** v. 확장하다, 팽창시키다 **condense** v. 응축하다, 압축하다 **exhaust** v. 다 써버리다, 고갈시키다 **squeeze** v. 죄다, 압착하다

| 해석 |

천문학자들은 블랙홀을 탐지하는 데 어려움을 겪는데, 이는 블랙홀이 전자 방사선을 전혀 방출하지 않기 때문이다. 따라서 블랙홀의 존재 여부는 그러한 방사선의 부재에 의해서나 부근에 있는 성간(星間) 물질 구름으로부터 블랙홀을 향해 물질이 끌어당겨지는 것에 의해 추론된다.

04 동의어 ⑤

| 어휘 |

collision n. 충돌, 대립; 불일치 **shareholder** n. 주주(株主) **accede** v. (요구 등에) 동의하다, 응하다(= consent) **founder** n. 창립자, 설립자 **executive** n. 경영진, 임원 **maintain** v. 지속하다, 유지하다; 주장하다 **seek** v. 찾다; 추구하다 **refuse** v. 거절하다, 거부하다 **encourage** v. 격려하다, 고무하다

| 해석 |

그러나 애플(Apple)과 구글(Google)이 가장 크게 상충되는 점은 거의 주목을 받지 못하고 있다. 그 기업들은 주주들과 미래에 대해 전혀 다른 접근방법을 취했는데, 한 곳은 투자자들의 요구에 기꺼이 동의해왔고, 나머지 한 곳은 창업자와 경영진이 권력을 유지해왔다.

05 동의어 ④

| 어휘 |

calamity n. 재난, 재해 **befall** v. (~의 신상에) 일어나다, 미치다, 닥치다 **take hold** 확고히 자리를 잡다, 효과가 강력해지다 **stand**

apart 떨어져 있다, 분명히 다르다, 차이가 나다 **contagion** n. 전염, 감염 **inspire** v. 고무하다, 격려하다; (사상 · 감정 등을) 일어나게 하다 **hulk** n. 노후한 배, 폐선 **infection** n. 전염, 감염; 전염병 **fetid** a. 고약한 냄새가 나는, 악취를 내뿜는(= rotten) **cabin** n. 오두막; 선실, 객실 **via** prep. ~을 경유하여, ~을 거쳐 **cozy** a. 아늑한, 포근한 **messy** a. 어질러진, 더러운

| 해석 |

코로나바이러스가 위세를 떨치면서 관광객들에게 들이닥친 모든 재난 중에서도, 유람선과 관련한 재난은 유별났다. 쾌락의 궁전(즐거움으로 가득한 호화로운 배)이 감옥선으로 변함에 따라, 바다에서의 전염은 특별한 공포를 불러일으켰으며, 선상에서의 감염에 대한 소문이 악취가 진동하는 선실 사이에 WhatsApp을 통해 퍼져나갔다.

06 논리완성 ②

| 분석 |

빈칸은 '뜻 모를 말', '횡설수설'이란 의미의 gibberish를 수식하고 있으므로, '이해할 수 없는'이라는 뜻의 incomprehensible이 가장 자연스럽게 호응한다.

| 어휘 |

definitely ad. 확실히, 틀림없이 **mutter** v. 중얼거리다; 불평을 말하다 **gibberish** n. 뭐가 뭔지 알 수 없는 말, 횡설수설 **incomprehensible** a. 이해할 수 없는 **negligible** a. 무시해도 좋은, 하찮은 **identifiable** a. 인식 가능한, 알아볼 수 있는

| 해석 |

세 살배기 우리 아이가 이해할 수 없는 말을 횡설수설하면서 중얼거리고는 큰 소리로 웃고 "내가 재밌는 농담을 했어!"라고 매우 자랑스럽게 말하자, 아내는 "쟤는 당신 딸이 틀림없군요."라고 말했다.

07 논리완성 ⑤

| 분석 |

빈칸이 포함된 문장을 마지막 문장에서 부연설명하고 있는데, '상위 1%의 부자가 전 세계 부(富)의 절반을 소유하고 있다'는 것은 부의 '독점'을 이야기하는 것이므로 빈칸에는 ⑤가 적절하다.

| 어휘 |

globalization n. 국제화, 세계화 **benefit** v. ~에게 이롭다 **segment** n. 단편, 조각; 구획 **inequality** n. 불평등 **deteriorate** v. 열등하게 하다, (가치를) 저하시키다; 타락시키다 **modify** v. 수정하다, 변경하다; 완화하다 **protest** v. 항의하다, 이의를 제기하다 **decrease** v. 줄이다, 감소시키다 **monopolize** v. 독점하다

| 해석 |

세계화가 많은 인류에게 혜택을 준 것은 분명하지만, 사회 사이와 사회 안 모두에서 불평등이 심화되고 있다는 징후가 있다. 일부 집단이 세계화의 열매(수익)를 점점 더 독점하는 반면, 수십억의 사람들은 낙후되어 있다. 오늘날 이미 상위 1%의 부자가 전 세계 부(富)의 절반을 소유하고 있다.

08 논리완성 ④

| 분석 |

어둠, 차가운 온도, 먹이 부족, 높은 수압 등은 모두 '거친 환경'을 이야기하고 있으며, '생명체가 존재하는 것이 사실상 불가능한 장소 같다'는 내용을 고려하면, 빈칸에는 '살기 힘든', '황량한'의 의미인 ④가 적절하다.

| 어휘 |

freezing a. 몹시 추운 **relative** a. 상대적인 **crushing** a. 눌러 터뜨리는, 박살내는, 분쇄하는; 압도적인 **at first glance** 처음에는, 언뜻 보기에는 **exploratory** a. (실지) 답사의; 탐험의; 조사[연구]를 위한 **inflexible** a. 불굴의, 강직한 **invisible** a. 눈에 보이지 않는 **incorrigible** a. 상습적인, 고질적인 **inhospitable** a. (특히 기후 조건이) 사람이 지내기[살기] 힘든, 황량한 **inflammable** a. 타기 쉬운, 가연성의

| 해석 |

바다 표면 아래의 깊은 지역은 완전한 어둠, 매우 차가운 온도, 상대적인 먹이 부족, 그리고 으스러뜨릴 것 같은 수압 때문에 생명체가 살기에 적합하지 않다. 얼핏 보기에는 생명체가 존재하는 것이 사실상 불가능한 장소 같지만, 바다 가장 깊은 곳에 대한 탐사 팀들이 발견했듯이, 실제로는 생명체가 존재한다.

09 논리완성 ⑤

| 분석 |

'개인적인 견해를 논외로 하는 것', '자신의 의견을 유보하는 것'과 관련 있는 것은 '중립을 지키는 것'이다.

| 어휘 |

controversial a. 논쟁의; 논의의 여지가 있는, 논쟁의 대상인 **expert** n. 전문가 **withhold** v. 보류하다; 억제하다, 억누르다 **individuality** n. 개성 **authority** n. 권위, 위신 **indoctrination** n. (교의 등의) 주입, 가르침; 세뇌 **intensity** n. 강렬, 격렬 **neutrality** n. 중립, 중립상태

| 해석 |

당신의 개인적인 견해는 논외로 하라. 교사 편에서의 중립이 논란되는 쟁점들에 대한 성공적인 토론의 열쇠다. 교육 전문가들

은 교사들이 토론 수업에서 교사 개인의 의견을 유보할 것을 권고한다.

10 논리완성 ①

| 분석 |

수렵과 채집에 의존했던 이전 사회들과 보리를 재배한 메소포타미아 문명이 대비되고 있는 문장이므로, 빈칸에는 '~와는 대조적으로'라는 의미의 ①이 적절하다.

| 어휘 |

fixed a. 고정된, 일정불변한 **settlement** n. 정착, 정주(定住); 정주지 **agriculture** n. 농업 **cultivate** v. 경작하다; 재배하다 **barley** n. 보리 **in contrast to** ~와 대조적으로, ~와 대비하여 **in spite of** ~에도 불구하고 **in addition to** ~뿐만 아니라, ~에 더해서 **similar to** ~와 유사한 **in order to** ~하기 위해

| 해석 |

고대 메소포타미아 사람들은 주로 농업을 기초로 한 발전된 경제 덕분에 최초로 고정된 정착지를 발달시킨 사람들에 속했다. 수렵채집 생활방식에 의존했던 이전 사회들과는 대조적으로, 메소포타미아 문명은 보리를 필수 식량자원으로 재배했다.

11 문장배열 ③

| 분석 |

선택지에 Ⓐ와 Ⓔ가 글의 첫 부분으로 제시돼 있는데, 행동의 배경에 대한 설명이 필요한 Ⓐ보다는 일반적인 상황에 대한 내용인 Ⓔ가 가장 앞에 오는 것이 적절하다. Ⓔ와 대조적인 상황에 대한 내용인 Ⓒ가 Ⓔ의 다음에 와야 하고, Ⓒ에 대한 부연설명에 해당하는 Ⓑ가 그 뒤에 와야 한다. Ⓑ의 내용이 Ⓐ의 배경이 되므로 Ⓐ가 Ⓑ의 뒤에 이어지며, Ⓓ는 Ⓐ의 부연설명이므로 맨 마지막에 온다.

| 어휘 |

sense v. 느끼다, 깨닫다 **exorbitant** a. (욕망 · 요구 · 가격 따위가) 터무니없는, 과대한, 부당한 **on a daily basis** 매일 **prevalent** a. (널리) 보급된, 널리 행해지는; 우세한, 유력한 **decade** n. 10년간 **rate** n. 비율; 가격 **literacy** n. 읽고 쓰는 능력; (전수받은) 교육, 교양

| 해석 |

Ⓔ 1830년대 미국에서는, 모든 계층에서 읽고 쓸 줄 아는 사람들의 비율이 높았다. Ⓒ 그러나 많은 사람들, 특히 노동자 계층에 속하는 사람들은 신문을 매일 읽지 않았다. Ⓑ 주된 이유는 6센트라는 가격이 터무니없이 비싸다고 여겨졌기 때문이다. Ⓐ 사업을 할 수 있는 기회라고 느낀 벤저민 데이(Benjamin Day)는 1833년에 뉴욕시에서 발행되는 신문인 『The Sun』을 창간했고, 그것을 1부당 1센트에 팔기 시작했다. Ⓓ 이 신문은 1830년대 동안 널리 퍼지게 된 최초의 1센트짜리 신문인 것으로 널리 여겨지고 있다.

12 문장배열 ③

| 분석 |

로만 마주렌코라는 젊은이가 사망했다는 내용인 Ⓓ가 가장 먼저 오고, 그 일 이후에 친구 유제니아가 로만과 주고받은 메시지를 다시 읽어봤다는 내용의 Ⓒ가 이어진 다음, 유제니아에 대한 부연설명과 루카 프로그램에 대해 언급한 Ⓔ가 그 뒤에 와야 한다. 이어서 루카 프로그램을 수정하기로 결심하게 된 배경에 대한 내용인 Ⓐ와 그 결과에 해당하는 Ⓑ가 와야 한다.

| 어휘 |

inspire v. 고무하다, 격려하다; 영감을 주다 **shatter** v. 산산이 부수다, 박살내다; (희망 따위를) 꺾다 **install** v. 설치하다 **modify** v. 수정하다, 변경하다 **functional** a. 기능의, 작용의 **be run down by a car** 자동차에 치이다 **entrepreneur** n. 기업가, 실업가 **legendary** a. 전설적인; 믿기 어려운 **emulate** v. 겨루다; 흉내내다

| 해석 |

Ⓓ 2015년 11월 28일, 모스크바에서 한 젊은 벨라루스 남성이 차에 치여 숨졌다. 그의 이름은 로만 마주렌코(Roman Mazurenko)로, 막 30대에 접어들었지만, 이미 기술 산업 사업가인 동시에 그 도시 문화예술계에서 전설적인 인물이었다. Ⓒ 로만의 친구 유제니아 쿠이다(Eugenia Kuyda)는 로만이 사망한 후 며칠 동안 그들이 만난 해인 2008년부터 그와 주고받은 수천 개의 문자메시지를 다시 읽었다. Ⓔ 그녀 자신도 사업가이자 소프트웨어 개발자였던 유제니아는 인공지능을 이용하여 인간의 대화를 모방하는 메신저 앱인 루카(Luka)를 개발하고 있던 중이었다. Ⓐ TV 프로그램 "Black Mirror"에서 남자친구 애쉬(Ash)를 잃고 큰 충격을 받은 젊은 여성 마사(Martha)가 그와 계속 소통할 수 있게 해주는 앱을 설치하는 것에서 영감을 받은 유제니아는 루카를 수정하기로 결심했다. Ⓑ 그 앱은 "Black Mirror"의 제작자들이 상상하는 소프트웨어의 기능적 버전이 될 것이며, 그녀로 하여금 로만의 디지털 유령과 소통하게 해줄 도구가 될 것이다.

13 내용추론 ④

| 분석 |

영국의 이야기가 모두 공상소설이라고 한 것은 그 내용이 공상이나 상상의 세계를 그린 작품이라는 말일뿐 등장인물들이 모두 비현실적인 인물들이라는 말은 아니므로 ④를 추론할 수 없

다. ⑤ 미국의 소설 작품은 현실을 사실적으로 묘사하는 것이 특징이므로 이교도의 민간전승과는 관련이 없다.

| 어휘 |

undisputed a. 의심할 것 없는, 이의 없는, 확실한 **powerhouse** n. 발전소; 유력[실세] 집단[기관], 최강자 **classic** n. 고전(작품); 명작, 걸작 **notable** a. 주목할 만한; 두드러진, 현저한; 유명한 **portrait** n. 초상화, 초상; 상세한 묘사 **frontier** n. 국경, 국경 지방; (특히 19세기 미국 서부 개척지의) 변경(邊境) **glow** n. 불타는 듯한 빛깔, 훤한 불빛 **hearth** n. 난로 **lard** v. (비유·인용 등으로) 꾸미다, 윤색하다; 풍부하게 하다 **obedience** n. 복종; 순종 **emphasize** v. 강조하다; 역설하다 **morality** n. 도덕성; 윤리성 **virtue** n. 미덕; 가치, 장점 **yield** v. 생기게 하다, 산출하다 **appeal** v. (법률·양심 등에) 호소하다

| 해석 |

작은 섬나라 영국이 『이상한 나라의 엘리스』, 『곰돌이 푸우』, 『피터팬』, 『호빗』, 『해리포터』, 『나니아 연대기』 등, 아동용 베스트셀러의 강국인 것은 의심할 여지가 없다. 의미심장하게도 이 모든 작품들은 공상소설이다. 한편, 아동 명작 분야에서 또 다른 강국인 미국은 마법을 훨씬 더 적게 다룬다. 『야성의 부름』, 『샬롯의 거미줄』, 『톰 소여의 모험』과 같은 이야기들은 점차 커져가고 있던 개척지의 마을과 농경지에서의 일상생활을 사실적으로 묘사한 것으로 더 유명하다. 영국의 아이들이 이글거리는 부엌 난로에 모여 마법의 칼과 말하는 곰에 관한 이야기들을 들었다면, 미국의 아이들은 어머니의 무릎에 앉아 삶이 고달프고, 순종이 강조되며, 기독교 윤리가 중시되는 세상에 대한 도덕적 메시지가 가득 담긴 이야기들을 들었다. 각각의 스타일에는 나름의 장점이 있지만, 영국의 접근 방식은 의심할 여지없이 아이들의 최대한의 상상력에 호소하는 그런 종류의 이야기를 만들어낸다.

다음 중 본문의 내용으로부터 추론할 수 없는 것은?

① 미국의 이야기들은 기독교 윤리에 기초해 있다.
② 미국의 이야기들은 인생의 고난을 견뎌내는 법을 가르친다.
③ 영국의 이야기들은 독자들에게 실제로 존재하지 않는 것을 상상하도록 만든다.
④ 영국의 이야기들에는 현실적인 등장인물이 전혀 없다.
⑤ 미국의 이야기들은 이교도의 민간전승과 거의 연관성이 없다.

14~15

젊은이들이 너무 많은 정보를 접할 수 있다는 것을 걱정하게 되는 주된 이유 중 하나는 그것이 의사결정에 부정적인 영향을 미칠 가능성이 있기 때문이다. 적절한 결정을 내릴 수 있는 개인의 능력은 그 사람이 노출돼 있는 정보의 양에 크게 좌우된다. 우리는 인생의 경험을 통해 더 많은 정보가 전체적인 결정의 질을 높여준다는 것을 알고 있다. 만약 결정을 내리는 사람이 너무 적은 정보를 갖는다면, 그는 전체적인 그림을 볼 수 없게 되고 그 결과 중요한 정보를 고려하지 못한 채 결정을 내리는 위험을 무릅쓰게 된다. 그러나 정보의 양(量)과 의사 결정의 질(質) 사이의 양(陽)의 상관관계에는 한계가 있다. 어떤 시점에 이르면 추가적인 정보가 정보 과부하 상태를 초래하여, 혼란, 좌절, 당황, 심지어는 마비 상태의 결과를 가져올 수도 있다. 우리 중 다른 사람들과 마찬가지로, 젊은이들도 이러한 선택의 역설에 직면해 있다.

| 어휘 |

accessible a. 접근하기 쉬운; 입수하기 쉬운 **negative** a. 부정적인; 〈수학〉 음(陰)의, 마이너스의 **adequate** a. 충분한, 적당한 **expose** v. 노출시키다, (환경 따위에) 접하게 하다 **overall** a. 전부의; 전면적인 **run the risk of** ~의 위험을 무릅쓰다 **take ~ into account** ~을 고려하다, 참작하다 **positive** a. 확신하는; 〈수학〉 양(陽)의, 플러스의 **result in** ~을 초래하다 **overload** n. 과부하; 과중한 짐[부담] **frustration** n. 좌절, 실패 **paralysis** n. 마비 **paradox** n. 역설, 패러독스

14 내용추론 ②

| 분석 |

"더 많은 정보가 전체적인 결정의 질을 높여주긴 하지만, 어느 시점에 이르면 추가적인 정보가 정보 과부하 상태를 초래하여, 혼란, 좌절, 당황, 심지어는 마비 상태의 결과를 가져올 수도 있다. 즉 더 많은 정보로 인해 선택지가 더 많아지면 오히려 결정을 내리기 어려워지고 심지어 아무 결정도 못 내릴 수 있다."는 내용이므로 ②가 이런 선택의 역설을 나타내는 결론의 진술로 적절하다. ⑤ 어느 정도 사실인 진술이지만 이 글을 마무리할 결론의 진술로는 부적절하다.

다음 중 위 글에 대한 가장 논리적인 결론인 것은?

① 정보 과부하는 의사결정에 종종 유용하다.
② 선택지가 더 많을수록, 아무 결정도 내리지 못할 가능성이 더 크다.
③ 정보는 아무리 많아도 지나치지 않다.
④ 인생 경험이 더 많으면 더 나은 결정을 내릴 수 있다.
⑤ 정보가 너무 부족하면 잘못된 결정을 내릴 것이다.

15 빈칸완성 ⑤

| 분석 |

빈칸 Ⓐ의 경우, '결정을 내리는 사람이 너무 적은 정보를 갖는다면, 그는 전체적인 그림을 볼 수 없게 되고 그 결과 중요한 정보를 고려하지 못한 채 결정을 내리는 위험을 무릅쓰게 된다.'는 내용을 근거로 increases를 선택할 수 있고, 그렇게 완성된 말

인 '더 많은 정보가 전체적인 결정의 질을 높여준다'를 통해 빈칸 Ⓑ에는 correlation을 선택할 수 있다.

빈칸 Ⓐ와 Ⓑ에 들어가기에 가장 적절한 것은?
① 증가시키다 — 평등
② 감소시키다 — 상관관계
③ 증가시키다 — 공존
④ 감소시키다 — 공존
⑤ 증가시키다 — 상관관계

16~18

스페인 정복자들이 신대륙에 도착한 것이 토착민들의 문화와 삶을 영구적이고도 급격하게 변화시켰고, 그 결과 아메리카 대륙에서 가장 위대한 두 문명인 잉카와 마야 문명은 그 유럽인들이 이들을 발견한 직후 사라지고 말았다. 그들은 놀라운 도시들을 남겼지만, 사라진 거주민들에 관한 기록이 거의 없어서, 고고학자들은 이 잃어버린 문명들에 대해 더 많은 것을 알기 위해 남아 있는 것들을 서로 이어 맞추려고 노력해야 했다.
수집된 정보의 대부분은 그들의 도시의 유적에서 나왔으며, 그들이 주로 돌로 작업을 했기 때문에 이 유적들은 세월의 흐름을 견뎌내었던 것이다. 그러나 두 문명이 비록 같은 재료를 사용했지만, 그들은 자신들의 도시를 매우 다른 방식으로 주변 환경에 통합시켜 넣었다. 잉카인들의 경우, 그들의 기술을 이용하여 그들은 근처에 있는 사물들을 조각하고 계단식 땅을 그들의 도시에 통합하여 농장이나 정원으로 사용함으로써 이 일을 거의 완벽하게 해낼 수 있었다. 이에 비해, 마야인들의 도시계획은 거의 무계획적으로 보인다. 마야의 도시들은 잉카인들이 가진 광범위한 도로 체계와 조직적인 설계가 없었지만, 가장 중요한 건물들이 있던 중앙의 광장으로부터 보다 유기적으로 뻗어나가는 경향이 있었다.

| 어휘 |

conquistador n. 정복자, (특히) 16세기에 멕시코와 페루를 정복한 스페인 사람 **permanently** ad. 영구적으로 **drastically** ad. 급격하게 **reshape** v. 고쳐 만들다; 새로운 모양으로 고쳐 만들다 **indigenous** a. 토착의, 원산의 **civilization** n. 문명 **vanish** v. 사라지다 **inhabitant** n. 주민, 거주자 **archaeologist** n. 고고학자 **majority** n. 대부분, 대다수 **ruin** n. 붕괴, 몰락; (pl.) (파괴된 건물의) 잔해, 폐허, 유적 **withstand** v. 저항하다; 잘 버티다, 견디다 **integrate** v. 통합하다; 결합시키다, 융합[조화]시키다 **seamlessly** ad. 아주 매끄럽게, 완벽하게 **sculpt** v. 조각하다 **incorporate** v. 통합하다 **terrace** n. (경사지 따위를 층층으로 깎은) 단지(段地), 대지(臺地) **extensive** a. 광범위한 **organized** a. 정리된, 조직적인 **layout** n. 배치, 설계 **organically** ad. 유기적으로 **plaza** n. 광장

16 내용추론 ③

| 분석 |

두 번째 문단의 '그 두 문명이 주로 돌을 사용했다'와 '두 문명이 같은 재료를 사용했다'를 통해 ③을 추론할 수 있다.

위 글로부터 추론할 수 있는 것은?
① 잉카와 마야의 도시는 모든 흔적이 사라졌다.
② 아메리카 대륙에서 가장 위대한 두 문명인 잉카와 마야는 스페인 정복자들이 도착하기 전에 사라졌다.
③ 잉카인들과 마야인들 모두 돌을 사용하여 그들의 도시를 건설했다.
④ 잉카인들과 마야인들의 도시는 유사한 방법을 사용하여 그들의 도시를 주위환경과 통합시켰다.
⑤ 고고학자들이 잉카 문명과 마야 문명에 대해 더 많은 것을 아는 것은 불가능하다.

17 지시대상 ④

| 분석 |

밑줄 친 they는 '같은 재료를 사용했지만, 도시를 서로 다르게 주변 환경에 통합시켜 넣은 행위를 한' 주체이므로, '잉카인과 마야인'을 가리킨다.

두 번째 문단의 밑줄 친 단어 'they'가 가리키는 것은?
① 유적
② 스페인 정복자들
③ 고고학자들
④ 잉카인과 마야인
⑤ 유럽인

18 동의어 ③

| 분석 |

haphazard는 '무계획적인', '되는 대로의'라는 의미이므로, '임의의', '닥치는 대로의'라는 뜻의 random이 동의어로 적절하다. ① 한정된 ② 수직의 ④ 매우 세심한 ⑤ 관습적인

19~21

비록 파괴적이긴 하지만, 코로나 바이러스는 우리에게 다른 세상을 상상할 수 있는 기회를 제공했다. 그 세상은 우리가 탈(脫)탄소와 현지에 머무르기를 시작하는 세상이다. 관광여행의 부재로 인해, 우리는 관광산업을 다각화하고, 현지화하고, 온갖 최첨단 탄소 재앙을 의미하는 글로벌 항공여행에 대한 의존도를 줄일 수 있는 방법을 고려할 수밖

에 없게 됐다.
인도네시아의 코모도(Komodo)섬이 맞게 될 또 다른 결말은 국립공원을 방문하기 위해 더 많은 돈을 지불하는 방문객들은 크게 줄어드는 반면, 주변 지역사회는 수세기 동안 그들을 지탱시켜 온 어업과 방직 산업을 발전시키게 되는 것이다. 조지아(Georgia)의 스바테니(Svaneti) 지역에서는 관광객들로부터 벌어들이는 돈에 유혹된 사람들이 게스트하우스와 카페를 열기 위해 축산업을 그만뒀는데, 이번 위기가 "그들의 전통적인 생계수단을 잊지 말라는 교훈"이 될 수 있다고 Tsotne Japaridze가 내게 말했다.
보다 넓게 보면, 관광산업은 끊임없이 외화를 벌어다 주는 수입원이 아니라 국가 경제를 온전히 이루는 한 부분으로 평가되어야 하며, 다른 부문과 동일하게 미래 계획과 비용 편익 분석을 해야 한다. 관광산업이 너무 우세한 곳은 축소시킬 필요가 있다. 이 모든 것들은 탈탄소 사회로 가기 위한 보다 폭넓은 노력과 함께 일어나야 한다.

| 어휘 |

destructive a. 파괴적인; 파멸적인 **decarbonize** v. 탄소를 제거하다, (화석 연료에서) 친환경 연료로 대체하다 **local** a. 지방의, 한 지방 특유의 **staying local** 현지에 머무르기(↔ going global 세계로 나가기) **tourism** n. 관광여행, 관광산업 **diversify** v. 다양화하다, 다채롭게 하다; (사업을) 다각화하다 **indigenize** v. 현지화하다 **reduce** v. 줄이다, 감소시키다 **dependency** n. 의존, 의존상태 **all-singing, all-dancing** 다목적의; 관심을 끌기 위해 가능한 모든 수단을 동원하는; 온갖 첨단기술이 동원된 **carbon** n. 탄소 **disaster** n. 재해, 재난 **aviation** n. 비행, 비행술 **alternative** a. 양자택일의; 대신의, 달리 택할 **involve** v. 수반하다; 연루시키다 **textile** n. 직물, 옷감, 방직 **lure** n. 매혹, 매력, 사람의 마음을 끄는 것 **abandon** v. 버리다; 단념하다, 그만두다 **animal husbandry** 축산업 **crisis** n. 위기 **quickfire** a. 속사포처럼 쏟아지는; 잇따라 퍼붓는 **integrated** a. 통합된; 완전한 **subject to** ~을 조건으로 하는, (~을) 받지 않으면 안 되는 **cost-benefit analysis** 비용-편익 분석(투자안이나 정책 등의 의사결정을 할 때 비용과 편익을 따져 여러 대안들 중 최적의 대안을 선정하는 기법) **dominant** a. 지배적인; 우세한 **in tandem with** ~와 나란히, ~와 협력하여

19 글의 제목 ②

| 분석 |

본문은 코로나 바이러스로 인해 글로벌 관광산업이 종말에 가까운 큰 위기를 맞았음을 설명하면서, 관광산업이 탈탄소화와 현지에 머무르기(글로벌이 아닌 로컬 관광)의 방향으로 변화해야 함에 대해 주장하고 있으므로, 제목으로는 ②가 적절하다.

위 글의 제목으로 가장 적절한 것을 고르시오.
① 지역 경제의 위기
② 글로벌 관광산업의 종말
③ 전통적인 생활방식의 부활
④ 교통기관을 탈탄소하는 방법
⑤ 환경 친화적인 관광산업이란 무엇인가

20 동의어 ①

| 분석 |

indigenize가 '현지화하다'라는 의미로 쓰였으므로, '~에 지방적 특색을 부여하다', '지방화하다'라는 뜻의 localize가 동의어로 적절하다. ② 확장하다 ③ 깊게 하다 ④ 익숙하게 하다 ⑤ 제거하다

21 저자의 어조 ⑤

| 분석 |

현재의 상황에 대한 저자의 생각을 분명하게 밝히고 있고 또 앞으로 나아가야 할 방향을 단정적으로 이야기하고 있으므로, 저자의 어조로는 ⑤가 적절하다.

저자의 어조는 __________이다.
① 빈정거리는
② 비판적인
③ 공격적인
④ 비관적인
⑤ 확신하는

22~24

신자유주의의 관점에서 자세히 들여다보면, 당신은 자유시장도 복지국가와 마찬가지로 인간이 만들어낸 것임을 알게 된다. 우리가 지금 얼마나 광범위하게 스스로를 고유한 재능과 진취적 기상의 소유자로 생각하도록 강요받고 있는지, 우리가 경쟁하고 적응하라고 얼마나 그럴싸한 말로 요구받고 있는지도 알게 된다. 이전에는 칠판에서 상품시장을 간략하게 설명하는 데 국한되어 쓰였던 언어(경쟁, 완전한 정보, 합리적인 행동)가 얼마나 사회 전반에 적용되어, 마침내 단단한 우리의 사생활을 침범하게 되었는지, 그리고 어떻게 해서 영업사원 같은 태도가 온갖 형태의 자기표현에 얽혀들게 되었는지도 알게 된다.
요컨대, "신자유주의"는 단순히 친(親)시장 정책이나 실패하고 있는 사회민주당 부류들이 만든 금융자본주의와의 타협을 가리키는 명칭이 아니다. 그것은 어느 틈엔가 우리가 실천하고 믿는 모든 것을 규제하게 된, 경쟁이 인간의 활동에 대한 유일한 합법적 조직 원칙이라는 전제를 가리키는 명칭이다. 신자유주의가 허구가 아니라 사실이라는 것이 입증되자마자, 그리고 그것이 시장의 보편적인 위선

을 명확히 하자마자, 포퓰리스트들과 권위주의자들이 권력을 잡았다.

| 어휘 |

peer v. 자세히 보다, 응시하다 **neoliberalism** n. 신자유주의 **invention** n. 발명품; 허구, 날조 **pervasively** ad. 충만하게, 침투하여 **urge** v. ~하도록 강제하다, 촉구하다 **initiative** n. 창의, 진취적 기상; 자주성 **glibly** ad. 유창하게; 그럴싸하게 **compete** v. 경쟁하다, 겨루다 **adapt** v. 순응하다, 적응하다 **extent** n. 정도, 범위; 한계 **confine** v. 제한하다 **chalkboard** n. 칠판 **simplification** n. 단순화, 간소화 **describe** v. 묘사하다, 기술하다, 설명하다 **commodity** n. 필수품, 물자, 상품 **rational** a. 이성적인; 합리적인 **invade** v. 침입하다 **grit** n. 자갈; 근성, 용기 **attitude** n. 태도, 마음가짐 **enmesh** v. (사람을 곤란 등에) 빠뜨리다, 말려들게 하다 **pro-market** a. 친(親)시장적인 **compromise** n. 타협, 화해, 양보 **capitalism** n. 자본주의 **premise** n. 전제 **regulate** v. 규정하다; 통제하다; 조절하다 **legitimate** a. 합법의, 적법의 **organize** v. 조직하다, 편제하다 **principle** n. 원리, 원칙 **certify** v. 증명하다, 보증하다; 공인하다 **universal** a. 보편적인, 일반적인 **hypocrisy** n. 위선 **authoritarian** n. 권위주의자, 독재주의자

22 내용파악 ①

| 분석 |

신자유주의의 핵심으로 '자유시장'과 '경쟁'을 들고 있는데, 자유롭게 활동하는 시장에서 상대와의 경쟁에서 이기려는 사람은 결국 자신에게 이익이 되는지 혹은 손해가 되는지를 먼저 따질 것이다. 그러므로 ①이 정답으로 가장 적절하다.

다음 중 신자유주의 사회의 인간을 가장 잘 나타내는 것은?
① 손익 계산기
② 자유의지의 소유자
③ 신의 은총을 구하는 사람
④ 동업자
⑤ 명품 소비자

23 빈칸완성 ⑤

| 분석 |

빈칸 Ⓐ의 뒤에 도치된 과거완료 시제가 제시돼 있고 빈칸 Ⓑ의 뒤에 과거시제의 주절이 제시돼 있으므로, '~하자마자 …했다'라는 의미의 'No sooner ~ than …' 구문이 되는 것이 적절하다.

24 동의어 ④

| 분석 |

proprietor는 '소유자'라는 의미이므로, '임자', '소유권자'라는 뜻의 owner가 동의어로 적절하다. ① 안내자 ② 창조자 ③ 추구자 ⑤ 설계자

25~26

모든 시민은 자신의 행동에 대해 책임을 져야 한다. 우리 모두는 우리들의 동료들에 대해 책임이 있다. 이 책임은 특히 과학자들을 무겁게 짓누르는데, 그것은 바로 현대 사회에서 과학이 지배적인 역할을 하고 있기 때문이다. 과학자들은 기술적인 문제나 미래에 대한 예측들을 일반 정치인이나 시민들보다 더 잘 이해하고 있으며, 지식은 책임을 수반한다. 과학자들의 주된 목적이 지식의 한계를 확장시켜 나가는 것이긴 하지만, 이러한 목적의 추구는 친사회적으로 유용한 요소, 다시 말해 인류공동체에 이익이 되는 요소를 포함해야 한다. 이것은 인류와 환경의 안녕을 증진할만한 연구에 중점을 두고, 해를 끼칠 만한 연구는 철저히 금지한다는 것을 의미한다.

| 어휘 |

be accountable for ~에 책임이 있다 **deed** n. 행위, 행동; 공적 **responsibility** n. 책임, 책무, 의무 **peer** n. 동료, 동등한 사람 **weigh** v. (일이) 무거워 부담이 되다; 압박하다 **precisely** ad. 바로, 정확히; 정밀하게 **technical** a. 기술적인, (과학) 기술의; 전문의 **prediction** n. 예언, 예보 **frontier** n. 국경, 국경 지방; (지식·학문 등의) 미개척 영역 **contain** v. 담고 있다, 내포하다, 포함하다 **element** n. 요소, 성분 **pro-social** a. 친사회적인, 사회에 이로운 **utility** n. 쓸모가 있음, 유용, 유익, 실리 **precedence** n. (시간·순서 따위가) 앞서기, 선행; 우선, 우선권 **advance** v. 나아가게 하다, 진전시키다, 증진하다 **ban** n. 금지, 금지령

25 글의 요지 ③

| 분석 |

본문은 사회의 구성원으로서의 과학자가 가지는 사회적 책임을 언급하면서 과학자가 지식을 추구하는 과정에서 인류공동체의 이익을 고려해야 함을 말하고 있다. 그러므로 ③이 정답으로 적절하다.

위 글의 요지로 적절한 것은?
① 일반 정치인은 기술적인 문제를 이해할 필요가 없다.
② 모든 시민은 사회의 다른 구성원에게 책임을 진다.
③ 과학자는 지식을 추구하는 과정에서 자신의 사회적 책임을 인식해야 한다.

④ 과학자들은 대부분의 사람들보다 기술적 문제들을 더 잘 이해하고 있다.
⑤ 과학자들은 지식의 추구에 우선순위를 두어야 한다.

26 빈칸완성 ⑤

| 분석 |

과학자들에게 사회에 대한 책임이 무겁게 지워지는 것은 과학이 사회에서 하는 역할이 크고 중요하기 때문일 것이므로, 빈칸 Ⓐ에는 surprising과 dominant가 가능하다. 한편, 빈칸 Ⓑ가 포함된 부분은 contain an element of utility를 부연 설명하는 역할을 하므로, 빈칸에는 'utility(유용성, 실리)'와 유사한 의미를 가진 표현이 필요하다. 따라서 빈칸 Ⓑ에는 benefit이 적절하다.

빈칸 Ⓐ와 Ⓑ에 들어가기에 가장 적절한 것은?
① 놀라운 — 손해
② 하찮은 — 손해
③ 지배적인 — 손해
④ 하찮은 — 이익
⑤ 지배적인 — 이익

27~28

우리는 카메라 친화적인 스타일과 외모가 후보의 당선 확률을 크게 높여준다는 사실에서 미디어의 중요성을 엿보게 된다. 카메라가 있는 상황에서 시선처리와 행동을 편안하게 하는 것이 후보자의 주장에 도움이 될 수 있다. 외모의 중요성을 보여주는 징후는 1960년 케네디(Kennedy)와 닉슨(Nixon) 사이의 악명 높은 대통령 선거 토론에서 일찍이 드러났다. 이 토론은 텔레비전으로 중계되었지만, 닉슨은 보좌관들이 권유했던 짙은 화장을 거부했다. 카메라 앞에서 그는 초췌하고 면도를 해야 할 것처럼 보였던 반면, 케네디는 텔레비전 방송용 화장에 힘입어 젊고 활기찬 모습을 보였다. 이와 같은 외모의 차이가 가진 중요성은 토론 이후에 명확해졌다. 여론조사 결과, 그 토론을 라디오를 통해 들은 사람들 중 과반수를 약간 넘는 사람들이 닉슨이 이겼다고 생각한 반면, 텔레비전을 통해 토론을 지켜본 사람들의 경우는 똑같이 과반수를 약간 넘는 사람들이 케네디가 우세한 것으로 봤다. 이 극적인 사건 이후, 텔레비전 토론을 잘 해내지 못할 거라는 두려움이 유력 대통령 후보들을 너무나도 위축시켜서 텔레비전 토론은 16년 후에야 다시 진행됐다.

| 어휘 |

appearance n. 외모, 생김새 **enhance** v. 향상시키다 **candidate** n. 후보자; 지원자 **aid** v. 원조하다, 돕다 **cause** n. 주의, 주장; 대의; (~을 위한) 운동 **indication** n. 지시; 징조, 징후 **infamous** a. 악명 높은 **debate** n. 토론, 논쟁 **televise** v. (텔레비전으로) 방송하다 **decline** v. (초대 · 제의 등을) 정중히 사절하다, 사양하다; 거부하다 **makeup** n. (여자 · 배우 등의) 메이크업, 화장, 분장 **aide** n. 측근, 고문 **haggard** a. 야윈, 수척한, 초췌한 **shave** v. 수염을 깎다, 면도하다 **youthful** a. 젊은, 발랄한 **vibrant** a. 활력이 넘치는, 기운찬 **layer** n. 층(層), 단층 **significance** n. 의의, 의미, 취지; 중요성 **apparent** a. 명백한 **slim** a. 얼마 안 되는, 적은; 여유가 없는 **majority** n. 대부분, 대다수 **give ~ the edge** ~가 우세하다고 여기다 **intimidate** v. ~을 두려워하게[겁먹게] 하다; ~을 협박[위협]하다 **hopeful** n. 전도유망한 사람; (당선) 유력한 후보

27 동의어 ④

| 분석 |

haggard는 '초췌한', '수척한', '(고뇌 · 피로 따위로) 여윈'이라는 의미이므로, '지친', '기진맥진한', '쇠진한'이란 뜻의 exhausted가 동의어로 적절하다. ① 성난 ② 당황한 ③ 더러운 ⑤ 졸린

28 글의 요지 ①

| 분석 |

'오늘날에는 TV방송에 적합한 빼어난 외모의 정치인이 보다 경쟁력을 갖고 있음'을 1960년에 있었던 미국 TV 대선 토론을 예로 들며 이야기하고 있다. 따라서 ①이 정답이 된다.

위 글의 요지로 적절한 것은?
① 정치인의 외모가 중요하다. 현대 정치에서는 텔레비전에서 매력적으로 보이는 것이 중요하다.
② 텔레비전을 통해 토론을 지켜 본 사람들은 케네디를 더 선호했는데, 케네디가 연설을 더 잘했기 때문이다.
③ 1960년의 대통령 토론은 실패로 끝났다.
④ 대통령 선거에 대한 언론 보도는 편중돼 있다.
⑤ 대통령 선거 토론은 공정하지 않은 결과를 초래하기 때문에 텔레비전 중계를 해서는 안 된다.

29 내용추론 ②

| 분석 |

"프리미어리그의 홈페이지에는 가게조차 없으며, 상품 판매는 전적으로 구단에 맡겨져 있다."는 내용을 통해 ②를 추론할 수 있다.

| 어휘 |

counterpart n. (다른 장소나 상황에서 어떤 사람 · 사물과 동일한 지위나 기능을 갖는) 상대, 대응 관계에 있는 사람[것] **first and foremost** 가장 중요한 것으로, 다른 무엇보다도 **organization**

n. 조직, 기구 **platform** n. 플랫폼; 강령, 정강 **referee** n. (축구·권투 따위의) 주심, 심판원 **obvious** a. 명백한, 명확한, 명료한 **category** n. 범주, 카테고리, 부문 **timekeeper** n. 시계; (경기 따위의) 시간 기록원 **contract** n. 계약, 약정 **hum along** (자동차 따위로) 쌩쌩 달리다; (사업 등이) 잘 되어가다 **by contrast** 대조적으로 **profitable** a. 수익성이 있는; 유익한 **peddle** v. 행상하다; 소매하다 **merchandise** n. 상품 **cap** n. 모자 **operation** n. (사업 따위의) 운영, 경영 **contain** v. 포함하다, 내포하다 **humble** a. 비천한; 변변찮은; 겸손한 **residence** n. 주거, 주택; (대기업의) 본사 소재지 **quest** n. 탐구, 추구 **domination** n. 지배; 우월

| 해석 |

프리미어리그는 미국의 그 어떤 스포츠 기구보다도 훨씬 더 작다. 그것은 다른 무엇보다도 우선 방송중계권을 판매하는 기구이며, 20개 구단에 하나의 리그로서의 플랫폼, 심판, 축구공을 제공하는 일도 하고 있다. 프리미어 리그는 공식 시계와 공식 스낵과 같은 그런 명백한 범주에서 리그 전체에 걸쳐 6개의 스폰서를 두고 있으며, 나이키와는 2000년부터 조용히 공인구 계약을 지속해오고 있다. 반면, NFL은 2015년에 리그 전체에 걸쳐 32개의 공식 스폰서가 있었는데, 그중에는 공식 수프업체도 있었다.

잉글랜드에서 생겨난 가장 수익성이 높은 이 스포츠 기구는 상품을 판매하는 일도 하지 않는다. 그것은 야구모자나 스카프를 판매하지 않는다. 그것은 전적으로 구단에 맡겨져 있다. 프리미어리그의 홈페이지에는 온라인 판매를 하지 않는다. 그러니 이 기구의 전체 운영이 거의 아무도 거기 있다는 것을 모르는 단 하나의 사무실 안에서도 잘 이루어져갈 수 있다. 하지만 글로스터 플레이스(Gloucester Place)에 있는 그 초라한 주택은 2005년 이후로 줄곧, 프리미어리그가 추구하는 글로벌 지배를 위한 임무를 컨트롤하는 역할을 해왔다.

다음 중 본문의 내용으로부터 가장 잘 추론할 수 있는 것은?

① 프리미어리그의 구단은 팬들에게 직접 모자를 판매할 수 없다.
② 온라인 가게는 각 구단의 홈페이지에서만 찾아볼 수 있다.
③ 모든 구단은 글로스터 플레이스에 사무실을 두고 있다.
④ 프리미어리그는 세계에서 가장 수익성이 높은 스포츠 기구다.
⑤ 프리미어리그는 NFL보다 더 많은 글로벌 스폰서를 보유하고 있다.

30~32

나는 최근에 한 유명 대학의 교수로 있는 친구와 이야기를 나눴다. 내 친구는 여행을 자주 다니며, 술집, 식당, 공항에서 낯선 사람들과 종종 이야기를 나눈다. 그는 이런 대화 중에는 교수라는 자신의 직함을 결코 사용해선 안 된다는 것을 많은 경험을 통해 깨달았다고 말한다. 만약 자신의 직함을 사용하게 되면 대화의 분위기가 곧바로 바뀌고 만다고 그는 전한다. 이전 30분 동안 자발적이고 흥미롭게 대화를 하던 상대방들이 공손해지고 무슨 말이나 수용하게 되고 활기를 잃게 된다. (직함을 사용하기) 이전이라면 활발한 논쟁을 불러일으켰을 그의 의견들이 이제는 대개 순순히 동의하는 말을 길게 늘어놓게 만든다. 그는 내게 "나는 지난 30분 동안 그들의 대화 상대가 되었던 사람과 여전히 같은 사람이야. 안 그래?"라고 말한다. 내 친구는 지금은 그런 상황에서 자신의 직업에 대해 늘 거짓말을 한다.

| 어휘 |

faculty n. (대학의) 학부; (학부의) 교수단, 교수회 **well-known** a. 잘 알려진, 유명한 **title** n. 제목; (관직 등의) 직함 **interaction** n. 상호작용, 대화, 소통 **spontaneous** a. 자발적인; 자연히 일어나는, 무의식적인 **prior** a. 앞의, 전의, 사전의 **respectful** a. 공손한, 예의 바른 **accepting** a. 흔쾌히[고분고분하게] 받아들이는, 수용적인 **dull** a. 지루한, 따분한 **lively** a. 활기에 넘친, 기운찬 **exchange** n. 교환; 논쟁 **generate** v. (결과·상태·행동·감정 등을) 야기[초래]하다, 가져오다 **extended** a. (보통 때나 예상보다) 길어진[늘어난] **statement** n. 진술; 성명 **accord** n. 일치, 조화 **occupation** n. 직업, 일

30 글의 요지 ⑤

| 분석 |

"자발적이고 흥미롭게 대화를 하던 사람들이 교수라는 상대방의 직함을 알고 나서는 공손하고 활기 없이 상대방의 의견을 수용하는 쪽으로 변했다."라는 내용을 통해, 본문은 '대화 상대의 직함이 우리의 행동에 상당한 영향을 미친다'는 것을 말하고자 하고 있음을 알 수 있다.

위 글의 요지로 적절한 것은?

① 낯선 사람들을 만날 때는 자신의 직업을 자랑하지 마라.
② 술집, 식당, 공항에서 낯선 사람들과 이야기할 때 개인정보를 유출하는 것은 위험하다.
③ 대화 중에 직함을 사용하면 사람들의 기분을 상하게 할 수도 있다.
④ 재미있는 대화도 30분이 지나면 지루해질 수 있다.
⑤ 우리의 행동은 직함을 내세우는 사람의 본성보다 직함에 자주 더 영향을 받는다.

31 동의어 ③

| 분석 |

'사람들의 대화에 임하는 태도나 자세가 갑작스럽게 변했다'는 내용이 이어지고 있으므로, tenor가 '경향', '분위기'의 의미로 쓰였다고 봐야 한다. 그러므로 '분위기'라는 뜻의 atmosphere가 동의어로 적절하다. ① 부담 ② 진전 ④ 주제 ⑤ 목적

32 부분이해 ④

| 분석 |

밑줄 친 문장은 "30분 전에 그들과 이야기한 나와 직함을 말한 이후의 나는 똑같은 사람인데 왜 다르게 대하지?"라는 물음이며, 여기에는 사람들의 대화하는 태도가 갑자기 바뀐 데 대해 '당황스러워하는' 마음이 배어 있다.

다음 중 이 밑줄 친 문장의 어조를 가장 잘 설명하는 단어는?
① 격노한
② 슬픈
③ 매우 기쁜
④ 어리둥절한
⑤ 감상적인

33~34

자본주의와 그것이 몰고 온 경제성장은 20세기 후반에 미국을 압도적인 초강대국으로 만들어준 것이다. 그러나 미국식 자본주의에는 또 다른 면이 존재한다. 이 자본주의적이고 개인주의적인 경제체제는 엄청난 부(富)를 창출하지만, 그것은 또한 부유한 특수 세력들에 의해 장악되기 더 쉬운 정치체제를 낳은 것은 말할 것도 없고, 미국 일반 노동자들의 사회 안전망이 더 부족해지는 결과도 낳았다. 또한, 이것은 트럼프(Trump)가 백악관에 입성하면서 갑작스레 나타난 새로운 것이 아니다. 그러나 미국의 자본주의는 결과의 불평등을 오랫동안 허용해왔지만, 지난 30년 동안은 기회의 불평등도 점점 더 심화되어 왔다. <이 후자(後者)의 양상은 보다 파괴적이다 — 사람들은 성공할 기회는커녕 경쟁할 기회조차 얻지 못했다고 느낄 때 분노를 느끼기 때문이다.> 그리고 그것은 가속화되고 있다. 30년 전에, 우리가 자본주의로부터 손해를 본 사람들에 대해 말할 때, 우리는 대개 자유무역에 의해 뒤처지게 되었던 특정 블루칼라 노동자 집단을 이야기했다. 그러나 이제 우리는 자동화와 인공지능이 모든 사회 · 경제적 계층 전반에서 훨씬 더 넓은 범위의 노동자들을 서서히 대체하기를 기대하고 있는 지경에 이르고 있다. 버니 샌더스(Bernie Sanders) 같은 정치인의 부상(付上)이 보여주듯, 이것은 우파(보수적) 정치성향의 유권자들만큼이나 좌파(진보적) 정치성향의 유권자들에게도 큰 관심사다. 최종 결과는 가진 자에게 더 많이 주고 가지지 못한 자에게 더 적게 주는 미국의 미래에, 소속집단 이동의 가능성이 더 적어진 가운데, 어떻게 살아남을 것인가에 대한 두려움으로 인해 유권자들의 분열이 더욱 심해진다는 것이다.

| 어휘 |

capitalism n. 자본주의 **preeminent** a. 우수한, 발군의, 탁월한 **superpower** n. 초강대국 **flip side** 뒷면; 또 다른 면 **individualist** a. 개인주의적인 **generate** v. (결과 · 상태 · 행동 · 감정 등을) 야기[초래]하다, 가져오다 **tremendous** a. 무서운, 굉장한; 엄청난 **amount** n. 총계, 총액; 양(量) **result in** ~을 초래하다 **not to mention** ~은 말할 것도 없고 **prone** a. ~하기 쉬운, ~하는 경향이 있는 **moneyed** a. 돈이 많은, 부유한 **special interests** 특수 세력들 **inequality** n. 불평등 **outcome** n. 결과; 성과 **accelerate** v. 빨라지다, 속력이 더해지다 **lose out** 손해보다, 잃다 **refer to** 언급하다; 관련하다 **specific** a. 독특한; 일정한, 특정한 **automation** n. 오토메이션, (기계 · 조직의) 자동화 **displace** v. 대신하다, 대체하다 **voter** n. 투표인, 선거인 **electorate** n. 선거인, 유권자 **fuel** v. 자극하다, (감정 등을) 부채질하다 **the have** 가진 자, 유산자 **the have-not** 무산자, 재산이 없는 사람 **prospect** n. 예상, 기대; 가망성

33 문장삽입 ②

| 분석 |

주어진 문장은 "이 후자(後者)의 양상은 보다 파괴적이다 — 사람들은 성공할 기회는커녕 경쟁할 기회조차 얻지 못했다고 느낄 때 분노를 느끼기 때문이다."라는 의미이므로, 기회의 불평등이 심화되고 있음을 언급한 부분 다음인 Ⓑ에 들어가는 것이 적절하다.

34 내용일치 ③

| 분석 |

"자동화와 인공지능이 모든 사회 · 경제적 계층 전반에서 훨씬 더 넓은 범위의 노동자들을 서서히 대체하려고 하는 지경에 이르고 있다."라고 했으므로, ③이 옳지 않은 진술이다.

위 글에 의하면 다음 중 옳지 않은 것은?
① 지난 30년 동안 기회의 불평등이 심화됐다.
② 이 자본주의적이고 개인주의적인 경제체제는 부유한 특수 세력들에 의해 장악되기 더 쉬운 정치체제를 낳았다.
③ 자동화와 인공지능은 특정 블루칼라 노동자 집단만을 대체하게 될 것이다.
④ 불평등의 가속화는 현재 미국이 크게 분열돼 있는 한 가지 이유다.
⑤ 진보와 보수 정치성향 모두에서 많은 미국 노동자들이 생존을 두려워하고 있다.

35~37

1800년대 후반의 급속한 산업화로 인해, 당시의 경제 호황에 이끌려온 수많은 농촌 이주민들로 갑자기 인구밀도가 높아진 도심지로 사업체들이 집중되었다. 부동산 가격이 크게 치솟았지만 수요가 공급을 앞질렀는데, 이 문제는 수

직으로 설계된 건물이라는 전에 없던 개념을 이용하여 한정된 공간을 최대한 활용할 수 있게 함으로써 해결되었다. 처음에는 높은 건물을 짓는 것이 특정 높이로 제한됐는데, 높은 건물에 설비를 공급하기 위해 필요한 기술 대부분이 전혀 존재하지 않았기 때문이다. 우선, 초창기의 엘리베이터 시스템은 매우 어설펐기 때문에, 연이은 수십 차례의 계단을 매일 달려서 오르내린다는 생각은 제정신이 아닌 것처럼 보였다. 그다음으로, 당시의 유효 수압으로는 물을 약 50 피트 높이까지만 끌어올릴 수 있어서, 고층 건물의 배관 시설을 만드는 것은 꿈에서나 가능한 것이었다. 끝으로, 구조적 지지대의 중요성에 대한 인식이 부족했던 탓에, 초창기 고층건물들 대부분은 단단한 벽돌로 만든 두꺼운 내력벽으로만 지탱이 됐다.

| 어휘 |

industrialization n. 산업화 **centralize** v. 집중시키다 **urban** a. 도시의 **dense** a. 밀집한; (인구가) 조밀한 **teeming** a. 넘치는, (사람 등이) 떼지어있는 **mass** n. 덩어리; 모임, 집단 **rural** a. 시골의, 지방의 **migrant** n. 이주자, 이주 노동자 **attract** v. (흥미를) 끌다, 매혹하다; (사람을) 끌어들이다 **real estate** 부동산 **skyrocket** v. 급상승하다, 급격히 증가하다 **demand** n. 수요 **outpace** v. ~보다 속도가 빠르다; 앞지르다 **supply** n. 공급 **conundrum** n. 수수께끼, 어려운 문제 **limited** a. 한정된 **unprecedented** a. 선례[전례]가 없는, 미증유의; 신기한, 새로운 **concept** n. 개념, 생각 **vertically** ad. 수직으로 **construction** n. 건설, 건조, 건축 **accommodate** v. 편의를 도모하다, 설비를 공급하다; (시설·탈것 따위가) 수용하다, ~의 수용력이 있다 **clumsy** a. 솜씨 없는, 서투른 **dozens of** 수십의, 수십 개의 **a flight of stairs** 층계참(landing)과 참 사이에 연이은(대개 5~10개 정도의) 계단들 **on a daily basis** 매일 **potency** n. 힘; 능력, 잠재력 **high-rise** a. 고층건물의, (건물이) 고층의 **plumbing** n. (건물의) 배관[수도 시설]; 배관 작업[공사] **facilities** n. 시설, 설비 **pipe dream** 공상, 허황된 생각[계획] **structural** a. 구조의, 건축의 **support beam** 지지대 **load-bearing wall** 내력벽

35 빈칸완성 ⑤

| 분석 |

건물을 수직으로 높이 지어 올릴 수 있다면 한정된 공간을 더 많이 이용할 수 있게 될 것이므로, 빈칸 Ⓐ에는 '최대한 활용하다'라는 의미의 maximizing이 적절하다. 한편, 엘리베이터 시스템이 부실한 상황에서 매일 많은 계단을 오르내려야 하는 고층건물을 만든다는 생각은 터무니없는 것으로 받아들여졌을 것이므로, 빈칸 Ⓑ에는 '정신이상', '어리석은 짓'이란 의미의 lunacy가 가장 적절하다.

빈칸 Ⓐ와 Ⓑ에 들어가기에 가장 적절한 것은?
① 최대한 활용함 — 환상
② 최소화함 — 상식
③ 최소화함 — 환상
④ 최소화함 — 정신이상
⑤ 최대한 활용함 — 정신이상

36 동의어 ①

| 분석 |

pipe dream은 '허황된 생각[계획]', '몽상'이라는 의미이므로, '공상적인 생각'이라는 뜻의 ①이 동의어로 적절하다. ② 재정적인 어려움 ③ 기술적인 문제 ④ 구조적 이슈 ⑤ 도시 전설

37 글의 제목 ②

| 분석 |

본문은 1800년대 후반에 고층 건물을 만들게 된 배경과 초창기에 그 같은 건물을 짓는 데 있어서의 제약 사항들에 관해 주로 이야기하고 있으므로, 글의 제목으로는 ②가 적절하다.

다음 중 위 글의 제목으로 가장 적절한 것은?
① 산업화와 부동산
② 고층 건물의 개발
③ 엘리베이터의 발명
④ 도심 속의 농촌 이주민들
⑤ 도시공간의 이해

38~40

사진술은 여러 가지 면에서 원근화법을 기계를 통해 실현하는 것으로, 사진술이 그림에 끼친 영향은 매우 컸다. 세상의 사실적인 모습을 만들어낼 수 있는 카메라 장치가 개발되면서, 그림의 사회적인 역할도 급격하게 변했다. 그림은 서양 역사의 대부분의 기간 동안에 세상의 이상적인 모습을, 특히 교회의 세계관을 통해, 만들어내는 수단으로서의 역할을 해왔었지만, 원근화법의 발명 이후에는 점점 더 사실주의의 도구가 되었다. 사진술이 발명되자 환영의 뜻으로 그것의 진실성(사실일치성)에 대한 너무나 많은 성명의 말들이 나온 나머지, 어떤 사람들은 사진술이 인간의 시각을 완전히 새롭게 정의했다고 말하기도 했다. <당시에 프랑스 작가 에밀 졸라(Emile Zola)는 심지어 "무엇이든 사진으로 찍기 전에는 실제로 봤다고 주장할 수 없다"라고 쓰기까지 했다.> 그래서 많은 사람들은 세상의 사실적인 모습을 만들어내는 일을 카메라가 그림보다 "더 잘 할 수 있다고" 생각했고, 이로 인해 화가들은 사실주의나 고정된 원근화법 이념에 항상 얽매이지는 않는 새로운 방식으로 그림을 생각하게 되었다.

| 어휘 |

photography n. 사진술, 사진 촬영 **mechanical** a. 기계의, 기계로 조작하는 **realization** n. 현실화, 달성; 실물같이 그림 **perspective** n. 원근화법 **profound** a. 엄청난, 깊은, 심오한 **device** n. 고안, 계획; 장치, 설비 **function** v. 작용하다, 구실을 하다 **idealize** v. 이상화하다 **specifically** ad. 명확히, 분명히; 특히 **greet** v. 맞이하다; 환영하다 **proclamation** n. 선언, 포고 **verisimilitude** n. 사실[정말] 같음; 사실처럼 보이는 일[것] **redefine** v. 재정의하다 **ideology** n. 관념, 이데올로기 **fixed** a. 고정된

38 문장삽입 ④

| 분석 |

주어진 문장은 "당시에 프랑스 작가 에밀 졸라(Emile Zola)는 심지어 '무엇이든 사진으로 찍기 전에는 실제로 봤다고 주장할 수 없다'라고 쓰기까지 했다."라는 의미로, 사진술이 인간의 시각보다 훨씬 뛰어남을 이야기하고 있다. 이것은 "어떤 사람들은 사진술이 인간의 시각을 완전히 새롭게 정의했다고 말하기도 했다."라는 내용을 부연 설명한 것이므로, [D]가 정답으로 적절하다.

39 글의 제목 ①

| 분석 |

본문은 '그림보다 더 사실적으로 세상의 모습을 보여주는 사진술의 도래로 인해 화가들은 사실주의나 고정된 원근화법 이념에 항상 얽매이지는 않는 새로운 방식으로 그림을 생각하게 되었음'을 이야기하고 있다. 따라서 제목으로는 ①이 적절하다.

위 글의 제목으로 가장 적절한 것을 고르시오.
① 사실주의와 사진술
② 원근화법의 발명
③ 그림과 서구 역사
④ 에밀 졸라와 사진술
⑤ 인간의 시각의 발달

40 빈칸완성 ③

| 분석 |

빈칸 이하에서 원근화법 발명 전후의 그림의 역할이 대조되고 있으므로 빈칸에는 역접 혹은 양보의 표현이 들어가야 하겠는데, 빈칸 뒤에 절이 주어져 있으므로 접속사가 필요하다. 따라서 양보의 접속사 Whereas가 정답이 된다.

MEMO